听我的，你的孩子也一样优秀

朱颖◎著

九州出版社
JIUZHOUPRESS

图书在版编目（CIP）数据

听我的，你的孩子也一样优秀 / 朱颖著 . -- 北京：
九州出版社，2013.2
ISBN 978-7-5108-1971-1

Ⅰ. ①听… Ⅱ. ①朱… Ⅲ. ①家庭教育 Ⅳ. ① G78

中国版本图书馆 CIP 数据核字（2013）第 031456 号

听我的，你的孩子也一样优秀

作　　者　朱　颖　著
出版发行　九州出版社
出 版 人　黄宪华
地　　址　北京市西城区阜外大街甲 35 号（100037）
发行电话　（010）68992190 / 2 / 3 / 5 / 6
网　　址　www.jiuzhoupress.com
电子信箱　jiuzhou@jiuzhoupress.com
印　　刷　廊坊市安次区团结印刷有限公司
开　　本　787 毫米 × 1092 毫米　16 开
印　　张　19
字　　数　209 千字
版　　次　2013 年 3 月第 1 版
印　　次　2013 年 3 月第 1 次印刷
书　　号　ISBN 978-7-5108-1971-1
定　　价　35.00 元

本书讲述的是一位优秀孩子的成长历程；

本书是一位父亲近 20 年心血全力奉献；

本书是一部教育孩子的教科书；

本书是一套独创的、完整的基础教育体系；

本书适合准备生育宝宝直至孩子留学美国读本科的全体家长以及所有孩子。

此书献给我亲爱的儿子！

献给每一位为孩子无私奉献的父母！

献给正在为实现自己目标努力奋斗的孩子们！

· 他是北京人大附中的一名学生；

· 他被全美排名第 4 的芝加哥大学提前录取，成为杨振宁、李政道、崔琦的校友；

· 他是人大附中辩论队队员；

· 他是一位数学高手；

· 他是一位田径明星；

· 他当了 12 年班长；

· 他是人大附中最大的学生社团领袖；

· 他是一位电影导演；

· 他是一位橄榄球运动员；

· 他是一位高山滑雪发烧友；

· 他和几位同学一起在人大附中开设了《心理学》课程，是一位出色的学生老师；

· 他在高二时完成了 8 门美国大学课程；

· 他把魔方玩得让美国中学生佩服得五体投地……

· 他就是本书的主人公

登黄山

德国教育家爱尔维修说：

“即使再普通的孩子，只要教育方法得当，也会成为不平凡的人。”

目录

Contents

德商篇

申请美国本科篇

开篇

Opening

心中的风筝

和儿子分别的日子越来越近了，这些天我很少和他谈及这件事，一方面是我不想触及，另一方面，我也觉得实在没有必要。

前几天，儿子送走了去美国读书的一批同学，回来后与我和他妈讲起家长和孩子在机场分别时抱头痛哭、难舍难离的场面。

是的，孩子第一次远离生活了这么多年的家，远走他乡，他们心中的支撑突然间没了，即使内心足够强大，多少也会有些无助；而家长想到孩子即将面对语言、信仰、环境等完全不同的国度，难免对孩子担心。出现这样的场景，作为家长，作为出国孩子的家长我非常理解。

我把所有想和儿子说的话全都集中在一个 2 分钟长的故事里，而且我把这个故事一直保留到最后。

在去机场的路上，开始了我的故事。

很多年前，美国洛杉矶发生了一次大地震，地震时，孩子在学校。地震发生后，爸爸疯狂地飞奔到学校时，已是一片废墟，爸爸知道孩子所在的班级是在一层，他找到孩子教室的位置，拼命地用双手刨地，一边刨一边喊着儿子的名字。因为余震还在不断地发生，各种电线都乱在一起，随时都爆炸起火的危险，很多人都在劝这位父亲，赶快离开这里。可是这位顽强的父亲一直都在挖掘。时间在流逝，12 小时过去了……，

24 小时过去了……，36 小时过去了……，孩子生存的希望越来越渺茫……这位父亲还在坚持，他拼命地喊着他儿子的名字……恍惚中，他听见了废墟中发出微弱的声音：

“爸爸，是你吗？”

“儿子，是我！”爸爸眼睛喷着血在高喊。

“我知道，你一定会来救我的！因为你说过，无论发生什么，我们永远在一起！”

我和儿子讲述着这对父子的故事，儿子一直在听，没有说一句话。

到机场很快办完了手续。儿子可能担心出现他曾看到的场面，马上要过安检口，就在儿子转头和我们告别的那一刻，我的眼前出现了 18 年前护士把他抱给我的瞬间……

“4 床，这是你的孩子！”

“我的孩子？”

我从护士手中接过湿漉漉的满脸皱巴巴的“小鬼”，惊诧地望了很久。

“这是我的孩子？！”

我的脑子是乱的，但就在那一刹那，我在心中许下了一个诺言：

无论这个世界发生什么，无论我是贫穷还是富有，只要我能活着，我就会给他提供最好的教育！

正像地震中这位了不起的父亲，他为了自己的一个承诺，坚守到最后。为了这句心中的诺言，我坚守了整整 18 年！

看到儿子脸上坚定、自信的微笑，只要再向前走一步，跨过眼前这条线，这一愿望就要实现了。我想起我曾经讲给儿子的另一个故事：

毛毛虫问蝴蝶：我怎样才能变成蝴蝶？

“首先，你的内心要有飞翔的渴望，其次，你要有勇气挣脱舒适、温暖的茧！”

“那不就是死亡吗？”

“表面看是死亡，实际上是新生！现实中，有的变成了蝴蝶，有的因逃避只能爬行一生！这就是区别。”

此刻，我站在机场的大厅当中，眼望天花板，仿佛看到了一只高高飞起的风筝！这只风筝在我的手中摇曳了18年，今天，就在此时此刻，我要松开我的手，因为，他不属于我，而是属于更广阔的天空！

芝加哥大学校内教堂

前言
Preface

上帝的旨意

上帝在创造男人时，先是给了他一个巨大的躯干、四肢骨架和高高昂起的额头，让他穿上笔挺的西装，格外优雅、绅士。一个天使知道后非常不解地问上帝：

“这么挺拔的身材、整洁的服装，他无法亲手给他的孩子换尿布，你没有赋予男人养育孩子的责任？”

“不是呀！这只是男人外在的形象。如果想给孩子换尿布，他必须俯下高大身躯，甚至双膝跪在地板上；也必须弯下腰，才能双手抱起自己的孩子，这是男人必须具备的虔诚啊！”

“你没有给他足够发达的泪腺，当遇到苦难时怎么会得到别人的同情和帮助呢？”

“他会用智慧代替泪水，让自己的孩子有足够的能力来拯救自己。”

天使一脸的无奈，又问上帝：

“他满脸的胡须，会刺扎孩子稚嫩的脸蛋儿，怎么让他亲近自己的宝贝呀？”

上帝瞪大了眼睛告诉天使：

“他用眼神和微笑与孩子交流，孩子同样能得到幸福啊！”

天使又皱起眉头问道：

“他的脚那么大，不会踩到自己的孩子吗？”

“你不用担心，我会在他的大脑中输入一种指令，男人一旦有了自己孩子，我的这个指令就会让他会变得比女人还小心啊！”

“那么宽大的臂膀，显得格外的笨拙，你的意图又是什么？”

“除了要拥抱自己的女人，还能从幼儿园出来后，很轻松地扛起自己的孩子，一路小跑回家。没有足够宽大的臂膀，他怎么能完成这么重要的使命呢！”

芝加哥大学图书馆

自序一
Preface

想念芝加哥

芝加哥，一个美国的城市，本来与我没有关联，就在这个冬天却成了我的牵挂，因为从这个秋天起，我的儿子开始了他异国的留学生活，开始了他人生的芝加哥之旅。

几周前，我告诉儿子：去凤凰岭路上的那片杨树林树叶落了，还是那样一地金黄！要是你在北京，我们仨肯定又一起去了，这次少了你。儿子让我把照片发给他。我挑选了几张，把最能代表北京秋天的色彩的照片发给儿子，儿子看了果然很激动，感叹道：啊！我又闻到祖国的味道了！

儿子也给我寄来了芝大的美丽。

芝加哥大学的校园，美得让人陶醉，更让像我这样的这辈子只能是到此一游的过客羡慕和敬仰，即便是没有机会亲自到过，即使看到的只是照片，也足以勾住你灵魂。满墙的常春藤染成了红色牢牢地吸附在青色墙壁上，给一座座古老的哥特式的校舍装扮得格外得绚烂。校园的树叶也变成了金黄，依然点缀在马路的两侧和大片大片的草坪上。啊！这不仅仅是一种美，处处彰显的是深厚的文化底蕴，彰

▶▶ 北京海淀杨树林

▶▶ 芝加哥大学教学楼

显出美国中部拥有一百多年历史教育殿堂的神圣与庄严，让生活在这里的莘莘学子们倍感自豪和崇敬，难怪那么多海外学生像是有磁石吸引一样赴汤蹈火般奔向这块圣地！此时此刻，我也懂得了为什么仅仅一次5周的Summer School，儿子就深深地爱上了这里，而且义无反顾！

是的，我的儿子非常荣幸地进入了芝加哥大学，实现了自己多年的一个梦！进入了这所拥有81位校友荣获诺贝尔奖（参考2007诺贝尔奖得主最多的大学）的大学，与这些世界级的泰斗们共享这丰厚的资源，走着这些大师们曾经走过的路，享受着前辈们留给他的种种荣耀，这不能不说是上帝给予他的特别的厚爱与馈赠，让他享受、珍惜。

我这位普普通通父亲也加快了寻梦的进程，想把儿子成长的经历与大家分享，这个计划离实现越来越近了。

想起最初动笔的日子，已是早在7年前的事了，那时我的儿子只是一个小学六年级的孩童，不能不感叹时间在飞逝，这之中发生了太多太多事情，太多太多的感动，和孩子一起经历了他奋斗的每一个日夜，经历了孩子痛苦、挣扎甚至是绝望，也经历了收获、快乐和幸福。相信每位有孩子的人，都能理解，并会在我的这几句简单描述的背后看到孩子成长的一个个精彩的感人故事，也能看到一位家长幸福、焦虑、担心、骄傲等一系列复杂的情感，除此之外，在我心中，更多的是感动和对孩子的一种敬畏。

可以说这19年里，孩子的成长是我生命的主旋律，我始终将他的喜怒哀乐与我的心情紧紧地绑在了一起。我们是一对父子，我经常在他需要鼓励的时候毫不吝惜地给他加油助威，做孩子的超级拉拉队；我们也拿起网球拍，成为场上的对手，毫不相让；我们有时自己看到一本好书，最想第一时间推荐给对方；我们有时一起去滑雪，体会运动带给我们的快乐；我们会因为对一件事情的看法不同发生争执；我们也会为孩子的一次重大突破，激动得相拥而泣……啊！这就是我们真实的故事，一对平凡父子间的平凡故事。

今天是儿子19岁的生日，孩子把这个让我泪流满面的日子，送给了芝加哥，我呢，就把这本记录儿子成长的笔记，献给他，让他体会和珍藏，除此之外，我还能做什么呢？

芝大校园内可爱的小松鼠

自序二
Preface

最初的动力

2005年10月下旬，北京已经进入了深秋。凉爽、宜人的气候，让人特别想留住这样的季节。古老的长城蜿蜒地卧在被秋风染过的山林中，这样的景色，相信看过的人都会流连忘返。而铺满红叶的香山更是以其特有的魅力，陶醉着人们的视野，吸引着数以万计的人们观光、度假。

我呢，因为工作却离开了北京，来到一个靠近赤道的北非国家——苏丹。

自从飞机降落在苏丹首都喀土穆机场，强烈的太阳光线，直射你的脑门儿，广袤的沙漠让你看不到尽头，空气里飘着一种臭烘烘并夹杂着一些羊膻气味儿，真叫人窒息！

我和几个同事挤上了去炼油厂的汽车，经过两个小时的颠簸，就在太阳即将下山的时候，我们到了驻地，开始了“集中营式”的生活。

日子过得太慢了，像是熬了半个世纪，可算起来我离开家还不到一个月！每天现场、宿舍、食堂三点，生活简单得让人无聊。白天紧张工作之后，晚上，寂寞的时间经常让我望着满天的繁星，思绪万千。我有时一个人呆呆地坐在办公桌前，能愣上半个小时。自然的，我就会想起北京金色的秋天，想起西山漫山遍野的红叶，想起我可爱的儿子……我也在努力回忆和儿子在一起的日子，回忆我和儿子共同成长的经历，聊以慰藉。是的，儿子成长的故事给了我很多次感动，有了他，我的人生才有些起色；也正是有了他，才使我原本平平淡淡的生活有了一点点滋味儿。

和同事、朋友书信往来，谈得最多的也是孩子的教育问题，本来离开他们，这样的话题肯定是被搁浅了，但事实上，这样的话题不但没有因为我们距离的拉开而中断，反而讨论得越来越频繁、越来越激烈。“能不能再给我说一说如何培养孩子的自信心？我的孩子什么都好，就是做事拖拖拉拉，怎么办呢？”等等，其实，这些问题，我已经回答过许多遍了，我也相信他们也知道该怎么做，只不过是该用的时候又一时想不起来了。或许是一种寄托，一种对我的信任。面对这些非常要好的同事、朋友，望着他们渴望的眼睛，我时常有一种冲动，想把我的教育孩子的方法写下来，也算是这么多年来，他们对我的诸多帮助的一种答谢。可是我又在想：我有这个能力吗？我只不过是一个普通得不能再普通的工程技术人员，说得更直白一点儿，就是一个画图匠。我有驾驭文字的能力吗？更严肃的问题是：我有这个资格吗？我的孩子也只不过是一个小学生啊！

在来苏丹的途中，由于转机的需要，在卡塔尔首都多哈，我们整整等了七个小时。在不太宽敞的候机大厅里，停留这么长的时间，对我来说无疑是一种折磨。有幸的是，教育孩子的话题又在和我一同赴苏丹的同事之间拉开，同事的兴致超出了我的预料，以至于几个小时的时间在不知不觉中溜走了。更有趣儿的是，另一位陌生的朋友（暂且这么说）听到我们谈论关于孩子教育的问题也兴致勃勃地加入进来。他的女儿刚刚结束令人难忘的小升初，而且是属于历经艰辛万苦，就在走投无路之时却又绝处逢生的那一种。或许是压抑了几个月的苦水一下子倒了出来，真是畅快淋漓！听着这位父亲的讲述，我为他的女儿有这样一位可敬的爸爸而感到庆幸，更为他想苦苦寻觅一套行之有效教育孩子的方法，最终饮恨杀场而深深叹息，在心中，我一遍一遍地问自己：我能肩负起这样的使命吗？

在苏丹，最让我放心不下的就是儿子的成长，一直担负着教育孩子任务的我，头一次这么长时间远离了儿子，在相信儿子会同样出色的同时，心里总是隐隐约约有些担心，因为即将面临小升初的他，能否顺利实现自己的愿望，毕竟还是个未知的事情。也许这种担心根本就是多余的。在一次，我写给儿子班主任老师的信中，我附上了我写的一篇《感动父亲》的文章，以寄托我作为一个父亲对孩子成长的关注，也是用另一种方式表达了我的牵挂。出乎我预料，这篇文章让冯老师备受感动和鼓舞，更让我意想不到的是，冯老师居然在家长会上，给全班同学的家长，讲解了我的这篇文章！与其说我的文章感动了冯老师，还不如说冯老师的这一举动深深地打动了我，将儿子的成长经历付诸笔端的想法再一次撞击了我的大脑。纵观书店里有关孩子教育方面的书，琳琅满目，但真正有可操作性的并不是很多，我想让那些可亲可敬、望子成龙的家长们，像喝水一样，非常方便地获取教育孩子的方法，让孩子们都快乐、健康地成长，这也是我多年的梦想。如果家长们看过我的书之后，能够有所启示，领悟到了教育孩子的精髓，那么，我的辛苦实在是值得的。如果真是这样的话，那么，我为我们的家长、为我们的孩子们做了一件有意义的事。

智商篇

概述

人类已经进入一个智力竞争的时代，在这个舞台上，人们比拼的不再是文凭、学历，而是你的智慧，因为文凭、学历只是表示你知识的拥有量，而人的真正价值是思考问题的深度和角度，是你分析问题、解决问题的思维能力，这恰恰是属于智力的范畴。智慧潜于内，而知识形于外。我们多少年来背诵的哲学家培根的至理名言“知识就是力量”已经不适合我们这个时代的发展，人们拥有的真正力量不再是知识而是智慧。因为，知识只是人在一个长期生活过程的积累，而智慧则是人头脑的精髓。一个智慧的头脑可以拥有足够多的知识，而一个拥有足够多知识的人不一定拥有智慧的头脑。伟大的发明家爱迪生，小学都没有毕业，但他拥有一千多项发明，很多发明改变了人类的发展进程，谁能说他是一个智慧很低的人呢？爱因斯坦，这位20世纪最伟大的科学家，现在很多年轻的学者拥有的知识量都要超出他，谁又敢说自己的智慧超过了爱因斯坦呢？所以，我们的孩子要在这场竞争中成为佼佼者，首要的任务就是让他拥有一个智慧的大脑。

一个智慧的大脑源自于什么呢？

我的观点是：

1. 基础的遗传。父母的遗传物质，经过艰难的选择，最后结合到一起，就是这个最初的受精卵包含了孩子发育的所有的遗传信息和资源。

2. 丰富的营养。从受精卵开始直到孩子17岁前的营养状况都会影响到孩子大脑的发育，越是早期这种影响越大；这是大脑发育的物质前提，是“土壤”，土壤的“肥沃”与“贫瘠”直接影响着“禾苗”的成长。

3. 合理的训练。通过家长运用合理的训练手段，激活和促进大脑细胞的发育，挖掘出遗传的最大潜能，将孩子的理论智力最大程度上转变成实际智力。

数百年来，人们从没有间断过对人类大脑的研究，数以万计的脑科学家试图想解开困惑人类的这一大难题。但是由于人脑的复杂性以及试验的难度致使这个谜题一直没有真正的揭开，一直争议不休。但有些问题有了基本一致的看法，大脑的“聪明”与否主要取决于：

1. 脑神经细胞的数量。脑神经细胞的数量越多，储存信息的能力越强。

2. 脑神经细胞之间的相互联络。神经细胞之间的联系越紧密，形成的神经网络越复杂，就像一个枝繁叶茂的大树，树突相互连接，形成一个错综复杂的神经网络，这样的大脑传递信息的能力强、速度快。

而脑神经细胞的数量以及脑神经细之间的相互联络，恰恰取决于，基础的遗传、丰富的营养和合理的训练这三个方面，让我的教育理论找到了坚实的理论根源。

同时另一群人——我们的心理工作者也在跋山涉水、夜以继日地耕耘，也在争议和讨论中不断前进。

根据心理专家长期、大量的研究一致认为：智力潜能是人的一种心理品质；也是一个人许多能力的总和，包括：观察力、注意力、记忆力、想象力、思维力、创造力这六个方面。尽管有的专家把智力分成十个或更多地方面，其实大体上也都可以归纳为这六个面，其中思维力是智力的核心。所以，智商不是某一方面特长的体现，而是很多方面综合后的结果。当然，有些孩子显示出某一方面的特殊能力，比如记忆力超群，或者创造能力非常突出，这并不能说明孩子的智商 定很高。

智商的量化数值

正如大家所知道的，智商是智力商数的简称，即“IQ”。它的计算方法有很多种，最常见的计算方法为：“心理年龄 ÷ 实际年龄 ×100”。心理学家把 IQ 分成 7 个等级。

1. 大于等于 140 的是天才 ;

2. 在 139 ~ 120 之间的智力非常优秀;

3. 在 119 ~ 110 之间的智力优秀 ;

4. 在 109 ~ 90 之间的智力平常（大多数人）；
5. 在 89 ~ 80 之间的智力偏低；
6. 在 79 ~ 70 之间的智力有些缺陷；
7. 小于 70 的属于低能。

智商在不同年龄上的发展特点

从哺乳动物胚胎发育的特点来看，最先发育的是大脑。而且胎儿出生前大脑占整个身体的比例是相当大的。如下图。

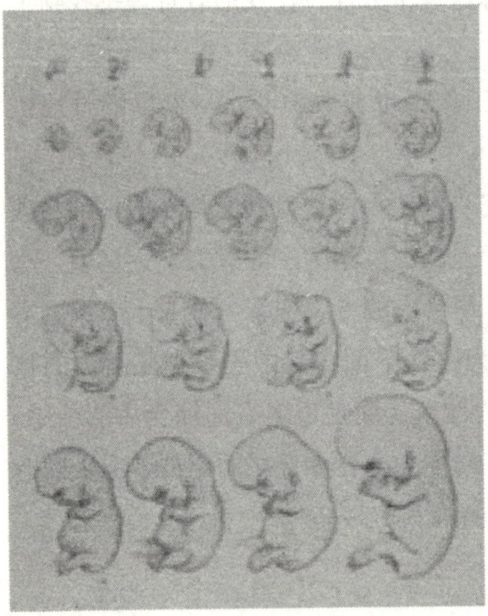

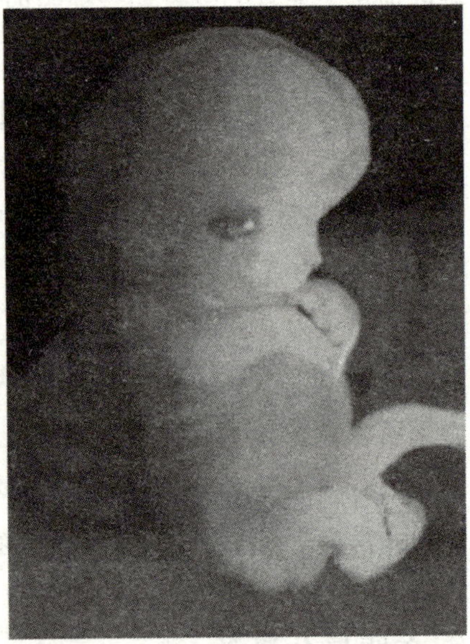

孩子出生后，大脑约重 400 克，已经占了成人脑重量（约 1500 克）的四分之一强；到了 3 岁脑重量约 900 克，脑重量便已发育到成人脑重量的 60%，到了 6 岁大约重 1200 克，逐渐接近成人的脑重了。

所以抓住大脑发育的最快的发育期，尽量增加大脑神经元细胞的数量以及加强这些神经元细胞之间信息传递的“神经通路”，让孩子大脑中的“树突”更加发达，这是我们做父母最核心的任务。

让我们记住巴甫洛夫的箴言：如果从孩子出生的第三天起开始教育，

那么你已经晚了两天！如果让我指出孩子出生后提高智商最佳时期，那一定是 0—3 岁。也就是说 0—3 岁是人一生中脑部发育的最重要黄金期。

科学家从大量的事实证明：一个 3 岁的孩子能够达到一个成人智力的 50%，8 岁达到成人智力的 80%，12 岁达到成人智力的 95%，17 岁达到成人智力的 100%。

高智商孩子爸爸妈妈的前期准备

从上面分析可以看出：要想有一个聪明的孩子，要从源头抓起。从一对准爸爸妈妈开始抓起。

那么，一对即将要孩子的夫妇要具备什么条件才能生出一个高智商、健康的宝宝呢？我想基本的条件应该如下：

准备要下一代时双方必须知道的事情：（至少半年之内）

1. 要杜绝及一定要做的事情

（1）禁烟酒（烟、酒会导致遗传物质畸形）；

（2）禁止化妆（因为多数化妆品都不同程度的含有铅、镉等重金属，这对胎儿的损伤是不可逆）；

（3）禁止吃松花蛋、爆米花等重金属含量高的食品；

（4）锻炼身体，保证身体健康（决定遗传物质的质量进而决定孩子的质量）；

（5）保持心情愉悦（这对孩子的性格有很大的影响）；

（6）保证生活、工作的环境通风（缺氧的环境影响遗传物质的活力和发育，进而损坏孩子的智力）；

（7）保证家里空气质量（对于装修的房子要常年通风，减少甲醛、苯等有害物质对身体的损坏。可以到超市买些活性碳、洋葱、香蕉皮等这些对除去污染非常有利）。

2. 要注意的事情

（1）尽量不要在外面乱吃东西，因为一些饭店的油品、添加剂等问题严重；

（2）尽量作息、生活有规律；

（3）尽量不喝可乐；

（4）尽量少吃药品；

（5）尽量多到户外运动；

（6）尽量不要穿裆太紧的裤子或内裤（主要是男方，经常穿透气性好、质地柔软的裤子和内裤）；

（7）尽量不要长时间使用电脑，尤其是男方，不要把手提电脑放在大腿上长时间使用；

（8）尽量不要桑拿（引起身体局部温度升高）；

（9）多吃核桃、开心果、大杏仁、花生等种子类坚果（这类食品含锌高）；

（10）多吃海带、紫菜等海产品（这类食品含碘高）；

（11）多吃豆制品（大豆富含卵磷脂）；

（12）多吃苹果、香蕉、橘子等水果（富含钾、VC 等微量元素）；

（13）多吃黑木耳（富含铁）；

（14）多吃鸡蛋黄（富含锌、卵磷脂等）；

（15）在适当多吃上述食品的基础上，保证食物的多样性；

（16）适当补充维生素。

另外，多数医学专家认为：男性的最佳授孕年龄是 26—33 岁；女性最佳怀孕年龄是 23—30 岁；当然，这与每个人的身体素质，生活环境等关系很大，如果不在这个年龄段不必过分担心。

以上只是孕育一个聪明孩子的准备工作，一旦受孕成功，母亲的重要性显得格外突出，因为，母亲的身体状况，母亲的心情和营养状况直接影响着孩子的智力和健康，所以要继续补充上述营养显得尤为重要。大脑细胞急速分裂期到底是孩子出生前还是出生后的一段时间大脑细胞的数量还在继续增长，现代医学和脑科学还没有定论，一直还在争议之中，不过，多数的科学家认为孩子出生后一年以内的时间，是孩子大脑细胞数量增多的最佳时期，尤其是在胎儿期前三个月，而孩子的营养供给情况直接影响着脑细胞的分裂状况，所以怀孕母亲的营养非常重要。

孩子出生后父母要做的工作概述

一个孩子的诞生，一定是妈妈付出了十个月的艰辛，爸爸也为之付出了巨大的努力，这之中的快乐和付出只有那些做了父母的人才能体会得到。所以自己孕育的孩子就要来到这个世界上，那种神奇感，那种神圣感时不时地盘旋在自己的脑海中，可是当我们真的抱着上帝给予我们的这一珍贵的礼物时，做爸爸妈妈确实有些手足无措，我们不知道该如何对待这个突然降临的可爱的天使。

其实，这没有多难。如果你在准父母阶段做好前期准备，继续保证孩子成长的营养外，你所做的工作一切的一切都围绕着这六个词就够了（仅仅指智商方面），培养孩子的：观察力、注意力、记忆力、想象力、思维力、创造力。就是在孩子成长过程中给予孩子大脑多方位、有序、持续、一定强度的信息刺激。因为医学证明，一个新生儿的脑神经细胞约为140亿左右，这些细胞都是“空置”在孩子的大脑中，等待着爸爸妈妈向里面“输入指令”，只有爸爸妈妈及时地存入大量的信息时，孩子的大脑神经细胞才能够被“激活”。因此，孩子的脑神经细胞被激活的越多，脑神经细胞的利用率就越高，脑神经细胞的利用率就越高，孩子大脑的存储能力就越强，这些脑细胞才能变成“真正有用的仓库”，这些“真正有用的仓库”才是大脑真正“有效”神经细胞。同时，加强脑神经细胞之间的密切联系，使孩子的脑神经树突网更加发达，“枝繁叶茂”、“四通八达”。这样，通过合理的训练，既实现了心理学家从心理特征上对智力潜能的描述，也符合脑科学家“聪明大脑的生理特征”的理论，孩子自然就越聪明。

事实上，这140亿脑神经细胞，每个人一生只用到极少的一部分，大部分都闲置浪费了，科学证明，140亿脑神经细胞能够让我们学习40门语言，读5亿本书，所以即使是一个极其出色科学家也只是利用了很少很少的一部分，据说爱因斯坦只用了其中的20%。所以，一个健康孩子的大脑，给了我们每一位父母足够的空间，只要你方法得当，每一个孩子都有机会成为高智商者。很可惜，由于我们很多父母没有找到开启孩子智慧的金钥匙，没有足够认识并系统地训练，随着孩子年龄的增长，脑神经细胞不断地老化和萎缩，错过了激活的时机，让本应该聪明的孩子变得智力平平。这不能不说是一种资源的浪费。

总结一下：每一对父母一共有三阶段可以改变孩子大脑神经细胞数量的机会。1. 在准备生育宝宝的孕前阶段。如上文所说做好高智商孩子爸爸妈妈的前期准备工作，将双方的遗传物质最优化，这是最基础的。2. 受孕成功后直至孩子出生后约一年（此时间至今不确定）左右的时间里，尤其是胎儿的前三个月。3. 孩子出生后的一段时间里，直至孩子 17 岁（主要到 12 岁）。前两个阶段是改变孩子脑神经细胞绝对数量的机会，第三个阶段是在脑神经细胞数量一定的前提下，改变“被激活”的脑神经细胞数量，即有效数量。只有有效的脑神经细胞数量才是真正有用的，才是大脑智商高低的根本（当然脑神经细胞之间的联系即树突的“枝繁叶茂”同样重要）。下面的试验和案例充分说明了我的这一观点。

1. 脑力刺激的试验

著名生物学家巴甫洛夫做过一个实验，他把同时生下来且同样体重的小白鼠分成两组，一组放于较大、光线充足的空间，提供丰富的声响、有滚筒、滑梯等玩具，让小白鼠自由追逐玩耍；另一组小白鼠，则关于没有光线的笼子里，没有玩具、没有同伴，虽然提供同样的食物营养，不过经过 19 天的测试，智力的表现却是大相径庭的。

结果显示：前一组小白鼠机敏灵活，人抓不住它们。后一组小白鼠，则呆滞迟缓，即使人去抓它们，也不知逃跑。抽样解剖发现，前一组小白鼠因常接受丰富的信息刺激，它们的大脑生出了许多突触发展出紧密地联结；而后一组小白鼠则因少受刺激，脑组织竟呈现萎缩状态，脑重量及体积也相对变小。

巴甫洛夫这个实验的结果至少说明：声、光、运动等刺激能够促进动物大脑的发育。

2. 大脑关键期的案例一

1920 年辛克莱在印度发现了两个与世隔绝，被狼养大的女孩。辛克莱把他们分别叫做卡玛拉和阿玛拉。由于多年和狼在一起生活，她们的生活习性和狼完全一样。回到人间后，辛克莱对卡玛拉悉心照料和教育，她六年才学会直立行走，两年学会站立，四年学会了六个单词，七年学会了 45 个单词，并学会了用手吃饭，用杯子喝水。到她 17 岁死去时，她仅相当于四岁儿童的智力水平。为什么对于卡玛拉来说学习竟如此艰难呢？原因是她没有在各种能力发展的关键期内得到相应的学习，错过了大脑开发的最佳时机。

3. 大脑关键期的案例二

很多年前，日本的一次海难，把一个10岁的男孩儿冲到了孤岛上，他一个人在孤岛上生活了18年，当人们发现时，他因多年未说话已经失去了语言，经过多年的努力，他完全恢复语言能力，完全恢复正常的生活。这个案例告诉我们，一个10岁的孩子已经具备了说话的能力因为特殊的环境而失去，经过训练后能够恢复，因为他没有错过语言发育的关键期。

既然知道了大脑的发育有关键期，既然知道了大脑的发育需要接受各种信息的刺激，既然知道了孩子智力的发展关键在12岁以前，那么，我们如何利用这有效的十二年，如何围绕着观察力、注意力、记忆力、想象力、思维力、创造力这六种能力来提高孩子的智商呢？换句话说家长要采取哪些具体的手段来实现提高孩子智商的愿望呢？

我把一个孩子的12岁年龄按智力发育的特点不同分为4个连续阶段：

（1）0～3岁；

（2）3～6岁；

（3）6～10岁；

（4）10～12岁。

下面分别详细说明这4个阶段家长应该如何去做才能培养和挖掘孩子大脑的最大潜能，才能让孩子拥有一个智慧的大脑。

0～3岁孩子的训练步骤和方法

3岁以前是孩子成长的非常重要的时期，尤其是孩子的智力发育，随着孩子年龄的增长，它的图像是非常陡的一条直线，抓住这个阶段，对每位家长来说真是事半功倍。但是这个阶段的孩子，尤其是1岁以前，从外表面看基本上除了吃就是睡，其实孩子的大脑内部的神经元细胞每天甚至每个小时都在发生着“翻天覆地”的变化。由于这个时期很难和孩子交流，这给家长开发孩子的智力增加了很大的难度，也正因为难，才更能显出家长必须练就特别的能力与耐心，要具备面对一堵墙能微笑地聊上一个小时不烦心的本领，因为恰恰是这无法交流的时间，是提高孩子智力最为宝贵的时间。我们忽略了，也就意味着放弃了开发孩子大脑的绝佳机会。

一个正常成人所有的行动都是受大脑支配的，在大脑的指挥下，人们进行着各种各样的动作，大脑永远是主动的指挥者，四肢永远是被动的执行者。对于刚刚出生的孩子，之所以孩子不能走，不能跳，是因为这个时期的孩子大脑处于发育的早期阶段，大脑还没有能力指挥四肢来完成各种各样的复杂的动作（当然骨骼和肌肉的发育也不具备这样的能力）。所以这个时期孩子只能借助于外力接受各种各样的刺激，通过强制的行为，来让孩子被动接受来自四肢运动、声、光、色彩等信号，从而逆向促进孩子大脑的发育（和成人相反）。

理解了这一点，家长就必须采取一些具体的方法，来实现这个逆向刺激，来达到促进大脑发育的目的。

我认为有以下几种比较好的方法：

1. 听音乐

美国科学家做过这方面的实验，音乐能够改变大脑细胞的结构，促进大脑的发育。

在孩子不睡觉的时候，经常打开录音机、电脑等播放音乐，尤其是一些带童话故事的音乐，更容易吸引孩子的注意。你千万不要以为孩子听不懂。我们经常会遇到孩子在哭闹时，一听到音乐马上特别安静的情况，所以，一段美妙的音乐给孩子大脑有节奏的刺激，激活孩子的脑细胞（听觉神经细胞），让音乐牢牢地刻在孩子的脑细胞中。同时给孩子未来对音乐的鉴赏能力打下原始的基础。

2. 和孩子最大可能用语言“交流”

只要和孩子在一起就不要吝惜你的语言，要没完没了地和孩子“对话”，促进孩子语言的发育。道理很简单，你的话越多，孩子接受的语音信息刺激就越多，孩子大脑细胞就不停接受你的“写入”刺激，孩子的语言就会发展得很快。家长也看看自己身边的孩子，如果家长爱说，他们的孩子语言能力相对较强（当然，有遗传的因素），美国有科学家经过长达十几年的跟踪研究，也验证了这一结果。但这里注意的是不要使用叠音词而应使用正规的语言和孩子交流。如：我们成人正常说话：“爸爸下班了”。不要说：“爸爸下班班了”之类的所谓的儿童话。因为，在你不停地和孩子交流的过程中，孩子就会不断观察你某一个词的口型，然后，才能学会这个词的正确发音，从而让孩子一开口就能很顺畅地说出正确、完整的句子。如果开始你教孩子的是一些不正规的发音和句子，孩子的语言会受到障碍，所以我建议家长从和孩子开始交流的那一刻起，使用正规的语言。另一方面，既然是交流，家长最好采用一问一答的形式。例如，你刚下班回来，面对孩子，你说：“你知道爸爸干什么去了吗？”“爸爸上班去了。”“你是不是饿了？”“等一下，我马上给你弄吃的，别着急。”这样对孩子训练语言更有力。当然，家长不要仅仅局限于我的方法，在孩子非睡觉时间，尽可能多地让他（她）停留在你的“有声世界里”。

3. 让孩子多运动

肢体运动能够促进神经系统的发育，同时培养孩子运动协调性。

我前面说过正常成人的运动一定是在脑神经的支配下肢体协调产生的，运动越复杂，脑神经对肢体发出的信号难度越大。可是对一个几个月大的婴儿来讲，他们的脑神经远远没有发育完善，所以孩子不可能进行复杂的运动。这时，借助家长的外部帮助，迫使孩子肢体协调动作，带动孩子脑神经的发育，这正是一个反向的促进。当然，家长可以循序渐进，开始拉着孩子的两个手作击掌动作，也可以拉着孩子的两个脚有节律的碰撞，借助于欢快的表情和歌谣，让孩子心情愉悦。也可以经常触摸孩子的皮肤，让孩子感到亲近的同时，通过皮肤的神经系统训练孩子的脑神经细胞。随着孩子月份的增大，动作要越来越复杂，这样才能起到训练的作用。

4. 让孩子多动手抓东西

在人类进化的过程当中，大脑集中了约 1/5 的人体神经细胞，其余的 4/5 分布在身体的各个部位，由于手和脚位于身体的端部，分布着丰富的神经末梢，这些神经末梢非常敏感，所以手有人的第二大脑之称，从这个意义上讲，训练孩子的手实际上就是间接训练孩子的大脑。

我们都知道，左脑控制右手，右脑控制左手，所以我们反过来训练时，就是通过刺激右手来达到训练左脑目的，通过刺激左手来达到训练右脑的目的。尽量让孩子双手获得更多的刺激。所以孩子在婴幼儿时期，家长尤其要训练孩子的左手能力，促进右脑的发育。让左右脑同时发展，这与孩子稍大时双手拍球是一个道理（详见 3 ~ 6 岁拍球训练）为孩子以后文理科平衡发展打下基础，此时让孩子练习双手抓东西，对孩子大脑的刺激非常强大，因为孩子刚出生后不久，大脑细胞处于“空白”状态，神经元亟待接受外来的各种刺激。大量的练习让孩子的脑神经突出更加发达。家长不用怀疑，巴甫洛夫小白鼠的实验已经把结论告诉了我们。

那么，如何实施呢？办法很多。你可以在孩子头的正上方挂上一些五彩斑斓的小动物或者一些风铃之类带响声的东西吸引孩子注意，让孩子去抓。当孩子 5、6 个月时可以用稍大一点儿的玻璃球让孩子抓，以加大抓的难度（当然一定要看好孩子，千万不要发生让孩吞咽之类的危险动作）。也可以让孩子抓自己的奶瓶，因为奶瓶较大，孩子的手较小，孩子很不容易用手拿起来，但他又知道奶瓶里有自己要吃的“营养”，此时孩子会练习双手的配合，这是一个很有趣的现象，一方面反应吃是人类的本能，另一方面显示孩子为本能所付出的智慧。更重要的是通过这些手段来达到练习双手的目的。当孩子 1 岁左右时，可以给孩子一个大一点的勺子，让孩子用勺子舀大一点的豆子。随着孩子年龄的增大，减小勺子和豆子的大小，以增加动作的难度。当然家长可以不用勺子，让孩子直接用两个手指捏（家长先示范，用大拇指和食指，或用大拇指和中指），随着孩子年龄的不同，选用不同的豆子或者珠子一类比较难拿的东西，千万注意安全。这样长期反复练习，提高孩子的准确度。当然家长可以想出更多的办法，例如，可以让孩子把一个大一点的玩具放到一个指定的地点（可以是盒子里，也可以床或凳子上等），随着孩子能力的增长，减小玩具的大小和增大指定地点的难度。总之，只要能达到练习手的目的，所有的招数都可以利用。

5. 关于孩子的运动，我专门指出“爬”的重要性

前面我说了有关孩子的运动问题，对于 7、8 个月的孩子来说，非常非常重要的一点就是爬。这是训练孩子统合平衡最关键的时期，如果错过这个时期，很难弥补。所谓统合平衡，就是训练孩子的手眼脑协调统一。有些孩子上学后总是习惯性出错，其根本原因之一就是统合失衡，所以很多家长觉得孩子马虎是件小事，或者说孩子：“你能再细心一点吗？”其实这不是孩子不细心，而是孩子统合失衡造成的必然结果，因为没有一个孩子愿意出错。没有一个孩子不愿自己考 100 分。当然孩子经常出错可能还有注意力等多方面原因，我曾多次说过孩子出了问题我们的家长首先不要指责孩子，看看是不是我们的教育出了问题，是不是在孩子成长过程中缺失了某个环节。很多心理专家直截了当地说：聪明的孩子是爬出来的。所以家长千万不要错过让孩子爬这个重要环节。十一个月左右孩子有走的愿望，尽量不让他走，让他多爬一段时间，让孩子统合平衡得到充分锻炼。

有过孩子的家长知道，爬实际上对于一个 7 个月大的孩子来说是一个很难的动作，开始可以把一个颜色鲜艳或带响的玩具放在前面吸引孩子，让他有只有向前才能够到的感觉，孩子开始有向前爬的欲望。但实际上此时孩子是不能向前爬的而是向后退，有时他左右腿用力不均孩子是在原地转圈。此时家长不要着急，用手推住孩子的脚，前面用玩具吸引。经过几天的训练，你会发现孩子的协调性发展迅速，很快就会向前爬了。在孩子爬得过程中，孩子的手、腿、眼、脑、身体协调一致，得到充分的锻炼。

我儿子足足爬了六个月，直到 1 岁时有强烈站立的愿望时才停止。当时家里的房间有一直角弯，我们每天把地上铺上毯子，当然现在家里铺木地板可不铺毯子。在孩子腿上戴上护膝，让孩子充分地爬，一个单程 10 米，10 个来回就 200 米，每天就这样不厌其烦地爬，孩子的骨骼得到了锻炼，孩子运动的技能得到了发展，最重要的孩子统合平衡得到充分的训练。我儿子长大后有几点可能源自于此：

（1）海淀区体育特长生（田径）；

（2）小学三年级前一共大大小小的数学考试共 60 多次，只有 3 次不是满分（当然这和注意力的训练也有关，我后面要说到）；

（3）个子高，尤其是小学时长得很快。

（4）做事情非常有耐心、有韧性，不轻易放弃。

6. 多给孩子一些新奇的玩具，让孩子有一种强烈的新鲜感

我记得儿子一岁两个月时，我在红桥市场买了一个电动遥控车，这在当时还真是新鲜玩意儿。我把车放在地上在旁边用手操纵遥控器，车在地上跑，孩子感到非常新奇，他瞪大眼睛看，心想：不用手推车，它怎么会在地上跑来跑去？我示意他我手中的遥控器，让他也试试。我把遥控器放在他手中，我用手摁着他的手，车来回在地上快速直行或转弯，他新奇极了！高兴得玩了好长一阵子。

这个遥控车，可能对孩子后来很长一段时间喜欢车又很大的影响。同时给孩子一种新奇的冲击力，让孩子的大脑立刻兴奋起来，让孩子在高度好奇和兴奋中游戏，这样他会更投入，这对调动孩子的大脑细胞的活力，抓住孩子的注意力起到非常重要的作用。

7. 加大孩子动手的难度

当孩子一岁多后只是用一些简单的动手训练是不能充分锻炼孩子的大脑，而是要加大动手的难度。实现一些相对较难的动作。

儿子一岁半时，我给他买了一个可拆卸的塑料翻斗车，大概有十多个螺丝和螺母，不同部位的螺丝长短不一样，只要把螺丝装对位置才能装上。当然每个螺丝都非常大。孩子非常喜欢这个有趣的玩具，开始他有几个螺丝装不上，急得口水直流。我看出孩子装的螺丝位置不对，就偷偷把合适的螺丝放到他手边，当孩子很顺畅地装上时，皱着的眉头立刻舒展开来，嘴里的嘟囔声立刻没了。就这样，他每天拆了装，装了拆，真是不厌其烦，当时我非常吃惊，这么小的孩子，怎么会装拆这么复杂的玩具。孩子就在这样玩的过程中动手能力、观察力得到提高，同时孩子的手、眼、脑的协调性等到很好的发展。八岁时，我找专家测过他动手能力的智力商数，非常之高，让我惊叹。

8. 搭积木

孩子两岁左右，一个非常好的玩具就是积木。一盒小小的积木在孩子的手中不停地变化，一方面孩子非常努力地向高垒加，突然倒了，鼓励孩子重新再来。另一方面每次孩子垒的样子不一样，让孩子不停地改变思路，改变孩子脑中固有的图形，从而起到开发孩子思维的作用。这是孩子创造能力的雏形。

9. 训练孩子的注意力

注意力的三度（注意力的持久度，注意力的转移速度，注意力的深度，我把这定义为注意力的三度）这一点不仅关系到孩子今后的学习成绩，而且要影响孩子的一生。

注意力是智力的一个重要方面，是关系到孩子学习成绩好坏非常重要的智力因素。注意力的持久度就是看一个孩子注意力高度集中的时间长短；注意力的转移速度，是一个孩子从一件事上转移到另一件事上需要时间的长短。比如下课时，孩子们玩得满头大汗，上课铃响了，有的孩子很快就能集中精力听课，而有的孩子 20 分钟过去了，还沉浸在刚才的快乐当中，根本没有听到老师讲的内容，前者注意力转移速度很快，后者很慢；注意力的深度就是当一个孩子高度注意一件事时（比如老师讲课），其他学生再乱，都不会影响到他，这样的孩子注意力的深度非常好。这样的孩子没有学习不好的可能。相反，有的孩子只要窗外有一点动静就会吸引他的注意力，思想就会离开课堂。所以要想孩子有一个良好的注意力，一定要从这三个方面着手训练。

训练孩子注意力的特别方法：给孩子讲带有问题的故事。这一点非常有效。在讲之前，和孩子说好：这个故事很有趣儿，里面还有几个问题，只要你注意听，你一定能答对。但妈妈有一个小小的要求“我只说一遍”。家长可以选一些或者编一些孩子感兴趣的故事，故事里面夹杂着几个问题，只有孩子认真听讲才能正确回答你的问题。当然，当孩子正确回答了你的问题后，要以非常激动的心情鼓励、表扬孩子。例如，你和孩子讲：有三只鸭子和两只大白鹅在水里游来游去。突然，岸上跑来了一只大公鸡，大公鸡高声喊道：“鸭婆婆，鹅大婶，快点儿上岸了，我们到村头的大柳树下集合了……”讲完后，你问孩子：水里有几只鸭子，几只鹅？鹅是什么颜色的？他们要到哪集合呀？等等。这样一个短短的故事里暗含着一些问题，只有孩子高度集中注意力时才能准确回答出来。随着孩子的能力提高和年龄的增长，逐渐加大故事的难度、延长故事的时间，经过一段时间的训练孩子的注意力持久度和深度会大幅度提高。

一般一个正常两岁左右的孩子，如果不去训练孩子这方面的能力，注意力集中时间只有 5 分钟左右，通过训练可达到 30 分钟甚至更长。这为以后孩子上学打下一个良好的基础，因为考试就是一个长时间注意力高度集中的过程，尤其是小学，考试本身的难度不大，就是看谁更准确，看谁注意力集中的时间更长。如果孩子注意力的持久度和深度很好，孩子的统合平衡也没有问题，孩子的成绩肯定不会差。从我儿子成长过程来看，注意力也远远优于其他同龄孩子。凡是教过他的老师包括人大附中的老师都告诉我：你孩子的眼睛永远跟着我，无论课堂多乱都不会分散他的注意力。所以，我儿子上课的听课效率非常高，考试时注意力特别集中，而且持续的时间长，这就是他学习成绩好的原因之一。

训练孩子注意力的转移速度，最好在孩子学习一门理科类的知识后，瞬间转为一些艺术或文科类的知识。这一点可以放在三岁之后训练。比如让孩子学习一些趣味数学或者一些物理现象之后，突然让孩子弹钢琴或者绘画。这样既切换孩子大脑不同区域，让孩子大脑不同的部位得到锻炼，同时又让孩子大脑轮换休息。

当然，训练孩子注意力的方法有很多，比如弹琴，下棋等，这些都是很好的方法。这些我在后面会讲到。

家长可从上面的叙述中可以看到，没有特别难的方法，这些方法都是一些常用的、很容易做到的。只是每一方面的训练都要持续一段时间，而且反复进行。比如搭积木，搭一次两次不会有太大效果，需要坚持、反复游戏，在坚持两年甚至更长的时间里，你会发现孩子的能力提高得很快，远远超出周围的同龄的孩子。一句话，家长要有思想，还要坚持。

曾经有两个农夫，一天早上一起上山砍柴，快要到砍柴地点了，他们突然想起出门时忘记了磨刀，其中一个立即回家磨刀，而另一个担心回家耽误时间直接上山去了。结果，直接上山砍柴的农夫因为刀钝直到傍晚也没有砍满柴篓，而回家磨刀的农夫很快就满载而归。

这个故事告诉我们，正所谓磨刀不误砍柴工。我们不用着急让孩子早学东西，快学东西，家长的关键是找到提高孩子智商的方法，只有找到了行之有效的好方法，即使晚起步，不见得收获小。只是一味着急，方法不对，越是坚持你的孩子被甩得越远。我们的家长担心自己的孩子输在起跑线上，在慌乱中没有想好方法就领着孩子上路了，结果就像不回家磨刀的农夫一样，孩子辛苦了好多年，收获实在可怜。

3～6岁孩子的训练步骤和方法

随着孩子年龄的增长，孩子智力、能力都得到了很大的提高，从出生只会哭和吃以及一些简单的游戏，到此阶段有了一定的技能，有了一定的喜好。3～6岁这个年龄段要更加突出孩子能力的提高，从而开发孩子的智力水平。芝加哥大学医学教授霍金拉克和纽约州大学教授芬伯格，对大脑的研究表明：三岁时孩子的大脑细胞比成人的大脑细胞活跃，也是人生最敏捷的时期，这一期间所受到的教育，有许多是终生难忘的。人们对童年生活记忆最深的事，也多半集中在这一阶段。所以我们家长一定要抓住孩子这个“次黄金”时期，开发孩子的智力。

1. 拍球

孩子到了三岁，开始练习拍球（可以在两岁半左右开始）。拍球要分以下几步：

（1）开始给孩子买一个大点儿球，如篮球。让孩子先用右手拍，熟练后改用左手拍。当左手也熟练到一定程度后（连续拍300个），改为小一点儿的球，如拍球或足球。同样重复上面。然后改为更小一点儿球，同样重复上面的动作；

（2）给孩子买两个一样大的篮球，让孩子左右手同时拍球，这样难度很大，经过一段时间的练习后，孩子会慢慢适应，当孩子到能连续排300个时，再加大难度，改为两个同样的排球或足球，重复上面。以后和（1）一样；

（3）让孩子左右手拍的球不一样大，如一个手拍篮球，一个手拍足球，这样一来，难度更大了，当孩子熟练了以后，继续加大难度，加大两个球的差别，如一个手拍篮球，另一个手拍小皮球（或乒乓球，难度非常大）。

其实训练孩子单手拍球的目的就是促进孩子左脑或者右脑的发育，而双手拍球让孩子左右脑平衡发展。我曾在上面说过手就是人的第二大脑，通过手指的训练来促进大脑的发育。众所周知，左脑控制着右手，右脑控制着左手，大部分人右手灵活，用右手劳动的机会比左手多，所以左脑相对发达，相比之下，左手锻炼的机会要少很多，所以右脑发育迟缓。还有少部分人善于用左手，也就是我们经常说的左撇子这部分人右脑相对发达，左脑相对发育迟缓。所以通过双手排球促使“双脑”同时发育，最终达到左右脑平衡发展。这就是我们所说的“全脑思维训练”。我们在中学生物课上就学过，大脑各个部分是有分工的，左脑主要管着数学、逻辑等理性思维，而右脑负责形象思维，例如，绘画、音乐、写作等。对于大部分人来说，理科好的一般文科略差，文科好的一般理科稍微欠缺一些，这些在我们孩子中经常看到的。但能不能文理兼备呢？这是我曾经困惑的一个问题，我儿子的成长经历告诉我，答案是肯定的。

2. 认识数的大小

孩子到三岁左右，开始有了数字的概念。开始可以用实物来告诉孩子数字的大小。比如：告诉孩子两个苹果比一个苹果多，三个巧克力比两个巧克力多等。我是在孩子开始认识数的时候采取了玩扑克牌的方式，让孩子知道了数的大小。

拿来一副扑克牌，去掉大、小王，剩下52张，每张花色13张，老A(1)最小,（这和我们正常玩牌不同）老K（13）最大，这样和孩子玩，一个管一个，谁出的牌大就把两张牌一起拿到自己手中，直到对手手中没有牌为胜。开始只用一个花色玩，熟练后再加一个花色，同一数字的牌一样大，如果两个人同时出的数字一样时，再各出一张，大者为胜，这样一次可将4张牌拿到自己手中。依此类推……逐渐加多花色直到4种花色52张全部用上。这样孩子在玩的过程中就懂得了2比1大，10比9大，让孩子在玩的过程中学习到了数字的大小；而且一点儿也不枯燥，孩子也愿意和你游戏。

3. 英文字母变形金刚

我儿子最初学习英语字母时，就是从3岁开始的。当时外婆给孩子买了一个英文字母的变形金刚，26个，每个字母都可以变成各种各样的形状的人或汽车，这正迎合了一个孩子好奇的心理。如果很枯燥地拿着一张张卡片，让孩子认，孩子会感到非常没意思，让孩子失去学习的兴趣。这样孩子很快认识了26个英文字母的写法，逐渐地加上读音，这就是孩子最初接受英语的方式。我想我们的目的是让孩子接受我们认为重要的东西，关键是我们是以何种方式呈现给孩子，让孩子能够接受并快乐学习。这就是我们每个父母要考虑的问题。

4. 电子电路

一个偶然的机会，在王府井商店里看到一个玩具电子电路，就是好多块电子集成块，按照不同的线路图接好后可以让一个灯泡亮或者喇叭响，也可以接成一个收音机能收听节目，等等。我感到这个玩具设计得非常有创意，让孩子自己动手亲自接通电路，当孩子看到灯泡亮或者收音机里发出声响，他有一种成就感。我当时没有犹豫就买回来，果然，孩子非常喜欢。他不停拆装，不停地更换不同的线路，得到不同的结果，孩子非常兴奋。这实际上练习孩子的动手能力，练习孩子的认知能力（因为孩子必须看懂指导图），练习孩子的观察力，因为一旦没有实现目标，他要回头检查哪一步接错了。同时培养孩子对科学的兴趣，满足孩子的好奇心。一旦成功，孩子的内心得到极大的满足，这种快乐是发自内心的。

5. 做数学游戏

孩子5岁时，开始玩一些数学游戏。这是他非常喜欢的一件事。最初的动力源自一本叫《智能突破300点》一本书，孩子上初中后我把它送人了，现在想来非常可惜。我只能凭着记忆回忆起上面的一些题型。

（1）把8分解为两个整数的和，有几种分法？

这实际上是一道发散思维的问题。3+5=8这是一道非常简单的小学算术题，但如果把问题倒过来“把8分解为两个整数的和”，这看似简单的一倒，就变成了一次发散训练。这其实就是高斯加法的一个启示和铺垫。

（2）一张图片上有一个笼子，里面有一个老虎，下面只有露出两条腿，上面看不见，问孩子老虎为什么只有两只腿呀？

这实际上一道训练孩子想象力的题，让孩子想象老虎此时正呈站立的姿势，另两条腿趴在墙上。

（3）有两张图片，让孩子找相同。比如一张图片上的烟囱是另一张图片上老头儿的帽子（只不过方向和地点变了）；一张图片上的树叶是另一张图片上的女孩的裙子，等等，一道题里两张图片大概包含十几处相同的地方，要一一找出来。需要孩子仔细观察才能找全。类似的情况，也有找不同的题目，相比之下找相同要难一些。这实际上是考验孩子的观察能力。

（4）请你画一张画，表示山里有一个和尚，你认为怎么让表达更好？

这其实也是一个考验孩子想象力的问题。有的孩子画了一个山，上面长满了树，树的中间露出了一个和尚的脸；也有的孩子画的干脆是一个和尚挑水上山的情景；还有的孩子并没有像上面两个孩子直接画出了和尚而是在山中森林里画了一个庙，庙的烟囱有袅袅炊烟升起……显然，第三种表示方法更具有良好的想象力。

（5）有张图，左侧有 5 个线头分别标着 1、2、3、4、5，右侧也有 5 个线头分别对应着 5 个字母 A、B、C、D、E，中间的线绞在一起，让孩子在 5 分钟之内确认 1、2、3、4、5 分别连着的是哪个字母？

这是一道训练孩子注意力的问题，需要孩子在指定的时间内完成，就像孩子上学后考试一样，训练孩子注意力的持久度和深度。

（6）走迷宫。就是有一些迷宫游戏，各种难度的都有，让孩子练习，训练目的和上题一样。

（7）将 8 个枣放入 5 只杯子中，使一只杯子中有 1 个枣，其余 4 只杯子各有 2 个枣，应该怎么放？

这个题目有点类似脑筋急转弯。每个杯子 2 个枣，4 个杯子已经是 8 个枣了，所以常规思维是没有办法的，所以必须打破常规、另辟蹊径。答案是：将三个杯子各放 2 个枣，另两个杯子各放一个枣，然后把这两个杯子摞在一起。这实际上训练孩子的创造力。

（8）现有编号为 1、2、3、4、5、6、7、8 的 8 个乒乓球，其中 7 个的重量都相同，只有一个的重量与众不同。已知：1、2、3 的总重量大于 4、5、6 的总重量；4、6、7 的总重量大于 3、1、5 的总重量，哪个乒乓球的重量与众不同？它比其他的乒乓球是重还是轻？

这类题是对一个 6 岁左右的孩子来说有相当的难度，需要孩子的综合判断能力和逻辑能力。从第一个条件判断：7、8 是正常的球；从第二个条件判断：2、8 是正常的球；将两个条件相加，得出：2 号球 +7 号球＞ 5

号球 +5 号球，所以得出：5 号球轻。

家长看到这些游戏不单单是数学游戏，其中包含了智力的观察力、注意力、记忆力、想象力、思维力、创造力所有的六个方面，这里我就不一一列举，家长可以到书店购买类似书（现在这样的书可能很多），通过这些游戏让孩子在玩中得到训练。其实孩子所有的活动从某种意义上都可以说是在训练，只是这种无意识的行为训练的强度和持续的时间不够，也不具有针对性，当我们的家长知道了这些训练手段时，更具有了明确的目的，加大游戏的难度和延长游戏的时间，分门别类的进行，在孩子成长的黄金时间里让孩子的智力等到充分的锻炼，从而将我们父母遗传基因的“物质基础”最大限度的转变为孩子的真实智力。这样的父母在孩子智力开发方面做到了自己能够做到的最好的父母了。

6. **记忆力的训练**。

记忆力是智力的一个方面。一个智力超群的孩子，很多时候表现在记忆能力上，例如：记忆一件事的能力，记忆英语单词的能力，家长并没有感到孩子花太多的时间专门记忆，可是孩子确实记住了。这种能力当然与遗传有关，同样，通过训练可以提高和改善。

（1）瞬间记忆能力的提高。所谓瞬间记忆力，也叫暂时记忆力，就是在非常短的时间内记住目标事件。我常用的方法是：让孩子记忆数字或电话号码。

① 正序记忆。从 8 位数字开始起记，逐渐增加数字的个数，每次增加 4 位，根据孩子的能力，每次限定时间，最多不要超过 15 秒，让孩子按照顺序说出你给出数字。也可以采用填空的形式，例如，你给出一个 16 位数，让孩子看 10 秒钟后，补上其中缺少的 3 位数字。如果孩子能在 15 秒钟之内记到 24 位，孩子的瞬间记忆力还是非常不错的。

② 倒序记忆。也是从 8 位数字开始起记，逐渐增加数字的个数，每次增加 4 位。做法同上，只是让孩子按照你给出的顺序反过来说出。

（2）长久记忆的训练。顾名思义，就是训练孩子对目标事件的长久记忆能力。我常采用的方法是逐渐加长法。例如，带孩子到科技馆玩儿，里面有几百种科技项目，你带孩子看了其中 50 种，如，人体骨骼、球向高处走、识别纸币真伪等等。6 个小时后，你再问孩子：刚才我们在科技馆参观了哪些项目，你记住了多少？此时孩子可能能说出 40 种，然后你把他忘记的10种补上。过了一天后，你再问孩子同样的问题，看孩子能说出多少种，一个星期后再看孩子能记住多少种，两星期后再问同样的问题，一个月后再问同样的问题。通过长期这样的训练孩子的长期记忆能力一定得到加强。当然，类似的例子还有很多，比如，带孩子看菊花展，面对几百种菊花，你同样可以借此机会训练孩子的记忆能力。

当然，训练孩子的记忆力还可以通过多种手段，例如：联想记忆、对比记忆等等，这里就不再赘述。

7. 多路思维训练

这个方法源自于全脑思维训练，这也是我独创的方法。就是在外面带孩子在操场上玩的时候，我事先想好了一些题目，这些题目有语言方面的，也有数学方面的，也有纯记忆的问题等等，把这些问题一起说给孩子，让他同时回答。这个过程分几步进行：

（1）单一思维训练

比如说：爸爸说几个词，然后你按照我说的顺序重复。例如：大树、房子、马路、汽车、花园。根据孩子的能力，决定你说的名词的多少。如果孩子很容易按照你说的顺序正确的说出来，你就增加词的数量。当增加到10个词时孩子还能正确地说出来。就改换方式：让孩子按照你说的名词的顺序倒着说出来。同样也是词的数量由少到多。这实际上就是训练孩子的瞬间记忆能力。

（2）多路思维训练

词的部分可以用单一思维训练的内容，同时加上一道数学题。比如：大树、房子、马路、汽车、花园，你把这五个词倒着说出来；然后再计算13+18=？这样一起说出两种不同类型的问题让孩子回答。其实这个难度很大，开始家长不要着急，要循序渐进。这实际上是在训练孩子的记忆力和大脑快速切换的能力，也可以说是在训练孩子的注意力的转移速度，因为文字和数学分别是大脑不同部位控制的，所以在回答这些不同类型的问题时，孩子的大脑实际上在快速转移和切换，在快速调动不同部位的大脑细胞，同时也在训练左右脑之间的神经通路。科学家证实：连接左右脑之间的神经突出越粗壮，左右脑联系越紧密，左右脑的信息传输越快捷，这样的大脑越聪明。这个道理很容易理解，就像马路越宽通行能力越强是一个道理。

8. 继续讲难度大些和长一点的故事

孩子 6 岁以前的这段时间，故事应该始终伴随着孩子的成长，不要间断。不同的是随着孩子年龄的增长家长要不断增加故事的难度和长度以及故事的精彩程度，让故事始终强烈地吸引孩子。抓住孩子的注意力。一个正常 3 岁的注意力，一般能保持 10 分钟就不错了，经过家长一段时间的训练，可以将孩子注意力高度集中的时间拉长为 1 个小时甚至更长（当然也可以通过下棋、弹琴等手段来练习）。这种训练有几方面好处：

（1）提高孩子的语言能力，故事里含的人物都存在着一定的逻辑关系，他们说的话做的事以及故事的情节都无时无刻的在丰富着孩子的语言，这样的孩子上学后语言能力要比其他孩子优秀。

（2）建立孩子最初的处事关系。我们给孩子讲的故事或者磁带、光盘播放的故事，都是积极向上的，里面的人物处理问题的方法会给孩子一个正面的教育，让他们学习友好、善良、积极、向上，养成良好的品格（这是情商和德商的问题）。

（3）提高孩子注意力的持久度和深度。家长把故事的问题加大难度，同时增加故事的吸引力和复杂性，增加其中问题的隐蔽性，让孩子必须高度集中注意力才能正确回答其中的问题，这样让孩子的注意力持久度和深度继续加强，为孩子上学打下良好的基础。这样训练的孩子，出现“8”看成“6”，“+”看成“-”的概率会小很多，因为出现这样的错误可能是孩子注意力的问题，也有孩子大脑发育不完善的问题，前者我们可以通过训练改善，后者随着孩子年龄的增长、大脑的发育的完善会自然消失。我儿子的成长经历很清晰地告诉我这样的结论。

（4）提高孩子对音乐兴趣。如果孩子长期在一种带有音乐的故事中成长，孩子对音乐的兴趣会显著提高，就像涓涓细流，汇入孩子的心中。

9. 拼图游戏

在每年的春节庙会，都会给孩子买一些拼图，直到高中毕业后，这种习惯还在坚持。拼图有多种多样，有风景的，有人物的，有动物的，块数由 9 块到几千块不等，块数越多难度自然越大。所以，拼图游戏孩子可以从 3 岁一直玩到高中甚至大学。

这个游戏对孩子的训练是多方面的，最主要的是训练孩子的观察力和记忆力。因为一个完整的图片是由多种颜色和图案组成，孩子必须根据颜色的渐变过程找到相邻的图块，而很多图块颜色和图案又是极其相近的，这需要多次试探和记忆才能成功，尤其是一千块以上的拼图，查找起来有很大的难度。如果孩子能在指定的时间内完成整块拼图，对孩子这两种能力是一个很好的锻炼。

当然，在孩子拼图的过程中，注意力的深度和持久度同样得到了训练。

10. 学习钢琴

我的孩子是5岁时开始学习电子琴。最初的考虑和其他家长可能不同：

（1）如果条件允许，建议让孩子学习一种键盘乐器。这是孩子三岁左右练习拍球练习的一个延续，正如我在前面所说的，孩子通过左右手同时拍球来促进孩子左右脑的同时发育，随着孩子年龄的增大，孩子能力的提高，要通过更有难度的工具才能到达训练大脑的目的。选择电子琴这种键盘乐器恰恰满足这样的初衷。因为一首优美的曲子需要左右手同时有机的配合才能完成，加上音乐本身的节奏、轻、重构成了一个个优美的旋律，要实现这些比拍球的难度要大得多。

（2）让孩子在音乐中感受欢快、忧伤等变化，享受人生。我听过一位音乐家说过：一个人如果不懂音乐这一生注定遗憾。我本人不懂音乐，但我从他说话的语气和表情中知道这句话是发自他的内心。我希望我的孩子不要像我一样，至少有一定的鉴赏力，同时丰富自己的业余生活。

（3）促进孩子智力的发育。正像我前面说过，音乐能促进孩子大脑的发育，改变大脑的细胞结构，这是科学家已经证明了的，所以我希望我的孩子不要错过这样的机会。

（4）训练孩子的注意力。前面我也说过，通过给孩子讲带问题的故事可以提高孩子注意力的持久度和深度，那么在孩子认真练习每一首曲子时，同样需要孩子注意力高度集中才可以完成。

（5）训练孩子的听力。每一个练习音乐的孩子都要练习视唱练耳，这是练习孩子听力一个最好的机会，给孩子未来学习英语等语言提供一个非常好的训练机会。事实上，很多练习过音乐的孩子英语的听力都非常好。

（6）训练孩子的意志品质。学习音乐是一个非常枯燥，需要长期坚持的过程，这个过程中，每一个孩子和家长都经受住考验，即使是后来很多成为音乐家的人，在他们回忆起童年练琴时经历时都苦不堪言，都曾经有过放弃的念头。所以练琴对一个5岁左右的孩子来说是一个非常大的挑战。

我的孩子学习了两年的电子琴和四年的钢琴，六年的时间里，和其他学琴的孩子一样，每天必须干的一件事就是要在琴凳上坐上1个小时，由于我的初衷并没有要孩子考级而是完全出于对孩子智力和意志品质锻炼以及提高孩子的音乐素养的角度学习钢琴，所以孩子自始至终没有痛苦的感觉，一直很快乐，而且长达六年的磨炼，孩子的注意力、听力得到了质的飞跃，意志品质也得到了很好的锻炼，这和孩子高中时申请美国名校能够翻越一座座高山，有着必然的联系。所以我告诉家长，在孩子小的时候学习任何东西，不要过分地关注结果，其实在孩子坚持的过程中他收获的无形的东西才是最珍贵的。这些东西是融在孩子血液中的，让孩子在今后的人生路上遇到困难时爆发出巨大的能量。

11. 学习围棋

我没有考证过围棋的发展史，但我知道围棋至少有几千年的历史。它之中蕴含着军事、哲学、数学、艺术等多种科学。所以一个学习围棋的孩子，其实就是同时在多种学科中来回行走，孩子得到了一个多重复杂的学科的锻炼。是孩子智力开发非常好的工具。它的作用至少有以下几个方面。

（1）训练注意力。一个围棋盘，有纵横 $19\times19=361$ 个节点，所以，孩子完成一盘棋，无论输赢，都需要相当长的一段时间，而且在这段时间里，和对手交替行棋，注意力自然会很集中，在相互对抗中，时间就会不知不觉地流走。这无形当中强制牵制了孩子的注意力。尤其是在和对手比赛中，本来坐不住的孩子，一下子安静了下来，对于那些好胜心强的孩子，更是由于自己的求胜心理，自己的注意力更为高度集中。对于一个5岁左右的孩子，高度集中的时间一般只有20分钟左右，在下棋中，半个小时、一个小时在不经意中很快流失。孩子的注意力在下棋过程中很自然地被拉长。

（2）把握全局的能力。围棋的魅力很大程度在于它变化复杂、多样，本来自己的优势，会因一步棋的好坏形势完全不同，一个棋子有时决定着全盘棋的输赢。有时本来是一片活棋，因对手的另一片棋做活而将自己的这片棋吃掉，所以，一个棋手必须顾全自己的全盘棋子，这时孩子就像一个指挥作战的“将军”，每一个棋子就是孩子手中的一个“士兵”，每一“士兵”的作用的大小，关键取决于指挥官的智慧，这需要指挥官统筹布局、全盘考虑，既要考虑一个棋子的作用，又要考虑其他棋子的接应，运筹帷幄，决胜千里。

（3）训练记忆力。看过名人的围棋比赛，都知道比赛之后的复盘，这是研究对手、提高棋艺的非常重要的手段。复盘有几种方式：a 复自己的；b 复对手的；c 复全盘；d 复别人下的（自己没参与）。即使不会下围棋的家长也能看出，从 a 到 d 复盘的难度逐渐增大。但无论是哪种，只要是复盘考验的都是孩子的一种能力，那就是记忆力。复自己的还好说，因为你自己怎么想的你自己知道，凭着自己短期的记忆能够部分或全部复原原来的棋子。复对手的，这个难度比较大，因为你必须借助于推测对手的想法，一步一步复原。这对孩子的记忆力是一个很好的锻炼。当然，复全盘难度就更大。复别人下的棋就难上加难。孩子就是在不停地下棋，不停地复盘，棋艺不断地提高，孩子的记忆力一定在这多次重复中得到充分的训练。

（4）训练观察力。围棋虽然只有黑白两种颜色，由于黑白两子错综复杂的交错在一起，子与子、眼与眼、节与节之间有着千丝万缕的联系，这就要求孩子一定要有一定的观察能力，或者说洞察力。要仔细观察场面的布局，在混乱之中寻找玄机，既要识别出对手给你设下的陷阱，又要给自己创造机会，化腐朽为神奇，扭转乾坤。这就像考试中的试题一样，出题者会设下一道道陷阱，看看你能否识破，如果你有足够高深的洞察力，再多的“杀机”你也会平安躲过，这时你才能体会到“拨云见日”、“妙手回春”之感悟。

（5）训练计算能力。围棋的死活其实就是算“气”，你不断地扩展势力就是增长自己的“气”同时减小对手的“气”，为了活下来，你就得不停地计算自己的“气”有时需要计算的非常精确，否则一旦算错，全盘皆输。所以孩子在“死”与“活”之间挣扎的过程中，他需要不停地计算，这使孩子的计算能力在下棋中等到充分的锻炼，而且孩子也知道了计算准确性对于“生死”的重要。这对孩子学习数学帮助是非常大的。我儿子的小学二年级刚刚开学就通过全市的大选拔，就以满分的成绩进入当时的北京市数学学校 A 班（A 班全市共招 33 人），而且在那一年半的时间（三个学期）里一直保持着前三名的成绩。四年级时获得全国“希望杯”数学邀请赛金奖（北京地区共 24 名），六年级时获得《走进美妙数学花园》一等奖（北京地区共 15 名），等等，这些成绩与孩子小时候学习围棋有着一定的联系（当然原因很多）。

（6）训练思维能力。正像上面我所说的，围棋蕴含着军事、数学、哲学、艺术等科学，是一门非常复杂又非常吸引孩子的一门头脑运动，孩子在下棋的过程中，注意力、把握全局的能力、记忆力、观察力、计算能力等都得到全面的提高，其实孩子的最实质的提高是他的思维能力。因为无论是记忆力也好，观察力也好，最后需要孩子通过一系列的快速切换、调动大脑的全部信息作出的一个综合判断，这样孩子思考问题、分析问题、处理问题的能力不断地提高，思维能力自然得到了训练。

12. 学习奥数

一提奥数，很多家长非常气愤，因为它给孩子带来了太多的痛苦，家长花了太多的精力和金钱最终孩子被折磨得苦不堪言，甚至对数学失去了学习的兴趣。一些教育界的专家也纷纷痛批奥数的种种弊端，奥数在北京地区甚至全国总是停停开开，起起伏伏。到底孩子该不该学奥数？这里我不想涉及奥数所经历的风风雨雨以及在孩子和家长心中的恩恩怨怨，我只想从我多年对奥数的研究分析一下奥数对孩子智力的影响。请相信我绝对不是哪一个奥数培训机构的托，而是我从多年来仔细对奥数题型的研究，从自己孩子智力的提高以及对孩子成长的作用出发分析一下奥数的作用。

在分析奥数之前，我们先来看看思维能力到底指的是什么。

通常，我们说的思维能力实质上报含着发散思维、收敛思维、立体思维、反向思维、逆向思维、换元思维、形象思维、逻辑思维等几十种思维方式。那么奥数是怎样训练孩子的这些思维能力的呢？

学过奥数的孩子都知道，其实每一道奥数题中都是蕴藏着一种或者几种上述的思维方式，尤其是当一道奥数题蕴含多种思维方式时，这道题也就意味着非常“难解”，这就是通常孩子们感到奥数非常“绕”，有时感到条件不够的原因，这也是奥数和孩子们平时在学校里学的数学最大的区别。所以要想得到一道奥数题的正确答案，孩子必须有一定的思维能力，必须有透过试题表面的现象，发现条件背后的潜在的联系，有时需要反向去思考，有时需要换元，有时需要逆推等等。下面我通过几个具体的例子来说明奥数对孩子思维能力的训练。

（1）训练发散思维试题。所谓发散思维实际上就是一题多解。就是让孩子从同一条件出发，用不同的思维方法得到同一结论。让孩子能从多角度、多层次来分析一个问题。改变我们传统的单一的模式的思维能力。

计算：1+2+3+4+5+6+7+8+9+10=？

这是一道非常简单的数学题。

方法一：你可以想都不想一个一个地将数字相加得到55.

方法二：4+6=10；3+7=10；2+8=10；1+9=10；再加上原有的10，就是50；再加中间的5；也可以得到55。

方法三：利用等差数列求和公式：Sn=（a1+an）n/2，即：Sn=（首项+末项）* 项数 ÷2，Sn=（1+10）*10÷2也可以得到55。

同一试题，可以有不同的解法，得出同一个结论。这种发散思维又有何意义呢?

事实上，我们生活中会经常遇到类似这样的问题。例如：要从北京到西安，可以乘飞机，也可以乘火车，也可以乘汽车等多种途径。同样，我们在生活中还会经常遇到同一问题只要不同的处理方式，会有不同结果，这就像我们在奥数中的“一题多解”相类似。通过一题多解，来训练孩子的发散思维，改变的孩子的思维方式的单一化，锻炼孩子的思维能力，从而让孩子运用这种发散思维解决实际的问题。事实上，我看到那些成功的人，往往不是学历最高的人，也不是那些知识最渊博的人，而是那些具有超强思考能力的人，他们会在一条路走不通的时候会运用自己的思维能力寻找到另一条更“光明”的路，或者在遇到一个问题时，脑子里立刻出现n种解决问题的方法，从中选出最捷径的一种，从而取得最大的收益。

（2）立体思维。也可以叫做空间思维。顾名思义，就是思考问题的方法不是直线或者平面，而是站在一个空间的角度或者跳出原有的平面站在一个更高的角度看问题，当你“俯瞰”这一问题时，这时往往把问题看得更清楚，更容易抓住问题的要害，从而迎刃而解。

例如，上一题的方法二就是一种典型的空间思维。一般的孩子看到这个题时，只管低着头只是运用最传统的方法在计算，这样不仅很慢，而且不准确、容易出错，因为这样的孩子没有运用更高级的思维方法，而第二种解法就是摆脱了“直线思维”或者叫“平面思维”，跳在“空中”来观察这个问题，问题显得简单而清晰。试想如果我们计算的不是1+2+3+4+5+6+7+8+9+10，而是算的是1+2+3+4+……+100=？如果你再一个一个地加问题就变得不那么容易，如果计算：1+2+3+4+……+1000=？如果你再一个一个地加变得不太可能了，而运用第二种方法同样很快得出：1+2+3+4+……+100=5050；1+2+3+4+……+1000=500500.这就是你的视野不再是直线或平面，而是“跳”起来发现：1+99=100；2+98=100；3+97=100……49+51=100这样的规律。所以这个棘手的问题就会因为你的这一“跳”变得尤为简单。

我们请看爱因斯坦和他儿子的一段精彩的对话：

儿子：爸爸，你是不是很聪明？否则别人没有发现相对论，而只有你才能做到呢？

爱因斯坦：不是我比别人更聪明，只是我和别人看问题的角度不同。一个甲虫，它趴在一个篮球上，它自认为自己看得无限广阔，而它不会知道其实由于自己视野的局限它所看到的只是非常小的篮球的球面。而一只蜜蜂飞过来，它轻而易举地就会发现甲虫只不过在一个非常小的篮球上爬行。只是因为蜜蜂在空中，它的视野是立体的。而我恰恰就像这只蜜蜂。

（3）换元思维。这种思维方式在奥数里的应用非常广泛。当我们面对一个非常复杂的算式时，如果按照原式进行计算时，题目就会变得非常“庞大”，以至于我们无法进行。这时我们用一个小小的字母简单的取代那个“庞大”的算式，或者用一个已知的数字替换一下未知的字母，就是这样一个简单的替换让题目迎刃而解。请看下面的例子：

对任意正整数a、b定义新运算※：

a ※ b=6ab/（ma+2b）

如果1 ※ 2=2，求2 ※ 9=？

此题就是用1和2分别替换a和b，从而求得m.即：6x1x2/（mx1+2x2）=2，求得m=2，所以有

a ※ b=6ab/（2a+2b），再用2和9分别替换a和b，2 ※ 9=6x2x9/（2x2+2x9）=4 10/11这实际上就是运用了两次换元的方法，通过这样一换，

让一个看似无解的难题，瞬间变得非常简单。

换元思维最著名的例子就是曹冲称象的故事：

三国时期曹操有个儿子叫曹冲，天资聪颖，才华过人。一次，孙权送给曹操一头大象，众人非常高兴。曹操十分好奇，想知道这头大象到底有多重，这可难坏了诸位大臣，没有一个人能想出办法来称一下这个庞然大物。这时天真的曹冲出了一个主意：把大象牵到船上，记下吃水线的深度，然后把大象牵下来，换成石头，当吃水线一样时，石头的重量就是大象的重量。语罢，众大臣佩服得五体投地。

还有一个非常著名的例子，就是爱迪生计算灯泡容积的故事：

一次爱迪生的一个助手，普林斯顿大学数学系的高材生在测量一个灯泡的容积，由于灯泡的形状是不规则的，用现有的公式很难计算出来，即使采用各种模拟的方法也很难计算出准确的容积。这位数学界的精英被折磨得一筹莫展，来请教爱迪生，爱迪生想了一下，他很从容地将灯泡装满水，然后将灯泡里的水倒入量杯，量得水的体积就是灯泡的容积。

这两个故事都是将一个看似无解的问题经过一个看似简单的“换元”，让问题的答案一下子跃然纸上，让人豁然开朗。其实这看似简单的一“换”，却蕴含着非常高超的思维能力的运用，在解决一个非常复杂的问题时，使用的方法越简单，运用者的思维能力就越强，这就和奥数有异曲同工之妙。其实小学的奥数就是运用初等的办法解决高等的问题，所以解题的难度非常大。如果运用高中的知识或者更高的知识来解一些奥数问题非常容易，这样，奥数就起不到锻炼孩子思维的目的，这也恰恰是奥数的魅力和作用。

（4）逻辑思维能力。就是几个元素之间存在着一定的因果关系，从元素之间的已知的联系，推出元素之间背后的联系。从而得出答案。请看下面的例子：

有 3 只袋子，有一只放着糖，另外两只都各放着一块石子，外面都贴着一张纸，分别写着：

袋子 A：“一块石子放在袋子 B 里。”

袋子 B：“一块石子放在这只袋子里。”

袋子 C：“一块石子放在袋子 A 里。”

放糖的这只袋子纸上写的内容一定是对的，另外两只袋子纸上写的内容，至少有一个是错的——袋子里放着糖。

从上题中分析：如果糖放在B袋子里，这和B袋上的纸条“一块石子放在这只袋子里。”相矛盾，因为“放糖的这只袋子纸上写的内容一定是对的”；如果糖放在C袋子里，那么袋子A：“一块石子放在袋子B里。”；袋子B：“一块石子放在这只袋子里。”都是对的，这与题目中给的：“另外两只袋子纸上写的内容，至少有一个是错的”相矛盾。所以只有A袋子里放着糖。

从这道训练逻辑思维能力题中，我们可以看出，我们运用的是反向思维的方法，即：我们先假设糖放在B袋子或C袋子中，我们推出和已知条件相矛盾的命题，从而推出假设不成立，这样我们一一排除可能的答案，从而得出正确答案。

而现实生活中，很多发明创造就运用逻辑思维和反向思维实现的。

1820年，丹麦物理学家奥斯特电流的电磁效应，即通电导线周围能够产生磁场，他的这一发现作为划时代的意义被载入了史册。这个定律引起了一位青年学者法拉第的思考，他想既然“电”能够产生“磁”，那么“磁”能否产生“电”呢？正是这样一个反方向的思考，促使法拉第一次又一次的行动，在数次的试验中，在1831年法拉第终于发现，变化的磁场穿过一个闭合的线圈，奇迹真的发生了！线圈里真的产生了电流！这就著名的法拉第电磁感应定律的发现。并在此理论的指导下，一台法拉第圆盘发电机应运而生，从此，世界上第一台发电机诞生了。

又例如：一位医务人员说：我们医院的医务人员，包括我在内，医生和护士总共有16名，下面讲的情况，无论是否将我计算在内，都是正确的：

（1）护士多于医生；

（2）男医生多于男护士；

（3）男护士多于女护士；

（4）至少有一位女医生。

请问：这位说话人是什么性别和职务？

分析：由1）知道护士人数＞＝9；医生＝＜7，有3）知，男护士人数＞＝5. 结合1）得出6=＜男医生人数＝＜7.

如男医生有7人，则由1）与4）推出医生和护士总共至少（8+9=17

人），与已知相矛盾。

如男医生有6人，则男护士有5人，又女医生1人，女护士4人，6+5+1+4=16，符合题意。

综上分析，去掉一名女护士，所有条件仍符合，得出：说话的人是女护士。

大家都知道《三国演义》中的空城计，这里包含的就是逻辑思维和反向思维。

诸葛亮的思维：司马懿生性多疑，我坐在城墙上弹琴，这样轻松的状态，让狡诈的司马懿判断一定是城里布好兵阵，他一旦闯入无疑送死。

司马懿的逻辑：足智多谋的孔明一向做事谨慎，如果城里空无一人，聪明的诸葛亮不可能有那么大的胆子坐在城墙上悠然自得地弹琴。

诸葛亮正是运用逻辑推理和反向思维让司马懿中了他的圈套，给后人留下不朽的“你足智多谋”、“我更计高一筹”这样奸诈与反奸诈的话题。

当然，奥数题种类繁多，每一类题蕴含着一种或多种思维方式。有鸡兔同笼问题、盈亏问题、相遇问题（直线相遇、环形相遇等）、牛吃草问题、排列组合问题、统筹安排、图形面积、奇数和偶数、抽屉原理等等，如果孩子在12岁之前大脑发育的黄金时期长期、大量地做一些奥数题，实际上就是进行着一个长期的智力地训练，即训练着孩子的发散思维、收敛思维、立体思维、反向思维、逆向思维、换元思维、形象思维、逻辑思维等等，这些思维能力中的某些思维得到提高时，孩子的整体思维能力自然有了一个质的飞跃，而思维能力又是智力的核心，所以孩子的智力会在训练奥数的过程中肯定提高了。当然奥数不仅仅蕴含着这些思维能力，同时还包含着想象力、观察力、记忆力等能力。

例如：

（1）请在下面的五个方框中画出5种不同的正方体的展开图（经过平移或旋转后能够重合的，算作一种）。

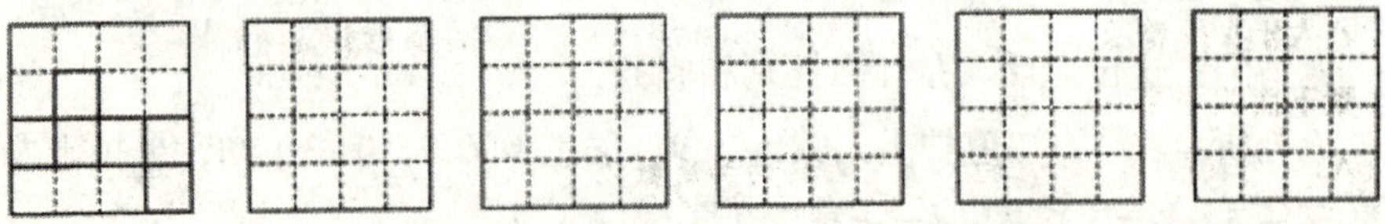

（2）已知A，B，C，D和A+C，B+C，B+D，D+A分别表示1至8

这八个自然数，且互不相等。如果 A 是 A，B，C，D 这四个数中最大的一个数，那么 A 是 ________。

（3）一所学校里，李老师、王老师、张老师分别上了一门课，但不知道他们上的是什么课，只知道这三门课是语文、数学、外语，另外知道下面一些情况：

李老师上课全部用汉语；

外语老师是一个学生的哥哥；

张老师是女老师，她向数学老师问了问题 .

请问：李老师、王老师、张老师分别教什么课？

（4）1+3=4

1+3+5=9

1+3+5+7=16

1+3+5+7+9=25

1+3+5+7+9+11+……+19= ？

（5）1×1+2×2+3×3+……+9×9+10×10=385

1×2+2×3+3×4+4×5+……+10×11=?

（6）1，2，4，7，11，___，22，……

（7）对于数列 1999、1998、1997……2、1，在相邻两个数之间从左往右依次填上“+”或“—”，使之成为一个算式，具体规则如下：如果前面算出的结果不比下一个数小，就填“—”，否则就填“+”。例如，开始的一部分应当是：1999-1998+1997 — 1996+1995……

按这样的规则填完所有的运算符号，那么最后计算的结果是多少？

答案：

（1）

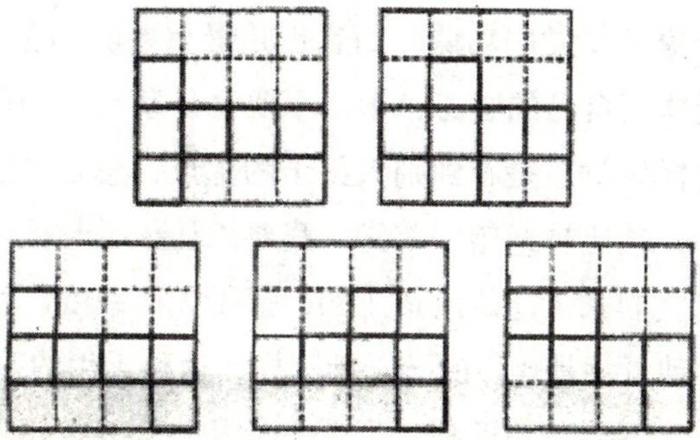

（2）6

（3）李老师教数学；王老师教外语；张老师教语文。

（4）100

（5）440

（6）16

（7）0

不仅如此，奥数也使孩子注意力的持久度和深度得到训练。因为一道奥数题需要孩子充分调动自己的大脑细胞，要花费孩子相对多的时间，就像下棋一样，孩子在思考过程中时间在不经意中流走。我儿子在做题时，经常出现我叫他吃饭他都听不见的情况，孩子一旦深入在题目当中，会非常的投入。所以孩子在学习奥数的过程中，让孩子的注意力得到了充分的加强。

有些家长会问：我也知道奥数的作用，可我的孩子对奥数一点都不感兴趣，我该怎么办？

正像我上面说的，奥数就是“人脑体操”，它是目前我认为最好的开发孩子智力的一个工具，如果我们的家长不是教育专家，没有更好的提升孩子智力的办法，我很想推荐家长不要轻易放弃这个手段，只要孩子对奥数不是特别反感（如果孩子学习奥数特别痛苦，家长一再努力培养，孩子仍无兴趣，一定放弃），还是希望让孩子坚持几年，当然最好坚持到 12 岁小学毕业。因为我前面说过 12 岁的孩子的智力完成成人的 95%，对于那些痛恨奥数的孩子没有必要再为了剩余的 5% 再受折磨了，而初中后把孩子的时间用在其他方面可能更为“经济有效”。这里我可以给家长一些我的建议，我是如何把我的儿子带进奥数这个美丽又神秘的殿堂的。这也是我们每个家长要做的功课，而且也是最重要的功课之一。

（1）家长要摆正自己的心态，千万不要总是拿自己的孩子和别的人孩子比较，因为这样你就总是看到别人孩子的优点，总是盯住自己孩子的不足，越比越伤心，越比越绝望。首先，我要承认孩子与孩子之间在各个方面有差距，这是我们家长遗传给孩子的，孩子无法改变。就像姚明生来个子就高，相扑运动员就是比你的孩子胖一样，这种天生的差距一定会有。

（2）家长千万不要急功近利，为了孩子升一个好学校，每天逼迫孩子学习奥数，把一些本不该孩子承担的压力强加在孩子的头上，这样只能适得其反。

（3）当孩子拿着奥数题问家长时，家长千万不要像是看到了凶神恶煞似的连口说“我不会”、“这种题很难”之类的话，这会给孩子一个不好的信号——我爸（或妈）都不会我怎么能作出来呢？对于本来就对奥数没信心的孩子更是雪上加霜。

（4）孩子对奥数的兴趣有先天和后天之分，先天的条件固然可贵，但这是我们无法控制和改变的，后天的培养同样非常重要，我们只要不是抱着把孩子培养成数学家的愿望，只是出于提高孩子智力的目的，抱着“只要能学一点就会有收效的想法”、“只要能做一道题就会有改变的想法”、“不怕孩子走得慢，只要坚持向前走就知足”的愿望，改变我们的培养方向。

（5）重视孩子第一次接触奥数的心情。既然我们知道奥数的重要，我们的目的就是让孩子坚持几年，家长的作用就是如何让孩子对这个一看就头疼的东西“稍微”能接受一些，我们家长的引导显得尤为重要。尤其是孩子第一次接触奥数的心情非常重要。

我记得非常清楚，孩子第一次接触奥数之前我自己研究了三个月，根据孩子的能力和兴趣仔细研究题型的难度，第一次呈现给孩子的奥数题一定是孩子喜欢又不是一下子能作出来，让他有一种跳一跳才能“够得着”的感觉，让孩子内心充满渴望、必须努力思考才能作出来，心里不停地琢磨：这题怎么和学校里老师留的作业感觉完全不一样。当孩子作出答案时，让孩子带着一种自豪、内心充满成就感，他最强烈的愿望就是没过瘾，求你再给他几道题。我第一次给孩子的题目是一道有关楼梯的问题：

六层楼，层与层之间都有 9 阶台阶，那你从一层走到六层共走多少级台阶？

这在奥数里统称为锯木头（有人叫植树问题）问题。当时孩子 6 岁。这道题他一共花了 5 分钟的时间就给出正确答案（45 阶）。这让我非常高兴，因为这对于第一次接受陷阱的孩子来说很不容易。在孩子强烈要求下，我又给了他几道题：

1）已知 A>B，D<C，C<F，E>A，B>F，请在下面字母之间填入“<”

或“>”

A　D；　D　B；　F　E；　C　A；　E　C

2）一个长方形剪掉一个角，剩下的图形还有几个角？

3）有一口井，井深 10 米，一只蜗牛从井底向上爬，白天向上爬 3 米，晚上向下滑 2 米，这只蜗牛几天能爬出井？

4）把 10 个球分成三组，要求每组球的个数都是奇数，怎么分？

答案：

1）A > D；　D< B；　F < E；　C < A；　E > C

2）3 或 4 或 5

3）8 天

4）不能分。

就这样，孩子钻进了你设下的“圈套”，他让你牵着鼻子走，孩子的兴趣让你调动起来，孩子怎么会不喜欢呢？我的孩子随后的几年里对奥数的浓厚的兴趣就是源自于这最初的几道题（可能也有遗传的原因），而恰恰是这浓厚的兴趣让他越战越勇，取得了一次又一次优异的成绩，当然这些成绩的取得只靠兴趣还远远不够，孩子必须付出艰辛的努力。这些我在后面会做详细的说明。

（6）我建议在孩子小学 2 年级以前，不用让他到外面的培训学校去学。一方面，2 年级以前的奥数题，对于一个大学学理科的家长（文科的家长另当别论）来说足可以应付，另一方面，这个时期孩子处于一个刚刚入门的阶段，如果你把孩子交给培训学校，如果孩子的班级选的不合适，他就会发现别人会的题而自己不会，这对孩子的打击很大（当然有些孩子例外，这里我指的是对奥数没有兴趣的孩子，我们要尽最大努力保护和建立孩子的兴趣），如果这个时期，家长自己带着孩子做题，一方面避免了自己的孩子和别人比较的机会，另一个优势是家长最了解自己孩子的水平处在哪个层次，你会根据自己孩子的能力选择孩子最合适的题目，这样，既会让孩子保持高昂的学习兴趣，还可以加快或减慢孩子学习的速度以免浪费时间。家长切记：这个阶段最最重要的让孩子对奥数产生和保持强烈的兴趣，只要孩子喜欢上了奥数，成绩是自然的，更重要的孩子借助于奥数这个非常有效的工具让他的智商得到充分的开发。

6～10 岁孩子的训练步骤和方法

应该说 6～10 岁这段时间是我辛苦的两段时间之一（另一段是孩子高一高二准备申请美国大学这段时间），6 岁以前，真正的有“技术含量”的内容少，只要记住自己要做的事，根据自己的教育理念，相对来说不是很累，需要的更多的是家长的耐心、细心。当孩子到了 6 以后岁这个阶段，孩子智力、情商、德商到了一个飞速发展的时期，简单应付已经不能满足孩子各方面的需求。这个阶段我孩子学习的主旋律有三个：奥数、围棋、钢琴（英语略次之）。这段时间最难的就是如何让孩子喜欢上奥数并在学习奥数的过程中获得智力、情商的双丰收，作为家长，我确实花费了大量的时间，正像我上面提到的，孩子在一天天长大，在孩子成长的黄金时期如何最大限度地让孩子获得全方位的营养，如何让孩子在已有的遗传物质的基础上，最大限度地开发孩子的潜能，成了我这个时期最最核心的任务。我从来没有想过孩子的升学问题，也没有考虑过孩子以外的任何人的看法。我相信通过自己这么多年对孩子教育的认识一定会给孩子提供一个最好的工具和方法，让孩子快乐并坚持到底。

1. 挑题

那段时间，我每天晚上必须做而且也是最重要的一件事就是“挑题”，就是从大量的题海中选出最适合孩子当时水平的题，让自己钻进“题海”，这些题分几种情况：

（1）略高于孩子目前水平的题，让孩子跳一跳就能够得着（2年级以前，必须这样，诱导孩子的兴趣，并稳定孩子的这一兴趣）。

（2）有难度，需要孩子花时间才能作出来。

（3）选一些当前最新颖的题（这些题往往突破奥数传统的思维方式）。

（4）选少量高难度的题，让孩子留在脑子中，孩子会经意或不经意中思考。

我这样做的目的节省了孩子大量的时间，因为我知道我的孩子的水平，我明白哪些题是属于上述4种情况，这些细致的工作任何一个老师一定做不到，而只有家长能做到。这样我每天坚持到深夜，坚持了4年左右的时间。直到孩子第一次参加全国希望杯比赛，获得了金奖。我的努力、孩子的努力获得验证，我逐渐放手。整个这个过程分三个阶段：我“领着孩子跑”；我和孩子“同步跑”；我“跟随孩子跑”。经过这三个阶段，孩子逐渐成熟了，我所有的目的得到了实现，所有愿望变成了现实。

2. 听音乐会

正像前面我说的，我没有希望把孩子培养成音乐家，也没有考虑孩子考级为升学用，最主要的目的有几点：

（1）开发孩子的智力，平衡孩子左右脑发育。

（2）培养孩子的音乐素质，让孩子有一定的音乐鉴赏能力。

（3）训练孩子的注意力，让孩子在每天练琴的过程中延长注意力的时间。

（4）训练孩子的意志品质，让孩子在枯燥、单调得生活中学会坚持。

伴随孩子学习钢琴的深入，也为了扩展孩子的视野，我经常安排孩子听一些音乐会，每个学期至少听三、四场。尤其是假期，北京的各大音乐厅都有非常丰富的演出活动，选择一些适合自己孩子的音乐会会给孩子枯燥的生活增添很多活力。北京比较固定的演出有：钢琴教育家周广仁学生的演出、暑期打开音乐之门系列演出等，这些是非常适合孩子的音乐会，一方面像周广仁学生的演出，都是音乐学院附中的一些学生，这些孩子都是和自己的孩子年龄差不多，在学习音乐过程中孩子遇到的问题和他们也差不多，看到、听到他们的学习经历，孩子从中深受启发和鼓励。而暑期打开音乐之门系列演出内容非常丰富，有《京剧》（含专家的讲解，例如讲什么是生、旦、净、丑，以及如何欣赏京剧的一些常识等），有一些大师专门在暑期给孩子们的演出（这是专业团体对孩子音乐教育的责任，当然这是北京孩子独特的待遇），给我印象最深的是一些演艺、播音届的名家给孩子表演的《音乐语文课》。

雅坤、姚锡娟、曹灿等这些我初高中经常在收音机里听到的名字，一下子出现在眼前，这让我非常激动，雅坤讲的《月光》把我带到了我大学时期每晚 8 点半把收音机放在被窝听的情景，那富于磁性的女中音让我记忆犹新。姚锡娟讲的《卖火柴的小女孩儿》在音乐声中，惟妙惟肖，感人极了。她讲道“小女孩儿冻得蜷缩着身子，她手里拿着一盒火柴，刺啦……”此刻整个音乐厅安静极了，她的声音在音乐厅里延伸，所有人都被她带到了那个冰冷的雪夜……直到今天我想起当时的情景都非常感动。你想想何况是孩子呢。所以，我们的家长要提供给孩子这样的机会，让他们享受，让孩子们感动。

3. 锻炼身体

我的孩子如果说有缺点，最大的缺点就是小的时候经常爱生病，而且每次生病特别严重并且持续时间长。一个月基本上要感冒一次，每次嗓子痛、流鼻涕、咳嗽三步曲，每次持续的时间特别长，尤其是最后的咳嗽，一声接一声，让我非常揪心，我为此想了很多办法都无济于事，在无奈之中，我只好让孩子加强锻炼，增强体质。经常的运动方式有：

1）跑步。这是孩子从 10 岁（小学 4 年级）起，坚持最长时间的运动，也是孩子在整个小学期间（12 岁以前）提高孩子情商最重要的一件事。尽管最初让孩子练习田径并没有考虑到日后对孩子初中乃至高中有那么深远的影响，只是出于健康体魄、少生病这样简单的想法，但是孩子从 10 ~ 12 岁坚持了 3 年，收获了坚持。我在《感动父亲》一文中有三详细的描写，这一点我会在后面详细的描述。

2）滑冰。这里包括滑水冰和旱冰两种。在北京市内有很多水冰场，如：西单、崇文门新世纪商城等，在地坛还有个速滑馆，这些都是我和儿子常去的地方。那个时候，我们周末会安排时间去这些地方运动，主要练习孩子的平衡能力。练习旱冰的地点非常多，很多公园都能进行。滑冰运动对孩子体能消耗非常大，一圈一圈，孩子在人中穿梭、躲闪，极大地练习了孩子的灵活和运动的协调性，也增加了孩子运动的乐趣。也锻炼了孩子的胆量和智慧。

我记得我们当时非常喜欢到一个大院的办公楼前练习旱冰，孩子经常跳到一条十公分宽的水泥牙子上练习，就像练杂技一样，在上面滑行20多米后让后跳到更高的台阶上滑行，这是一个非常大的挑战！要求滑行的速度必须足够快，否则会掉下来，同时要掌握好起跳的时间，否则会撞上高的台阶，如果撞上定会“人仰马翻”，孩子肯定会摔得很惨。这些无疑给孩子的运动增加了兴趣和挑战。从而练习了孩子身体的灵活性，实际上，练习了孩子头脑的灵活性。

3）滑雪。这也是孩子非常喜欢的一项运动。每年的元旦前后，北京的十家雪场都相继开放，这给孩子提供了非常好的户外运动的机会。我们最常去的是军都山滑雪场和南山滑雪场，这两个滑雪场也代表了北京地区雪道的品质和难度。尤其南山滑雪场，雪道种类多、难度大，儿子各种雪道都滑过，尤其高级道的坡度很大，从上面俯冲下来还需要一定的技术和胆量。这些都给孩子在高一时我们去亚布力滑雪打下坚实的基础。

孩子在长达5年多滑雪的经历，水平不断地提高，技术不断娴熟，我就想让孩子到难度更大、更具挑战性的亚布力去滑雪，因为中国只有亚布力（黑龙江）和北大湖（吉林）两个世界级的滑雪场，为了让孩子体会滑雪的真正乐趣，必须让他体会一下世界级的雪道是什么样以及在那样的雪道上滑雪的感觉。但我知道孩子必须具备三个条件，否则上那样的雪道基本上就等于送死！

（1）滑雪技术。因为孩子在北京已经多次在高级道上滑过，并且完成得很顺利。具备了挑战更高难度的技术条件；

（2）胆量。必须具备相当的胆量，否则从山巅上向下俯冲时，你的腿就会发抖；

（3）体能。孩子长期的田径训练让孩子具备了一个优秀运动员身体素质，能够经受住大运动量的运动，这是必须有的基础条件。

我知道我的孩子完全具备了这三个条件。

孩子在亚布力雪场的中级道上滑一天之后，我问他：是否想体验一下高山滑雪的感觉。当时全国第十届冬运会刚刚开完，雪道的质量非常好，我希望孩子不要错过这样的机会。

孩子说："我想试试！"

我说："如果你不去体验一下，这次你会很遗憾！"

孩子说："不是遗憾，而是这次亚布力之行等于没来，因为，亚布力的中级道虽说比北京的中级道难度大很多，基本接近北京的高级道，这些我在北京就可以滑！"

我看了孩子的决心，我的心里还是非常担心，万一有闪失，我会追悔莫及，我也没法向爱人交代，因为在我们出发的时候她一再嘱咐我不要上高级道，感受一下亚布力的雪就行了。再三考虑孩子的条件，最后，我找了当地的一位国家级教练（第一次上山时）陪孩子一起上山，决定让孩子体验一下在山间穿梭的感觉。

那座山的名字叫大锅盔山，主峰海拔 1374.8 米，与二锅盔山（海拔 1100 米）和三锅盔山（海拔 1000 米）三座山峰形成一个高山雪场，雪道单程 4 公里，一个来回要 40 分钟，自从孩子离开了我视线，我始终忐忑不安。我能听见自己心脏"砰砰"的跳声，甚至自己的四肢在不停地抖动，我努力巡视雪地上的每一个人，寻找着自己孩子的踪影，始终没能见到他。时间像是过了很久很久，我的视线一直延伸到雪山的尽头，还是没能见到他……

当我看到他飞驰下山的身影时，我压抑在心中的焦虑立刻释放出来，并竖起大拇指向孩子表示祝贺。满脸洋溢着幸福的儿子，此时的收获难以用语言表达清楚。儿子告诉我，上面的雪道非常不同，就是在山与山之间滑行，雪道非常陡峭，无法站立，因速度太快，也无法使用雪杖，滑行过程中，真有"飞"的感觉，加之滑行位置都是在山顶，山风非常大，即使戴着护脸也能感到冷风刺骨。

和孩子在上面一起滑雪的只有 8 个专业滑雪运动员！此行值了！亚布力之行，不是一次简单的旅游，而是让孩子完成了一次挑战，挑战自己的胆量和意志品质。

（4）游泳。为了让孩子一次性掌握标准的游泳姿势，我专门找了一个北京队混合泳的队员做孩子的教练，用了12天的时间学习了蛙泳和自由泳两种泳姿。

体育运动，锻炼孩子的体能，磨炼孩子的意志品质，让孩子不断挑战自我，克服胆怯，这都属于训练孩子情商的范畴，我之所以把孩子多年的运动在这里略说一下，主要出于几个方面的考虑。

1）运动是孩子小学期间最主要的活动之一，是每个假期必须花费大量时间的项目，是叙述孩子童年时期不可跳过的重要的事情。

2）运动和孩子的智商的发展是密不可分的，就像我在智商部分的开始所说的，通过四肢的运动反向刺激孩子大脑的发育，这和很多生物学家实验相吻合。同时运动是训练孩子统合平衡的重要手段，是训练注意力的最有效手段之一。

3）运动塑造孩子的性格，运动成就了男孩坚毅、果敢、挑战、自信的品格。

4. 旅游

其实这个阶段带孩子旅游，主要的目的有三个：丰富孩子的假期生活；让孩子积累生活素材；锻炼身体。因为这个时期的孩子要想写好一篇文章，主要靠自己亲身的感受，孩子太小，他不会像作家一样，把一个根本不真实的东西，把自己没有体验的东西写得活灵活现，孩子不会演绎。所以孩子见得多，体验得多他才能把文章写得生动。当然更主要的是在旅游中让孩子接受外界大量的信息，包括人文信息和自然信息。刺激孩子的大脑细胞。当然旅游更重要的是提高孩子的情商，这在情商里面会提到。

5. 大量奥数训练

这个阶段奥数的学习是孩子训练思维能力提高孩子智商的非常重要的工具，孩子最核心的任务之一就是每天进行大量奥数题的训练。主要分几种情况：

（1）平时每天（周一至周五）根据作业的情况适当做几道。

（2）周末（周六、周日）抽一天做10道-15道（一般一张试卷15道题）。

（3）假期，尤其是暑假，由于假期时间较长，我利用这个时间让孩子集中一段时间，如一个月，每天50道，这样，一个月下来1500道，这样大量的训练。我把这叫做拉练式训练。

应该说我的孩子一方面有很好的数学天赋。另一方面，在我长期的引导下，孩子对奥数怀有极大的兴趣，在这两个方面的共同作用下（再加上从孩子出生就没有间断的思维训练），孩子每天非常快乐、非常兴奋进行着很多孩子很难做到的事情，而且经常在完成50道题后还不满足，所以在孩子这样非常痴迷奥数的过程中，思维能力在快速发展。当时我的内心感到非常的愉快，因为每经过一个假期，我孩子的各种能力就要超出同龄孩子一大截，尤其智力水平（凭我自己的感觉），不仅是身边的孩子无法比，即使在当时的北京市数学学校（北京队所在地）他仍然是出色的。9岁时很顺利地考入当时的华罗庚数学学校（后来叫仁华学校）1班，这在当时是非常轰动的，其难度远远高于考北大清华，因为全市260多所非常优秀小学参加（每个学校先内部选拔，除了海淀区的几所著名的小学，其他学校只有一两个名额）这样通过《思维训练考试》和《逻辑能力考试》择优录取500名左右，分为10个班，1班成绩最好。所以每到9月开学的日子，人大附中校园内聚集着无数的家长和孩子，就是全市孩子奥数大比拼，那阵势还真够浩大啊！我相信我们这代的家长多数都经历过，尤其是一群优秀孩子的家长，更是为自己的孩子进入华校兴奋不已。

6. 纵向读书

所谓的纵向读书就是博览群书的一个方法，不去管书的作者，按照书的类别来读，这之中有文学方面、历史方面、军事方面、科幻方面、励志方面、个人传记等。孩子这个年龄段他的视野还是很有限的，这就要靠家长的帮助拓宽孩子读书的范围。所以我责无旁贷地肩负起选书的重任，每到假期前的一个月，或者周末，我经常到书店寻找孩子需要的书。我选择的出发点是：

（1）对孩子成长有益的书，这里其实包括的非常广，像名人传记也在其中。我记得当时给孩子买的这类书主要有：《拿破仑传》、《比尔·盖茨传》、《做最好的自己》、《心态决定人生》、《故事时代》、《感动中学生散文全集》、《感动中学生故事全集》、《美国名校励志演说》《最有趣的智慧故事全集》、《最精彩的哲理故事全集》、《人生锦囊全集》等；

（2）文学性很强的书，主要一些名著。这里特别提一下《儿童文学》，这是一本由中国少年儿童新闻出版总社出版的月刊书籍，非常适合中小学生阅读的文学读物，里面有小说、诗歌、散文以及纪实文学等，其中不乏一些著名作家的作品。这本文学刊物给孩子最初学习写作带来很多帮助和指导。

（3）孩子感兴趣的书。一般男孩子都喜欢一些侦探、军事方面的书，因为我们给孩子买书的目的最终是让孩子看，尽管你认为非常好，可孩子不喜欢看，实际上等于没买，所以要兼顾孩子的兴趣；

（4）学术性很强的书，例如《数学的故事》等，这里面讲了阿基米德、高斯等几位著名数学家成长经历和他们发现一些定理、公式的过程，很难读懂，要花大量的时间。

《荒岛历险》、《奇妙的数王国》。这两本书是著名科普教育家李毓佩教授把一些深奥的数学知识编在一个个离奇故事之中，对孩子有很大的吸引力。

（5）还有一类书就是一些有趣儿的科技类书，例如：《物理的妙趣》，就是作者用通俗易懂的文字讲述一些物理知识，由于好奇心的驱使，孩子往往想弄明白到底是怎么回事，孩子在不经意中学到了很多知识。例如：水壶为什么会发出声音？声音的错觉、水为什么不会流出来？风筝何以升空？等等。还有《科学真有趣》、《科学探索者》等都属于这类书，开启孩子对科学的兴趣。

我把这些书买回家后，放在孩子的写字台的一个角落上，孩子放学后会发现，尤其是假期，基本上都在 30 本左右，很高的一摞。只要把书买回家，我的任务就算完成，我从不用多说一句话，孩子愿意看哪本就看哪本。这样孩子学习文化课之余读了非常多的书，而且是我的“管控”之中。所以我并没有像很多家长一样告诉孩子你该读什么书，你该怎么样之类的话，我只是通过了解当前孩子的教育情况，孩子的阅读水平，以及孩子的成长需要和孩子的兴趣为孩子选择这些读物，这实际上就是在给孩子确定阅读的大方向，当然这个限定还是非常宽泛的。一句话：用行动代替说教。

这个时期孩子智力的开发主要依靠奥数，但是完全依赖奥数是远远不够的，也是不妥的，因为：

1）正像我前面所说那样，大脑的各部分有着明确的分工，奥数只是训练其中的一个区域，语言、形象思维区域必须借助于阅读来完成；

2）孩子在做奥数题和阅读的切换过程中训练了孩子双脑之间的连接的“神经通路”；

3）切换孩子的兴趣；

4）提高孩子的情商。在五花八门的读物中，浸透着一个人珍贵的精神食粮，这比我们家长直接告诉孩子你应该如何如何做更容易让孩子接受，而且家长的知识毕竟有限，优秀的读物给予了孩子大量成长的营养，这些正能量在孩子长期阅读过程中融入孩子的血液。例如：《故事时代》和《最精彩的哲理故事全集》等一个个励志的故事启发孩子思考自己的人生，激励他不停的努力并树立自己的奋斗目标。那段时间，只要我一提起一个故事的开头，孩子就能接着讲完这个故事，可见，这些故事已深入孩子的心中。

在孩子读书的过程中，家长要经常过问孩子读书的情况（最好随意些，可以选择旅游候机时或者在外就餐在等待上菜的间歇等）。比如，问孩子现在正在读哪本书？哪本书给你的留下深刻的印象？或者对孩子说：爸爸也想知道这本书到底是讲什么的？让孩子复述一下故事的梗概。一方面检查孩子读书的效果，另一方面也可以就书中的某一观点和孩子展开讨论，督促孩子对一些问题的思考。这样在孩子长期读书、思考、再读书、再思考中不断收获，逐渐成长，增长智慧。

5）让孩子养成读书的兴趣和习惯。这个时期孩子正处在学习欲望强烈而且容易接受父母建议的阶段，还没有特别的逆反，家长的话还是非常愿意接受的，所以家长应该抓住这个青春期前期这个阶段，诱导孩子读一些对孩子有益的书。可能有的书对孩子影响是深远的，甚至会影响到孩子的一生。这就像我们植树一样，要想让你栽的树笔直并且枝繁叶茂，除了早期让树的根深入泥土外，中期的营养也非常关键啊！孩子在长期读书的过程中养成了习惯，成为一种和每天吃饭、睡觉一样的习惯，这样的孩子在进入高中甚至未来，已经奠定了优秀的基础。

7. 练习接抛球

接抛球本是体育运动，我为何没有把它归在锻炼身体中呢？原因很简单，接抛球，不只是一项运动，更重要的它是练习孩子统合平衡的手段。

这项运动的规则：家长和孩子相距 8 米左右（根据孩子年龄的不同可调整远近）互相接抛篮球。这项运动的特点：需要孩子的手、眼、脑高度协调统一，才能接住球。如果孩子能连续接住 50 个以上，说明孩子的统合平衡不错。这样长期练习，孩子在学习、考试中那种“马虎”现象就会大大减少。

我记得我和孩子经常在自家楼下练习这样的运动，一来让孩子休息、运动，也能训练孩子统合平衡，同时训练孩子注意力集中的深度和持久度。

8. 跳绳

跳绳一直被专家说成是最健脑的运动，实际上它的作用和接抛球性质相似，主要是练习孩子的统合平衡。当然，跳绳也是非常好的健身运动。

在这里我再给诸位家长总结一下：关于孩子在小学低年级经常出现“马虎”的现象原因主要有三：（因为这个问题有无数的家长问我，也长期困扰着我们的孩子们，我在这里啰唆一下。）

（1）统合失衡；

（2）注意力的深度和持久度不够；

（3）孩子大脑自身发育不完善。

第一条通过爬、练习接抛球、跳绳以及打羽毛球等训练，可以得到改善。第二条属于智力范畴，孩子通过听带问题的故事、下棋、练琴等都可以使注意力的深度和持久度加强。第三条属于孩子生理问题，随着孩子年龄的增长，大脑发育的完善，自然会好。请家长看清问题的本质，不要在孩子出问题时责怪孩子，而要反思是不是自己教育的缺失让孩子长期抬不起头来。

10～12 岁孩子的训练步骤和方法

1. 田径训练

我一再强调孩子在小学期间（10—12 岁）田径训练对孩子今后的影响，尽管绝大多数的影响是属于情商的范畴，但我还是要在这里重点地强调一下。因为这三年不间断地田径训练是孩子成长中非常重要的一个环节，可以说是里程碑式的历程。具体的情节我会在情商部分详细分析。

2. 横向读书

孩子在 6—10 岁时读书多数属于纵向读书，到了 10—12 岁阶段，孩子进入了小学高年级阶段，孩子的读书开始进入自主阅读的初期，在纵向读书阶段孩子积累了一定的读书能力，阅历不断增加，开始进入横向读书。所谓横向读书就是按作者来读。比如说以老舍为例,《茶馆》、《龙须沟》、《四世同堂》、《骆驼祥子》等就是以作者为中心，把这位作者不同时期的主要作品通读一遍，全面掌握老舍每一部作品的写作背景和写作思路，从而了解老舍在中国文坛的地位和他对中国文学的影响。

这样读书实际上需要自己一个长远的规划，因为首先要选定哪些作家，然后再选定哪些作品，这些作品需要自己花多长时间能完成，同时还要考虑自己的阅读能力，因为自己毕竟只有 12 岁。这对孩子来说是一次梳理作者、作品的过程，也是一个提升阅读能力的过程。在这一阶段，孩子学会了阅读的方法：

（1）详读。因为有些作品是这位作家的非常重要的代表作品，而有些则不是，对于代表作品当然要花更多的时间进行详细阅读，有时还要反复阅读，这样才能理解作者的写作用意。对于一些不是非常重要的作品，只需略读或者叫快速阅读。比如鲁迅,《狂人日记》就是他的非常重要的代表作之一，是中国现代白话文小说的开山之作，鲁迅借狂人之口深刻地揭露了封建社会的吃人的本质。在艺术上，鲁迅创造了一种新颖的艺术形式，也奠定了他在中国现代文学的地位。对于这样的作品一定要花时间详细阅读。

（2）略读。或者叫快速阅读。还以鲁迅为例，他的《在酒楼上》在自己时间非常有限的情况下，可以短期内迅速读完。当然，快速阅读不是跳跃式浏览，而是快速完整地将全书通读一遍，基本上了解了小说（或作品）的梗概，不影响对作品的理解。这样阅读的方法增加了孩子阅读的“视域”，也就是通常我们说的“一目十行”，这需要长期的练习才能掌握。从某种意义上说，这种阅读方式更需要孩子在阅读中高度集中注意力。从而训练了孩子的注意力的深度。

（3）详略间读。顾名思义，对于同一部作品，根据它不同章节的作用不同，可采用详读和略读交叉进行，抓住其精华。

通过这一时期的阅读训练，孩子逐渐学会了几种阅读方法，加快了阅读速度，这给孩子后来大量读书提供了一种方法和可能，很多家长经常非常不解的问我：你孩子哪里来的那么多时间，一个假期能读几十本书！这就是其中的奥秘。

3. 看话剧

孩子阅读能力提高地很快，阅读的范围不断扩大。伴随着阅读的进行，还有一个促进孩子阅读的好方法就是看话剧，我们主要集中在北京人民艺术剧院、北大百周年纪念讲堂、和中国人民大学如论讲堂。当然其他剧场有时也去。

北京人民艺术剧院最大的特点就是常年将老舍的作品循环演出，这样孩子就有很多机会欣赏这些作品。《茶馆》、《龙须沟》、《四世同堂》、《骆驼祥子》这些人艺久演不衰的精品经过了几代演员的表演每次都赋予了新的含义，非常震撼。一方面孩子已经读完了这些书，有了自己对人物、对那段历史的理解，通过话剧的表演，孩子在自己的内心会自然比较：我的理解和人艺这些艺术家的理解有何不同，然后孩子再后头再翻一下书，仔细品味一下老舍的原意到底是什么？经过这样一个轮回，孩子对作品的理解达到了一般成人很难达到的高度。我记得非常清楚，每次看完这些名剧，孩子都要坐在座位上回味一阵子，始终不愿意离开座位。

有一次，正好从外地来了一个朋友，我们一起去人艺看话剧，在路上，我边开车，边告诉儿子：“你给叔叔讲讲《四世同堂》的故事梗概吧！”

儿子讲述着老舍的这部名著。他说《四世同堂》是以卢沟桥事变爆发后，整个北平处在沦陷状态为大背景，描写了一个小羊圈胡同住着的一些市井民众的百态人生。描写了祁老人和他的几个孙子，老大、老二、老三因性格不同导致命运的不同，哪个是老舍最想歌颂的，等等。还深刻地描写了卖国贼大赤包、忍受着日本人的虐待但不断抗争的钱诗人，还有没有多少文化但一心为国的市井小民孙七和小崔等。他还讲述了本来老舍是想写个皆大欢喜的结局，因为抗战中国毕竟胜利了，最终为何又以祁老人的曾孙小妞子被活活饿死这样悲壮的情节结尾，以至于在1950年最初发表时删掉了最后的十三段（这是后人的推测）。我确实没有看过这部名作，我相信很多家长和我一样。但我当时听到了孩子把这部作品分析得非常清楚。然后，他又从《四世同堂》讲开去，讲到这部作品的创作过程和老舍的生平以及老舍先生的悲惨死亡方式和书中的祁天佑投河自杀如出一辙。最后说到老舍与诺贝尔奖擦肩而过（诺奖的一个原则：只颁给当时在世的作家）。这让我的这位朋友大吃一惊！这么小的孩子怎么能把这么复杂的名著分析得这么到位！

4. 大量奥数训练

当然，训练奥数仍然是这个阶段的主旋律，这个开发孩子智力的强大工具，在孩子12岁前始终是我头脑中最核心的事之一，抓住最后两个暑假进行了非常辛苦的“拉练”。一个暑假做完一本书的量（当然，我还是一如既往的挑选）。主要分几个阶段：

（1）练习一些难度比较大的奥数专题。如：追击问题、牛吃草问题、染色问题等，这样更有针对性。

（2）练习最新的考试题。当把一些难度较大的专题练习得很熟练后，留下一周左右的时间作最新的考试题。一般最新的考试题题型新颖、难度大。所以这样以每天三套的速度，按照真正考试的时间要求，按时完成。这样可以检验孩子的学习成果，同时也可以明白自己和高手的差距。确定自己的位置，做到心中有数。

（3）总结。孩子做完后，让孩子休息眼睛，我帮助孩子对答案，短暂的休息后分析错误的地方以及与答案解法不一样的地方，比较一下哪个思路更好。到了六年级的时候，孩子的奥数水平非常高，可以说当时市场上奥数书的题，难住他是件不容易的事，极少数的题目只是花费的时间较长而已。

5. 玩24点

我相信很多家长都知道这个扑克牌游戏，就是随意抽出4张牌（去掉大小王），运用加减乘除运算（可以带括号）最后得出 24。其中 J、Q、K 分别代表 11、12、13，其他牌上的点数代表着 1 至 10 这 10 个自然数。这个游戏看似简单，实际上训练孩子的心算能力和四则运算的掌握能力，也能训练孩子快速反应和归纳能力，每次和孩子比较看谁算的快，看谁算的准，而且可以运用多种方法（发散思维）。开始时可能很慢，随着练习的时间的加长，孩子的运算能力和速度提升的很快。这个游戏还有一个特点，就是很容易进行，可以在和孩子一起旅游的乘车的途中，可以在机场候机的闲暇时间，可以在参观博物馆排队等候的时候，也可以在孩子学习累了需要休息的时候，随意性很强。

如果就是家长和孩子两个人，你和孩子每个人 26 张牌，一个人出两张，然后计算出 24 点，谁先作出，四张牌归谁，最后谁的手里牌多谁为赢家。如果是四个人，每人 13 张牌，一个人出一张，然后每个人给出答案，同样谁的速度快，谁就拿回四张牌，如果没有人算出 24 点，当然就是每个人收回自己的牌，重新开始。最后看谁的手中的牌多就为胜者。

例如：2、3、4、6.

方法 1：因为 4 ×6=24 已经有 6 了,2、3、4 凑出 4 就可以了，所以有：6×[4÷（3 － 2）]=24；

方法 2：还是用 2、3、4 凑 4：6 ×4×（3 － 2）=24；

方法 3：因为 3×8=24，而 6 － 3=3，2×4=8，所以有（6 － 3）×（2×4）=24；

方法 4：有 3 凑 8，6 － 2+4=8，所以 3×（6 － 2+4）=24.

由上个游戏可见，就是这 4 个简单的数字，游戏规则也很简单，其中的变化非常多，这里考察孩子的快速反应能力以及孩子对数字的敏感和应变能力。也着重训练孩子的发散思维能力。

再例如：8、2、4、2.

方法 1：因为 6×4=24，已有 4，将 8、2、2 凑成 6 即可，于是有：4×[8÷2+2]=24；

方法 2：8×3=24，凑 3，即用 2、4、2 凑 3，而 4 －（2÷2）=3，于是有；8×[4 －（2÷2）]=24；

方法 3：8+16=24，用 2、4、2 凑 16 即可，所以：8+2×4×2+24；

方法 4：2、4、2、凑 16 的另一种方法：$(2+2)\times4=16$，所以有 $8+[(2+2)\times4]=24$；

方法 5：$2\times12=24$，用 2、8、4 凑 12，$2\times8-4=12$，所以有 $2\times(2\times8-4)=24$；

方法 6：20+4=24，就是用 8、2、2 凑 20，于是有：$4+(8+2)\times2=24$.

实际上就是围绕着 12+12=24，$4\times6=24$；$3\times8=24$；8+16=24；$12\times2=24$ 等等这些基本的式子，灵活运用四则运算，快速调动孩子思维能力，在一种有趣的游戏中，训练孩子的发散思维，把本来很枯燥的数学计算变成一种竞争、有趣的游戏，利用孩子好胜的心理，让孩子的思维能力在不知不觉中得到充分的训练。

6. 顺利进入人大附中

我的孩子小学 3 年级时以非常优异的成绩进入华罗庚数学学校，这是他第一次走进人大附中，而后的四年的时间里一直以同样的状态在这个令无数京城家长和孩子向往的地方学习。在京城别的孩子和家长为小升初四处奔波时，我的儿子早已有了归宿，他如愿以偿地进入了他第一次进入就非常向往的学校——人大附中，在这里他又生活了六年，直到完成他的高中生活。

总结

我的孩子经过了 0—3 岁、3—6 岁、6—10 岁、10—12 岁这 4 个阶段的培养和训练，他的智力水平飞速提高，情商更是得到了很大的提高。应该说孩子的成长是在一个非常有计划、有规律的指导下完成的。严格意义上讲，孩子每天经历的所有事件以及孩子接受的各种信息的刺激都是一种训练，就像孩子每天的一切的吃喝拉撒以及说话、散步等都是让孩子接受各种信息，都是对孩子的训练。只是这种训练太原始、太无规律，由于我们家长头脑中没有认识到每一种刺激对孩子的训练的重要性，致使这种训练没有目的性，从而使对孩子的训练变得杂乱无章，一切都处在家长的无意识状态，或者对孩子的教育仅仅出于家长的本能，当然就削弱了这种训练的效果。一个优秀的父母应该明白训练必须具备以下特点：

（1）规律性。我们根据孩子年龄的特点，抓住孩子成长的关键时期，对孩子进行训练，比如语言能力、音乐能力要从出生开始；数学能力要从4岁开始等，要掌握孩子成长的规律，这样才不能错失良机。

（2）计划性。孩子的智力的训练，情商和德商的培养都需要家长高度的计划性，不是今天想起来练一下，明天就忘了应该干什么，就像我们每做一件事如果事先有一个全面的、长远的计划，更能节省时间，更容易达到我们的目的。

（3）要坚持一定的时间。做任何一件事要有一定的时间才会显现它的效果，就像我们生病了吃药一样，必须坚持一段时间才能有效，因为做到“药到病除”的只有剧毒毒药有这种效果！没有一个钢琴家只是弹了几天就大功告成了，也没有做几天奥数题孩子就变聪明了。一滴水一下子不可能击穿坚硬的石头，但是持之以恒不停地流淌，水滴一定会击穿无论多么坚硬的石头。所以要达到我们满意的效果，必须持续一定的时间。

（4）必须有一定的强度。光有时间还不行，同时还需要在这段时间内有一定的强度，就像我们要成为一个健美先生，我们不能只是每天甩甩胳膊就行了一样，必须需要一个相对专业、借助于一些器械并在一定强度下才能塑造出美的形体。孩子智力的提高也是同样的道理，除了需要家长有正确的指导思想，借助于很多手段，同时必须要在一个高强度下进行，同样培养孩子的情商和德商只是“轻描淡写”是远远不够的，必须有一定的力度。

就像我在前面说的，孩子到了12岁已经达到了成人智力的95%，剩下的5%要到17岁完成，随着孩子的年龄的增长，他的智力的提高的空间就越来越有限了，难度就越来越大。而且孩子进入青春期后各种各样的问题随之而来，很难再像孩子小时候那样容易实现你愿望，更多时候容易适得其反。所以我真心告诉我们的家长，培养孩子尤其是开发孩子的智力要趁早。无论从哺乳动物大脑的发育特点来看，还是从孩子的心理发育的特点来看，都应该将时间控制在12岁之前。我们把精力花在孩子成长的关键期，孩子在你眼前一天天变得聪明了，孩子的成长就会有了一个好的基础，这样孩子今后学什么都会顺利很多。如果再加上孩子有良好的情商和德商，这样的孩子，即使在未来你不去管他，他也不会偏离轨道，就像一棵树，经过园丁的辛勤劳动，每天浇水、剪枝，不断向上生长，只要坚持一段足够长的时间，这棵树就不可能再长歪了。因为所有让它长歪的因素都被你消灭掉了，它只能根深叶茂、成为栋梁之材。相反，如果在树的幼苗时期，园丁不去花心思施肥、驱虫、浇水，而等到树已经快要倒了，枝枯叶黄，濒临死亡，这时即使你花费再大的功夫，动用你所有的资源，可能也无回天之术。因为你错过了树成长的最佳时期。

请诸位家长注意的是，“浇水、施肥、剪枝”不是让孩子学习知识，而是孩子在学知识的过程中，让孩子大脑接受信息刺激与训练，我希望孩子获得的是：当孩子将所有知识全都忘掉后剩下的东西。这剩下的是什么呢？其实就会智慧。我让孩子学习奥数也好，学习围棋也罢，这只是用于提高孩子智力的一个个手段和工具，仅此而已。因为我们不可能脱离开这些具体的科学去空谈如何让孩子拥有优秀的智力，我们需要的是把这些具体知识作为载体来完成我们对孩子的训练，发达孩子的大脑神经细胞以及这些神经细胞的联系。如果仅仅想让孩子学习那些已有的定理、定义，这不需要我们家长来做，等到孩子到合适的年龄，学校自然会教，孩子自然会学。

我希望，我们的家长千万不要拘泥于孩子的成绩，尤其是小学期间，我们要关注成绩，但不要把孩子成绩的好坏作为孩子学习的目标。更不要以升学为目的去安排孩子的学习，这种急功近利的思想会因家长狭隘的心理状态不断膨胀、扭曲，给孩子带来沉重的心理负担，甚至影响到孩子的心理健康，这大大背离了我们教育者的初衷。给孩子足够的时间让他自由阅读和学习，让孩子浸泡在人类共同的智慧之中，这样的经历让孩子更大气，视野更远，更有智慧。

以上我是按照孩子的年龄，把孩子智力的发育分成了4个阶段，实际上，不同的孩子的过渡年龄会有所不同，不能绝对化。而且孩子的年龄是连续的，没有办法将孩子的年龄和孩子的智商绝对化，4个阶段有3个过渡年龄（3岁、6岁、10岁），在这样的年龄特点上家长不要过分拘泥于年龄的限制，因为在孩子小的时候，智力的发展速度是非常快的，一年对于一个孩子来说有时太长了，尤其是在孩子的过渡年龄上，上半年和下半年就会有一个很大的飞越。所以有时家长可以适当跨到更高的年龄段上，也可以试着用更高年龄段的难度去训练孩子，但不要拔苗助长，要因材施教。

家长可以非常清楚地看出，在孩子12岁以前的这段时间里，我们所有的提高孩子智力的行动都应该围绕着提高孩子的观察力、注意力、记忆力、想象力、思维力、创造力上。经过家长的努力，孩子的某一方面或者几方面得到了提高，孩子的智力自然就得到了提高。我们训练孩子智力的过程就好比我们每位家长都是一个铁匠，如果让你打一个盛水的盆，你为了多盛水，肯定会在仅有的材料中把盆的容积尽量做大。因为盆的容积越大，盛的水就越多。我们家长努力提高孩子的智商，就是为了让我们的孩子大脑需要盛知识时，盛得多、盛得快。这样的道理我想每一位家长一听便明白了。

我把我采取的方法和手段都作了详细的描述，我想和众多的家长分享我的经验和理念。这些方法都非常有效、可行，而且可操作性很强。经过这么多年对我孩子的培养，我把思维训练这个看起来很“虚”的东西转变成了非常“实”的手段和方法，把一些教育专家们嘴边经常挂着的理论变成了一个个实际操作的事例，只要家长有足够的耐心，并且坚持一段时间，你就会看到孩子的进步。当孩子由于你教育和训练变得比同龄的孩子聪明或者孩子与自己原来比机灵很多时，你的成就感会徒然增加。只要我们做家长的在孩子无法把握自己的孩童时期及时并有效的对孩子训练，每个孩子都可以变得聪明，至少比漫无目的、无意识的“散长”要聪明的多，尽自己的努力让孩子发挥出遗传的最大潜能。这是我们做家长最最重要的责任之一，做到了这些，你也可以成为一个成功的家长。至少，我们不会再有那么多遗憾了。

爬满常青藤的教学楼

情商篇

概述

情商是相对智商而言又一个非常重要的方面，它是指人控制情绪、支配感情、认识自我、调节自我、完善自我的能力。现代的心理学家，在重视智商的同时，更强调情商的重要性。大量事实证明：很多单纯智商高的孩子在走向社会后并不一定很成功，在智商优秀以上的人群里，能否成功取决于情商的发展状况。

情商的内容包括很多，但我认为：自信心、责任心、独立性、学习的兴趣、自我意识、坚持性、团队精神与合作意识、不服输的精神、沟通与交流、组织与策划、演讲与辩论、快乐的心态，这十二个方面对孩子的成长非常重要，从某种意义来说，情商对于孩子的成功起着决定性的作用。另外我又叙述了读书与情商和旅游与成长总共十四个方面。下面我将用很多实例以及我儿子的成长经历，向家长逐个说明这些情商的重要性以及与孩子命运息息相关的这些情商是如何培养的。

自信心

自信心是一个孩子的精神脊梁，它是一个人成功的必要条件之一。面对困难，一个有良好自信的孩子和一个没有自信或者说自信心很差的孩子的心理反应是有很大差别的. 比如考试时遇到一道难题，后者，就会想，这题我没见过，我肯定作不出来，继而思路远离了题目本身，甚至会想一些谁谁肯定能作出来，对于那些父母逼得很紧的孩子还会有“我爸爸妈妈肯定要说我”等一些绝不应该出现在考场上的想法；而前者呢？他就会从现有的条件出发，深入到“题中去”并有强烈的战胜困难的愿望，更能够调动自己的潜能，“我能行”始终占据着自己的主导地位。其实有时题目能否作出来只是一念之差. 从表面上看，一道题做不出来，好像是“智力”的问题，其实不然，自信对一个孩子能否发挥自己的水平，有时起着举足轻重的作用。我们也经常看到或听到我们周围的一些孩子，明明是水平很高，一考试，就不灵，越是重要的考试，发挥得就越差，很多时候，这都是自信心在作怪。

建立良好的自信心，需要一个长期的过程，需要父母捕捉每一次机会。

记得儿子三岁时候，有一次，我教他蹦台阶，我先示范。儿子看我蹦得很流畅，他只是静静地看，始终不敢蹦。其实他完全有这个能力，只是缺少自信。在我再三鼓励下，他使足了全身的劲儿，向上蹦了一下，他身子晃动了几下，但还是站住了，儿子成功了。只要有了第一次成功，信心就会大增，从此以后就再也不怕蹦台阶了。

我曾经看过一篇文章，说的是一群美国孩子和家长一起攀岩，当爬到一半再继续向上攀登，准备从后面的小路下山回家，杰利再也不敢动了，“我绝对没法爬下去，我会滑倒摔死的”，就在这僵持中，暮色渐渐降临，可是杰利的爸爸始终在鼓励他，并在高喊：“不要想着距离有多远。你只想着你再走一小步。你能办到的。”杰利在爸爸的鼓励声中左脚挪了一小步，爸爸说：“很好！”杰利立刻有了自信，“右脚再往前挪一小步”。杰利又照着做了。信心大增，自己告诉自己“我能办得到的！”最后成功抓住了爸爸的大手。以后每当遇到困难时，杰利就会想起这次难忘的经历，信心就会徒然倍增。

这是一个了不起的父亲！他抓住一次攀岩的机会，极有耐心地鼓励自己的孩子，让孩子在心中产生“自信的力量”，这种效果比起说教要管用得多，而且让孩子终生难忘。

李开复博士曾在给中国学生的信中说道他女儿小时候，缺少自信，上课很少举手发言，他发现了女儿的这个毛病之后，并没有特别着急。首先和女儿商量，开始每天举一次手，让老师多给一些鼓励，保持一个月有奖励；做到这一点以后，让女儿逐渐增多举手的次数，在不停地鼓励当中，女儿逐渐地有了自信。所以我们只要发现了孩子的问题，只要我们动一动脑筋，办法总会有。

在目前的教育环境中，尤其在小学阶段，父母为了不让自己的孩子输在起跑线上，为了让孩子能够升入理想的中学，拼命地参加各种不同类型的比赛，家长的心情我是非常理解，我特别想提醒各位家长的是，一定要根据自己孩子的情况，绝不能“跟风”。因为这样的比赛，如果取得预想的成绩，对孩子的自信心的建立有很大的好处，然后积累经验、总结教训、蓄势待发，总有一天，他会很自豪地站在最高领奖台上。所以抓住这样的机会，你会获得意想不到的效果。但如果没有取得预想的成绩，就会给孩子不小的打击，因为他会想：连这样的比赛我都不行，更大规模的比赛我更不行了，这对于正在建立自信心的孩子是一个致命的打击，它也许会让你从前的很多努力化为乌有，现在的成绩和自信心相比可以忽略不计。客观地讲，它除了对智商有一点点作用外，没有太大的意义，尤其是那些规模比较小的比赛。所以对于小学低年级的孩子来说，我的建议是：不要过多的参加比赛。一旦决定参加，就要准备充分，要有必胜的把握。当然，孩子的成绩不是我们自己想象出来的，有时即便是我们准备得很充分，也难免有意外的失手。一旦出现了意想不到的失败时，我们做家长的，此时的教育方法至关重要，如果你教育的得当，这次失败就会成为孩子成功的铺路“石子”；反之，会使本来没有多大意义的比赛变成摧残孩子的工具。所以，看似一个小小的比赛，其实蕴藏的东西很多，这就需要我们作家长的仔细体会才是。当然，对于自信心很强的孩子来说，就另当别论了。

儿子二年级时，在北京市数学学校一次期末考试结束后，家长们都在操场上等待着接自己的孩子。当有孩子开始陆续地走出教室的时候，我也开始寻找儿子。这时我看见一个比较熟悉的一个孩子，手里拎着书包，表情沮丧地向他妈妈跑去，嘴里高喊着：“妈妈，我又考砸了！”

北京市数学学校是以奥林匹克数学为教学内容的一所特色学校，这里集聚了当年北京市数学最好的一批学生，那个孩子和我儿子同在 A 班，这些优秀的学生在一起，不用说孩子们的心理压力肯定很大。加上父母望子成龙的迫切心情，一旦一次考不好，会给孩子的自信心造成极大的伤害，从那个孩子说的一个“又”字，你就足可以知道孩子内心的伤痛。

我倒不是说怕孩子失败，从某种意义上讲，失败比成功对孩子来说更宝贵，正像卡耐基所说：“人要懂得从失败中培养成功，因为障碍与失败就是通往成功的两块最稳固的踏脚石。”但对于正在建立自信心的孩子来说，家长更应注意保护我们苦心经营而让孩子获得的那一点点自信，鼓励孩子，绝不能“惩罚失败”。否则，家长们扮演的就是“落井下石”的角色了。

在北京市仁华学校同样也出现了类似的情况。考进去时，家长在高兴的同时，一定要注意保护和提高孩子的自信。

我认识一个孩子，以非常优异的成绩考进仁华学校，但面对强手如林的学习环境，没有充分的心理准备，在一年的学习过程中，几乎丧失了学习的勇气，竟然没举过一次手，更谈不上回答问题了。学习成绩直线下滑，即使是回到了原来的小学，也没有了往日学习的激情，没有了学习的快乐，自信心一下子回到了零点。这样的打击是非常惨痛的。

可是，如果家长抓住了孩子受挫折的这个机会，采取合理的教育方法，会让孩子的自信大幅度提升。

儿子三年级时，在海淀棋院参加围棋段位赛。比赛规则规定：每位棋手下十二盘，赢八盘即可升段。

本来做了充分准备的儿子，对于比赛很有信心，但莫名其妙地一连输了四盘，打过段位的人都知道，棋下到这份儿上，已经没法儿再继续下了，人已经到了崩溃的边缘。因为你得连赢八盘才能升段，不得有任何的闪失。在比赛的间歇，我抚摸着儿子的头问儿子：“你还想下吗？”儿子望着我，眼泪直在眼眶里打转，轻轻地点了一下头。我说：“那好，刚才发生的一切事情，现在你必须忘掉！如果你还在为失去星星而悔恨，你将会怎样？”

“我将会失去太阳！”

“太好了！，当年泰戈尔说这句话可能想了很长时间，你一下就说出来了，你太聪明了！”

听到我的夸奖，儿子眼睛亮了。我顺势递给他一杯水，我又接着说：“其实输棋的滋味，对于每个人来说都差不多，无论是你、马晓春还是常昊，不同的只是，他们很快能从失败的阴影走出来，这就是一个优秀棋手和普通人的区别。”

儿子听着我的话，思考了片刻，果断地对我说：“爸爸，你就等着我的好消息吧！”

说完转身走进棋室。

儿子在比赛室里厮杀，虽然没有枪声，但我还是能感觉到比赛的残酷，我也能体会得到儿子背水一战的心情。我的心脏紧张得要窒息。我在想：如果人一旦濒临绝境，有两种可能其一是消极等待死亡的降临；其二是迸发出惊人的能量、毅力、和胆识，战胜困难、取得成功。如果是前者，孩子的元气就会大伤，仅有的一点儿自信就会全盘皆无；如果是后者，孩子的整个精神世界就会上升到一个新的高度，这也恰恰是围棋比赛的魅力所在。也是我当初希望儿子学围棋的原因之一。

儿子面临着前所未有的挑战，儿子真的拿下了比赛。

后来，儿子在一篇作文中写道："那次比赛太紧张了，我被逼到了悬崖的边缘……赛场上的气氛让人喘不过气来……我镇定自若、冷静行棋，我一连胜了八盘，我创造了连自己都不敢相信的奇迹！我是一个自信的孩子。"儿子的这篇文章写得非常精彩。

应该说，那一次比赛，加固了儿子的自信，也正是比赛的艰难，才使它成为儿子一生的财富。即使事情已过去了很长时间，一提起那场比赛，儿子还记忆犹新。也正是我冷静的思考，并给予儿子特别的鼓励，才使即将面临崩溃的自信得以升华。有了这一次经历，即便是以后出现一些小波折，也不会对儿子的自信心根本性地动摇。

在高中时，儿子在犹豫中参加了学校辩论队选拔的报名，开始时，面对各路高手，还是有些自信心不足，但在调整心态和自我鼓励中，逐渐地有了一点自信，随着比赛的进程，逐渐地进入了状态，尽管比赛一波三折，他还是战胜了诸多对手，也战胜了自己，最后成功入选学校辩论队。在这长达半年的比赛中，孩子获得太多的经验，再一次夯实了自己的自信。

责任心

责任心分"对外"的责任心和"对内"的责任心两种。所谓"对外"的责任心就是指孩子对父母、老师、同学以及其他所有人的责任心；"对内"的责任心，显而易见，就是对自己的责任心。

1."对外"的责任心

一个孩子从母亲怀孕到诞生到幼儿园、小学、中学再到大学，都是在父母的关爱下成长的，尤其是现在的爸爸妈妈们，为了自己孩子的成长更是呕心沥血，甚至牺牲了自己的幸福，放弃了自己的工作。可是我们培养出的孩子往往和我们希望的差距很大甚至成了残害父母的孽子。最根本的问题是：我们的孩子缺少责任心，满脑子想的全都是自己。

震惊全国的徐力杀母事件中，一个中学生竟然用铁榔头残忍砸死了养育自己的生身母亲，这里我们抛开徐力母亲的教育问题暂且不说，假如徐力对母亲、对家庭有一点儿责任心的话，这样的悲剧肯定就不会发生了。我们还经常从媒体上看到或听到某某小学生、某某中学生因一点儿芝麻大的小事而服毒、跳楼自杀，如果这些孩子们在采取极端行为之前，想过养育他们的父母，想过培育他们的老师，结局还会是这样吗?

有些国家把孩子自己的生日当成“母难日”，来教育孩子的对母亲的爱和尊敬，因为这一天，母亲用自己的痛苦换来了你的生命。当孩子长大以后，每到这一天，要给母亲送鲜花和礼物。我非常赞同这一做法。我在儿子的诞生日记中写道：“儿子，你任何人都可以忘掉，但你无论如何一定要孝敬你的母亲，因为她给了你生命，仅仅这一点就足够了！”

由于工作需要，我暂时在苏丹工作半年，我在给儿子的第一封信中，寄托了我对儿子的思念、关爱、和希望，更重要的是唤起儿子的责任心。信的内容如下：

写给亲爱的儿子

沨儿，爸爸在遥远的非洲给你写信。

虽然我们相距万里，但我每时每刻都在挂念着你，你的音容笑貌总是出现在我的眼前，常常把我带回到遥远的过去……

记得你即将诞生的那段时间，我和你妈妈都异常的兴奋，又有些忐忑不安，因为我们猜不出你是个什么样儿，又时常担心你的健康状况，整天胡思乱想。直到妈妈进了产房的那一刻，我的脑子里装的全都是一些稀奇古怪的念头。当医生把你抱给我时，看到你红红的小脸蛋儿，我竟然哭了，因为我还没来得及准备，就已经成为了父亲。当妈妈躺在手术车上被护士推到我身边时，我看到她苍白的脸上，写满了幸福。

你的降临给我们这个普通的家带来了欢声笑语，你像一只破壳的小鸡，在我们的关爱下慢慢地长大，你会爬了，你会站了，你会叫妈妈了……你的一点点儿进步，都会牵动着我和你妈妈的心，当我下班回家时第一眼看见你在摇篮里扶着栏杆儿兴奋地向我挥手，一天的疲劳全都被冲洗得干干净净。你的一声笑，会让我幸福好一会儿，你的一声儿爸爸，让我回味好一阵子。我时常愧疚地问自己：我拿什么奉献给你，我的孩子。

自从你诞生的那一天起，我就有一种强烈的愿望：让你接受最好的教育。爸爸也一直为此而努力。随着你的长大，我的这种愿望更加强烈，我努力学习着教育理论，也不停地鞭策着自己，你永不言败的精神也在激励着我，震撼着我。从你的第一张全国英语比赛的获奖证书，到以满分的成绩考入北京市数学学校，再到“希望杯”全国数学邀请赛金奖以及后来的“世纪杯”计算机比赛一等奖，等等，所有这一切都记录着你成长的足迹，也记录着你奋斗的历史，你给爸爸妈妈带来了无数次的惊喜，让我们无数次地为你骄傲。你真的让我好感动！

你不断地长大，你的羽毛不断地丰满，我知道，总有一天，你会离开我的视线，飞向你喜欢的乐土，我何尝不盼望着这一天早日到来？我又何尝不希望这一天晚些来临？！儿子，我要告诉你：无论你到何方，也无论你成功还是失败，我会始终关注着你，牵挂着你，仅仅是因为“爸爸”这一称呼。

最后我还有一点儿希望，希望你继续努力的同时，让自己更幽默一点儿，有意识地锻炼一下自己的口才，如果你能在这两方面有所提高，你会受益终生。

父亲亲笔

2005年10月26日于苏丹

在儿子的回信中，我看到了他理解了父母对他的培养所付出的辛苦，也对自己的以往的任性感到自责和惭愧，这样效果值得家长借鉴。下面是儿子的回信：

致亲爱的爸爸

亲爱的爸爸：

您在喀土穆工作是否顺利？您的身体是否健康？生活是否快乐？

我看了您写给我的信，有一股莫名的感动涌上了我的心头。我反反复复读了不知多少遍，仔仔细细地体会着爸爸妈妈对我无私的爱！

读着您的信，我想起了前几天，我看过的一只老虎妈妈呵护老虎孩子的故事：小老虎刚一出生时，眼睛都睁不开，虎妈妈就用舌头去舔，直到睁开为止。为了避免其他动物的捕杀，虎妈妈，用嘴把虎孩子叼到安全地方，给它吃奶。小老虎在虎妈妈的精心照顾下一天天的长大，为了适应生存，虎妈妈训练小老虎的捕食技能，等到小老虎完全能独立生活了，就离开它的妈妈了。我的成长可能和片中的小老虎的成长差不多。

我感觉到您和我妈妈把我从小养到这么大非常不容易，而我却很少为你们做些什么，您和妈妈无私地抚养着我，而我还经常对着你们发脾气，我感到非常内疚。所以，以后我若是再让您生气，您一定提醒我。而且以后我要做一些力所能及的事，为您和妈妈分担一些负担。对了，忘了告诉您，就在您走后不久，我学会做西红柿炒鸡蛋了。在妈妈过生日的那天，我就自己做了一盘送给了妈妈。妈妈可高兴了！

最近一段时间，您虽然不在家里，但是我和妈妈生活得很好，您就放心吧！

此致

敬礼！

您的儿子

2005 年 10 月 31 日星期日

很多人都读过小说《母亲的账单》，其中有这样一段描写，大致如下：

彼特是母亲非常可爱的儿子，经常帮她做家务。有一天，一向听话的彼特得意地向母亲开列了索取报酬的账单，上面写着，母亲欠儿子彼特如下款项：

为取回生活用品 20 芬尼；

为把信件送往邮局 10 芬尼；

为在花园里帮助大人干活 20 芬尼；

为他一直是个听话的孩子 10 芬尼；

母亲看了彼特的账单后，心里很不是滋味，她也给彼得开了一张账单，上面写着：彼特欠母亲如下款项：

为他在家里过的十年幸福生活 0 芬尼；

为他十年中的吃喝 0 芬尼；

为在他生病时的护理费用 0 芬尼；

为他一直有个慈爱的母亲 0 芬尼；

共计 0 芬尼；

母亲这张特殊的账单，让彼特非常惭愧，他望着母亲慈祥的目光，一句话也说不来，以后这样的事再也没发生。

小说里这位优秀的母亲告诉我们：孩子同样是我们的家庭成员，每个人都应该为这个家庭付出自己的劳动；同时，也享受着其他家庭成员的劳动，父母把无私的爱奉献给孩子、奉献给了家庭，孩子也应该肩负起自己的责任，理所当然、无条件地为父母、为家庭贡献自己的劳动。所以我们要抓住教育孩子的机会，唤起孩子的责任心。

2.“对内”的责任心

“对内”的责任心又是如何培养的呢？

随便和家长聊天，你就会知道，很多家长为了孩子学习成绩的提高真是煞费苦心，陪读、请家教、报提高班、经常和老师沟通，有的家长黔驴技穷，花高价请“家教卧底”。可是孩子的学习成绩并没有因此而改变，这是为什么呢？其实原因很简单，最根本的原因之一就是这种孩子缺少“对内”的责任心，也就是自己对自己不负责任（当然可能还会有其他原因）。

我想任何事物的发展，都是内因和外因相互作用的结果，孩子的学习也同样如此。试想，一块石头即使你再花工夫，再好的外界环境，它能孵化出小鸡儿来吗？正像一句俗语所说：牛不喝水强摁头。要改变这种学习的现状，必须从孩子自身抓起，让孩子找到学习的内在动力，变“要我学”为“我要学”，让孩子明白学习是自己的事，自己要对自己的行为负责。如果找到了这种内在动力，树立起孩子对自己的责任心，只要有适当的外界环境，成绩自然就会上去。

我认识一个男孩儿，家里条件非常优越，物质方面父母毫无条件地满足。学习一塌糊涂，平时很少能完成作业，老师也拿他没办法。母亲为了改变儿子的学习状况，毅然辞去了一个自己非常喜欢的经理职位，可是，这位母亲尝试了很多办法，孩子的学习仍没起色。一个偶然的机会，我遇到这位妈妈，聊起她儿子的学习情况，看着这位用心良苦、声泪俱下的母亲，我的内心升腾起一股同情，有一种强烈的使命感驱使我帮她改变她孩子的学习现状。我告诉她："要改变这种顽固型厌学的情况，要做好长期的准备，不可能一蹴而就。一方面每周抽一个时间让你儿子到我家来，让他感受我儿子的主动学习的精神，因为孩子之间的影响可能更容易让你儿子接受，同时我会特意安排我儿子给你儿子讲一些优秀人才的成长经历，让你儿子从内心产生爱学习的动力；另一方面，抓住机会，多鼓励，引导孩子学习的兴趣，教育孩子自己对自己负责。"

有一天，她的儿子来我家，儿子给他讲完一个落后生如何经过自己的努力成为一优秀的学生的故事之后，趁着他们休息的间歇，我问了问了他："这个故事感人吗？"他点点头。

"你认为哪一句话或者哪一件事让你最受感动？"他想了想说：

"他妈妈因为他学习不好，都急出病，住院了。"

"可是，他最后跪在妈妈的病床前，他终于理解了妈妈。"我赶紧跟上一句。

我看了看他，他低下了头，我看见眼泪就在他的眼眶里转，我明白了此刻他一定是想起了自己的母亲，想起为了改变自己的学习成绩而心力交瘁的母亲。

"孩子，你已经十一岁了，快比你妈妈高了，你应该有行为能力了，学习不是为了别人，而是为了你自己的前途，你应该对自己的行为负责，这是做人最起码的责任心，如果你连这点儿都做不到，你怎么对得起你自己，又何谈对得起养育你的爸爸妈妈？"

她的孩子听了我的话，眼睛望了望天花板，极力地控制着眼泪，但眼泪还是顺着脸颊流了下来。好几分钟过去了，谁也没说什么，我们彼此一动不动地站着，他任凭眼泪飞落。他突然转过身来，对我说："叔叔，我知道我错了，我对不起妈妈，从今天起，我要从新开始！您就看我的表现吧！"

就是这样一个孩子，经过我、她妈妈、老师以及我儿子的共同努力，经过一个多月的精心策划，终于翻然悔悟。从此改变了他的学习状况，也可能改变了他的人生。

无论是对父母、对朋友的责任心，还是对自己的责任心都是一个孩子必须拥有的品格之一，这些品格不仅有利于孩子对父母尊重和感激，有利于孩子获得别人的信任，也有利于孩子自身努力和进步，更是孩子事业成功的必要条件之一。

诺贝尔化学奖得主格利亚，曾经就是一位游手好闲的青年，由于对自己对家人的责任心极度匮乏，导致他经常去一些舞厅消磨时间。有一次，在一个舞会上他被一个气质高雅的女人吸引，于是起身走到那位女人的跟前，非常虔诚地鞠躬说："尊敬的女士，我能请你跳舞吗？"这位女士非常不屑地用眼睛瞟了他一眼说："我最讨厌你这样的花花公子了！"一直高傲自满的格利亚被这蔑视的口吻当头一棒，让他突然清醒，自己这么多年白白浪费了很多时间，连这样一个女人都瞧不起自己，一时间羞愧难耐。回到家里，开始整理自己的书籍，准备一切重新开始。在他原来就读的里昂大学拼命读书，并进入到化学系，几年后，他以优异的成绩获得了博士学位，并在 1912 年因他发明的格氏试剂获得了诺贝尔化学奖。就是那位美女的一句话，让格利亚找回了自己，找回了自己的对自己的那份责任心。

所以很多时候孩子成绩不好，不是智力的问题，而是孩子自己心中没有一份责任，导致孩子在一段时间内，没有前进的目标，失去了对自己、对父母的责任，孩子没有了动力。如果孩子在校的时候，家长不断地强化和培养孩子的责任心，他就会将这种优秀的品质带到他的工作岗位，这样的孩子很容易会的领导的信任获得成功。

有一个设计师，由于和妻子两地分居的原因他不得不离开了原来的城市，换了一家公司。他刚到公司后，因公司的项目繁多，他的领导临时安排他到了一个非常重要、时间非常紧张的工程当中，在接触这个工程一段时间后，他发现项目中存在着诸多的不合理，这样会给用户带来了很多不便，由于他是在项目的后期加入到这个工程来的，考虑到工程本身没有原则性的错误，加之时间非常紧迫，他就没有提出特别的疑义。

又一个项目开始了，整个项目的高管希望沿用上一个项目的经验，利用上一个项目的图纸，这样省时省力。看起来是一个良策，但这位设计师再三考虑之下还是提出了自己的看法。

1. 工程设计没有最好，只有更好。这就像我们会写某个汉字，我们普通人写完后，如果仅从“对与不对”的角度，别人是挑不出什么毛病，因为横、撇、竖、捺都没有毛病，可是有换一个书法家来写同样一个字，你的感觉是不一样的，我们除了认识这个字外，另外有一种美感和艺术的功夫在里面。这是另外一种境界。

2. 他花费两周的时间先作出几个方案，请诸位领导分析、讨论，然后定夺。

3. 每一个项目就是一座丰碑，我们有机会做得更好，为什么不去努力。否则我们做十个项目和作一个项目没有区别，我们只能停留在过去的水平，永远没有进步，公司不会有更大的发展。

经过这位设计师的努力，他花费很多时间和心血，在说定的时间里拿出了几个新的方案，得到领导的赏识。他不是拿多少钱，办多少事，这事与他无关，能推就推的心态，对待工作，而是出于对工作的一份责任心，从公司发展的长远角度出发，提出自己有分量的见解。这样有责任心的员工，怎么可能不获得老板的重用呢！

我的孩子上了 12 年的学，当了 12 年的班长。在跨越小学、初中、高中的 12 年的读书期间，能为班级服务，成为他自己非常骄傲的一段经历。初中三年、高中三年，连续六年的时间早上给同学打开教室，为同学开门，能给那么多的同学带来方便，看似孩子在付出，其实是在考验孩子爱心的同时，也在培养孩子的责任心，对他自己是一个极大的锻炼。试想想，孩子对不是自己的事都这样关心，他的学习能不好吗！他的同学关系能不好吗！又怎能不获得同学的尊重和信任呢？

孩子在小的时候如果有了一份责任心，就会好好珍惜自己的时间，努力学习，如果再有了对父母、对家庭的一份责任，就会让孩子从小就有一种责任感，这种责任感就会延伸到在孩子未来的路上，对家庭、对工作、对社会的责任心，我们不要小瞧孩子的这份责任心，它会引导孩子走向成功和幸福。

在苏丹的那些日子，白天忙忙碌碌，一到了晚上，寂寞常常袭击我的大脑，自然地经常想起和儿子一同成长的岁月，感慨万千，也特别担心儿子的学习情况。

有一次，我从网上下载了十几套题，我告诉儿子他妈，让儿子做一做，感觉简单就不要做了，以免浪费时间。当我打电话问："题的难度如何？"儿子告诉我："没有任何障碍！"我对儿子说："其余的题就放弃。"儿子对我说："爸爸，您不在我身边，我更要加倍努力，我做完的那些题虽然我全做对了，但有些题型很好，所以剩下的题我不该放弃，就把它当成复习好了。"

我在电话的那一端，眼泪立刻涌了出来，我一时语咽，找不到合适的话讲给儿子，我只是说："儿子，你长大了，自己看着做吧！"

在回办公室的路上，我在想：如果一个孩子知道了自己要学习，自己要努力，有了这种"对内"的责任心，那么，教育就变得非常简单了，也变得非常容易了。现在再和儿子说一句有关"要好好学习之类"的话，我都会感到实在是多余。

独立性

独立性分为学习、生活能力的独立性和思想意识的独立性两个方面。

1. 学习、生活能力的独立性

小的时候，生活在乡下，我经常能看见这样的情景：一只母鸡领着一群小鸡在院子里来回走动，母鸡一旦啄到食物，嘴里会发出咯咯的声音，小鸡们听到鸡妈妈的叫声，就会拼命地跑到母鸡的身边，知道妈妈要给它们喂食了，母鸡把含在嘴里的食物啄碎以后，吐在地上让它的孩子们分享；下雨的时候，母鸡会松开它那宽大的翅膀，让它的孩子们一个个钻进它的羽翼下躲避风雨的袭击；一旦遇到敌人，母鸡就会义无反顾地冲过去同它搏斗，直至赶走敌人。每当看到这种情景，我都会被母鸡的这种精神所感动，为了孩子们的安全成长，母鸡无微不至地呵护着自己的孩子们。

人类同样具备动物的本能，我们的父母们在孩子幼小的时候，就像母鸡爱护小鸡一样，关爱着他们，但仅仅这样一味的呵护是远远不够的。因为我们的孩子除了健康成长以外，更重要的是自身的独立和发展。他们是一个独立的人，总有一天要离开你的视线。所以俄罗斯的一位教育家把这种“只是一味呵护”的家长形象地称为“母鸡母亲”。后来，日本的一位教育家把这种只知道让孩子吃饱、穿暖的母亲更妥帖地称为“半狼母亲”。

我曾经看到一篇文章这样写道：有一个很有钱的人，老来得子，十分庆幸，百倍珍惜。从孩子出生后，衣、食、住、行一切一切都安排妥当，从不让孩子操一点儿心。孩子一天天长大，自己一天天变老，他感到有些力不从心，害怕自己活不了多长时间了，就请来了一个算命先生，这位算命先生告诉他，说他还能活一年。他的孩子知道后，号啕大哭，这位父亲看了后很感动，以为儿子是因为他要离去而悲伤，就在这位父亲劝他儿子时，儿子声嘶力竭地喊：“你死了以后，谁来伺候我呀？”

这个故事虽然有些夸张，但在我们的现实生活中，这样对待孩子的父母随处可见。他们不让孩子干任何家务，只要学习好，考一百分，爸爸妈妈就高兴。小学五六年级连自己的毛巾都不会洗，这不算什么新鲜事！我们经常从媒体上看到或听到，有些家长怕耽误孩子的学习时间，代替孩子到学校值日。就是这些过分的爱，剥夺了孩子的生活能力，毁灭了孩子的前程。

以前媒体上报道过，一位福州市的学生考上青岛一所大学，在一次和妈妈的通话中，他一边哭一边说想吃妈妈包的馄饨，妈妈耐心地劝说仍无济于事，于是这位妈妈提着包好的馄饨，花了三千多元的路费，乘飞机来到儿子的身边，满足了儿子的愿望。还有一位学生也是考上了异地的大学，由于生活不能自理，父母专门从老家顾了一个保姆专门照顾他。看看我们的孩子可悲到什么程度！何时才能“断奶”？

类似的事情也是经常发生在我们的身边，我请诸位家长思考一下，即便我们有诸葛亮的智慧，我们能掐会算，预测未来，但我们无法抗拒自然规律，我们会自然衰老，我们不可能陪同孩子走完孩子的人生，如果我们一味地包办，一旦我们离开这个世界，孩子彻底地成了废人。即使我们感动了上帝，让我们千年不死，可是孩子总是一个独立的人，你老态龙钟时依然代替孩子去向他（她）爱的人献花吗？你依然代替孩子去应聘职场，这样一生都需要扶着走的孩子会有人爱吗？更会有人要吗？

曾经是情深似海的两位兄弟因夺妻之恨成了不共戴天的仇人，被害者为了惩治那位抢走自己妻子的人，想用一种最歹毒的手段来报复他，于是他还是若无其事地和从前一样接近施害者的儿子，让他的儿子拥有尽有、享尽奢华富贵。他的儿子非常得意，享受着花天酒地的生活，这位夺别人妻的先生，也从内心感到这位朋友还真是非常大度和宽容。也看不出他的任何报复的痕迹，处处感到他的这位朋友对自己儿子是真心的照顾。

随着这两位兄弟的老去，那位儿子在无微不至的照顾中彻底地失去了生存能力，那些原来和他一起吃喝玩乐的人随着手头的钱的消失也逐渐地远离了他，原来的花天酒地的日子一去不复返了，没有了经济来源，没有了父母的依靠，自己的生活从天堂一下掉进了地狱。他无法接受这样的生活，只能选择自杀来了结自己的人生。

那位受害者达到了自己险恶的目的，让给自己带来最大痛苦的先生彻底断送了后代。

所以我们要爱自己的孩子，第一要务就是让孩子学会独立而不是让我们的爱害了孩子的一生。

生活上如此，学习上也是如此。

我认识一个初中二年级的男孩，一米八的个头，体重七十多公斤，学习从不主动，他爸爸每天都得催促：“快写作业去吧！”在父亲的骂声中，还是磨磨蹭蹭，只好妈妈“陪学”。从孩子开始上学就这样，孩子和妈妈一起写作业，孩子越陪越不爱学，家长越陪越累。试想想这样的孩子能学习好吗？这不是孩子的错，是我们的家长教育方法出了问题。

在孩子上各种课外班时，经常会看到一些家长非常辛苦地帮孩子记笔记，家长白天上一天班，晚上和孩子一样认真地听课，甚至比孩子还认真，生怕自己的孩子溜号漏掉一道题，这样的家长非常普遍。每当这时，在我的心中就会升腾出一种非常复杂的感觉，一方面我可怜这样的孩子，因为家长没有给孩子独立学习的机会；另一方面，我为这样的家长更感到悲哀，因为这样的家长没有尊重孩子独立的人格，家长不是在教育一个健康的人，而是在软化孩子的骨头，让孩子失去独立行走的能力。

我从来不干这样的事。只是在孩子小的时候引导孩子进入奥数领域，让他对奥数产生兴趣，为他带路和指引。孩子所做的成千上万道题，没有一道是我做的。都是孩子自己来完成的，况且，三年级以后的试题我确实也做不出来（少数能作出来，但要花费很长的时间）。也从来没有代替孩子记笔记，孩子独立完成，他更能提高上课的效率，更有竞争意识，更有成就感。

再看下面的故事：在非洲广袤的土地上生活着许多动物。一天清晨，羚羊妈妈把小羚羊从梦中叫醒，指着远处的狮子对它的孩子说："你必须让自己跑得比狮子还要快，否则，你就会被他们吃掉。"而此时的狮子妈妈也正对它的孩子说："你必须让自己跑得比羚羊还要快，否则，你将被饿死。"

这个故事，把大自然的生存法则描绘得淋漓尽致。

我们做父母的应该向狮子妈妈和羚羊妈妈学习教育孩子的方法，放开他们的手脚，让他们自己学会奔跑，练就独立生存的能力，因为你总有一天要离开自己的孩子，总有一天孩子要参与社会的竞争，要想让自己的孩子成为生死搏杀的胜者，就必须让孩子从小就有独立意识，从小就摆脱对父母的依赖。

2. 思想意识的独立性

如果一个孩子失去了学习、生活能力的独立性，他的思想意识的很难独立。这种情况，在现在中国孩子中普遍存在。在孩子很小的时候，父母就为他们设计好了人生的路线：好的幼儿园—好的小学—好的中学—好的大学—出国留学，甚至学什么专业、到什么公司、找什么样的对象父母全都想好了。孩子喜不喜欢父母为他精心选择的学校、选择的专业，无关紧要，也根本没有讨论的余地，因为“孩子你还小，我们都是为你好”这句话已经无数遍地印在孩子的脑子里，孩子不可能有自己选择的机会。这种现象，在当今独生子女身上尤其严重。因为他们太爱自己的孩子了，他们生怕自己的孩子走错了路、选错了方向。这样的孩子怎么可能有独立意识呢？应当承认我们的孩子很聪明，但我们又不得不承认他们非常困惑，面对这么大的世界，他们非常茫然，不知所措。

李开复一直把他的母亲说成是“圣母”。他的母亲深受中国传统文化的影响，但她同样喜欢自由的教育方式，于是她把年仅十一岁的儿子毅然送到了崇尚自由的美国，远离了自己的视线，她爱她的孩子，更希望她的儿子能成为了不起的人物。当日后李开复真的实现母亲多年的愿望、真的成为了不起的人物时，他理解了母亲当年“放飞”他的良苦用心，更为有这样一位伟大的母亲而由衷地自豪。

李开复曾向中国的家长们呼吁，要培养孩子的独立意识。并把他自己两此次成功地选择经历告诉了大家。一次是大学时期专业的改变，一次是第一次工作的选择。当他发现政治学不能给他带来快乐的而自己却对计算机情有独钟时，他果断地作出了重新选择；同样，当他的导师一再挽留，让他留校任教时，而他有自己的想法，留校会让他生活的非常安稳、富足，可是他非常喜欢有影响力的工作，于是他再一次作出人生的重大选择，他选择了苹果公司。事实上，如果他当初没有选择计算机，就不会有今天语音识别系统的世界顶级专家的李开复；如果他当初没有选择苹果公司，更不会有今天驰骋于计算机领域的领袖级人物李开复了。而后的一系列选择，从苹果到微软再到google，更使他成为全球瞩目的重量级人物。

再回过头来，看看我们的宝贝们，他们得了先天性软骨病，他们很难独立地站在这个世界上，要行走就更困难了。他们没有了判断能力，没有了选择能力。面对残酷的竞争现实，只能望洋兴叹、但已回天无力。

儿子所在的小学是一个极其普通的学校，由于出色的数学成绩，三年级时以优异的成绩考入仁华学校（就是当时的华罗庚数学学校）一班，从此走进了人大附中的校园。（仁华学校是人大附中、中科院数学所以及中国科技大学合办的北京地区超常儿童实验基地，上课地点在人大附中）儿子从一个狭小的校园一下子来到这里，无论是校园的规模还是校园的园林式规划，也无论是老师的教学方式还是和那些来自各个学校奥数顶尖高手同场竞技，都让儿子异常的兴奋。确切地说，儿子喜欢上了这里。

有一次，儿子告诉我：

“爸爸，人大附中的校园太美了！有那么大的图书馆、游泳馆、实验楼，还有我最喜欢的 400 米跑道的体育场。”

“是的，这是一所北京乃至全国一流的中学，它是北大、清华的摇篮，还有很多学生在这里实现了留学的梦想，直接考入世界一流大学。”

儿子听了我的话，更加激动：“四年之后，我要成为人大附中的一员！”

在儿子成长过程中，他突然有了目标，突然有了清晰的思想意识，这完全是他自己在这里生活不到半年的感受，这种发自内心的感受，比父母硬是强加给他的，要深刻得多。

一年之后，儿子告诉我，他希望将来能考入北大数学系，专门学习数学。去年，儿子读完了《哈佛理念》和有关美国八所常青藤联校的详细介绍后，儿子的体会是：哥大更适合我。

四年之后，孩子如愿进入了人大附中，而且一待就是 6 年。

十年之后，孩子没有选择北大，也没选择哥大，而是进入了理科和商科更强的芝加哥大学，成了李政道、杨振宁、崔琦这些科学家们的校友，进入了奥巴马曾经执教 12 年的大学。

在我们和孩子一同成长的过程中，我们的角色有时像老师，有时像教练，而有时更像一个高级的侍者。我们只需要了解主人身体健康的需要，了解主人的口味及爱好，我们把我们应做的食品、咖啡、水果等做好，只要放在那里，你的任务就算完了，你就离开好了，我们不需要多啰唆半句。至于什么时间吃，吃什么，完全由主人自己决定。感受主人自然会有，而且你的感受和主人的感受肯定不一样。所以家长只需要把孩子成长的需要提供给他，你的任务就完成了，让孩子自己体会，自己感悟，慢慢地孩子就有了自己的思想意识，他自己就会明白，什么是他的最爱。这和家长强加于孩子的思想意识有着天壤之别，因为它已经溶入了孩子的血液之中。

学习的兴趣

如果你是一位小学生的家长，你肯定知道奥数这一当今最流行的词汇之一。你可能不是特别关注孩子小升初的家长，一直领着孩子站在奥数阵营的大门外观望，你也可能是已经在这个浩浩荡荡的大军拼杀几个年头了的“老兵”了。不管怎么说，奥数在目前特定的教育环境下，足可以让你心花怒放，也足可以让你求救无门。自然的，奥数把家长分成了两大派系，一是憎恨派，一是喜欢派。

在这里，我不想过多的指责当前教育的种种弊端，不想替那些“憎恨派”家长喊屈叫冤，更不想为“喜欢派”摇旗呐喊，而是想纯粹从孩子的兴趣出发，分析一下今天的奥数现象。

正像我前面所说，奥数涵盖了很多思维能力，而思维能力是一个孩子的智力的核心，如果一个孩子在小学期间，思维能力得到了充分的锻炼，是非常重要的一件事情。从这个角度讲，奥数是很好的、能够快速有效的、全面提高孩子智商的工具。而且，当孩子在做题当中遇到困难，进而又想办法战胜它时，那种来自内心深处的喜悦比吃了十斤蜜枣还甜。在比赛中，有失败，有成功，让孩子从小就明白“不经历风雨怎能见彩虹”的道理，一句话：奥数让孩子学会了面对挫折、战胜困难，学会了永不言败，建立起良好的自信。奥数既能提高孩子的智商又能发展孩子的情商，这与我的教育理念非常吻合。

当然，奥数的这一切优点，只是针对那些对奥数有兴趣（这里的兴趣有先天的成分，也有后天家长的引导和培养的因素）的孩子而言，它只是给那些对奥数有兴趣的孩子搭建的一个舞台。而另一些对奥数一点兴趣都没有的孩子，如果也被爸爸妈妈强行赶上这个舞台，奥数就真的成了摧残孩子的工具了（当然，这样的家长让孩子学习奥数的出发点有问题，而不是奥数本身的错，详见智商部分）。

亮亮是一个聪明、可爱的男孩儿，一双水汪汪的大眼睛，让你一下子就能联想起哈里波特。亮亮也真的没有让喜欢他的人失望，接连获得了全国绘画大赛的一等奖、全国书法大赛的一等奖，对音乐也表现出很好的天赋，就是这样一个人见人爱的孩子，因为不喜欢奥数，经常被他的爸爸妈妈无端的数落。爷爷、奶奶、外公、外婆全都是名牌大学的理科教授，也始终在琢磨：我们全家人每个人都有强大的数学基础，而偏偏孙子（外孙）不喜欢奥数呢？怎么想也想不通。于是，在外界强大的奥数队伍带动下，爷爷、奶奶、外公、外婆一齐加入进来，他们拿出当年在大学教书的严谨作风，分工明确、相互协作（每人负责不同的专题），可一个学期下来，孩子没有一点起色，依旧是原地踏步。在一次家庭会议上，爷爷指出了他们每个人在教课过程中存在的问题，并决定取消亮亮的书法课，以便有更多的时间强攻奥数。又一个学期过去了，除了让孩子疲惫不堪、心情沮丧以外，情况并没有因为大家的热情而改变。

这是一个非常有代表性的家庭，家长们凭着主观想象，在花费了大量时间、经历、和耐心的同时，他们犯了一个特别大的错误，他们忽略了孩子的兴趣。我们应当承认，孩子出生就是有差距的，有的喜欢音乐，有的生来就对汽车感兴趣，有的有语言方面的天分，等等，试想如果让你做一件你特别不喜欢、特别不感兴趣的事，你的心情会怎样？况且奥数不是仅仅有兴趣就能学得好的。如果家长出于太功利的思想而忽略孩子的兴趣（而且不注意培养孩子的兴趣），学好奥数的概率几乎为零。

有的孩子连续玩几个小时的电脑游戏，一点儿也不觉得累；有的孩子就是喜欢读书，只要父母不阻止他，他能看到第二天的凌晨；而有的孩子则把他的玩具车不厌其烦拆完了装、装完了拆……所有这些都只是因为两个字：兴趣。

我的儿子，很小的时候就表现出对数学的偏爱（当然这也和家长的引导和培养有关），六岁时就知道了高斯加法；八岁时就非常喜欢李毓佩的数学科普读物《荒岛历险》和《奇妙的数王国》，九岁时又喜欢上了在我看来非常枯燥乏味《世界数学史》。

三年级时，我给他讲了大数学家欧拉巧改羊圈的故事：欧拉家有一群羊，由于羊的数量一年年增多，原来由木栅栏围成的长 75 米、宽 25 米的一个长方形羊圈显得太小了，欧拉的爸爸为此事很着急，他在想：要是再不增加木栅栏木桩数量的情况下，能盛更多的羊就好了。当时年仅八岁的小欧拉知道后，稍微思考了一下，他兴奋地告诉爸爸，我有办法了！你知道欧拉是怎么做的吗？

儿子一下子想出两个办法。第一个办法是：把 75 米长两条边各截去了 25 米，补到了原来 25 米长的两条边上，这样原来的一个长方形的羊圈，改成了边长为 50 米的正方形，木桩的数量没有增加。可是羊圈的面积却增大了。这是利用了在周长不变的情况下，正方形的面积最大的原理。第二个办法是：把原来的长方形变成一个圆形。儿子经过计算，算出圆的半径约为 31.8 米，这样羊圈的周长仍为 200 米，可羊圈的面积约为 3185 平方米，比原来多了 1310 平方米，而且这种改法羊圈的面积最大（正方形羊圈的面积为 2500 平方米）。

第一个办法和当初小欧拉的办法完全一样。而让我惊讶的是儿子想出了比小欧拉更好的办法。

因为有兴趣，所以才喜欢，因为喜欢，所以才乐此不疲。

在我们家有一个不成文的规定：绝不能让儿子在吃饭前做奥数题，因为儿子一旦做不出来，这顿饭就会变成一场“马拉松”。

记得儿子二年级的时候，我在厨房做饭，儿子放学回来跟我说：“爸爸，我已经好长时间没做奥数题了（其实没几天，‘好长时间’是儿子自己的感觉），求您了，给我找几道，让我做一做。”看着儿子渴望的目光，我拿出几天前从网上下载下来的几道很有意思的题，递给儿子，儿子就像饿了几天一样，突然间看见一碗热腾腾的肉包子，眼前突然一亮，那种从心底里升腾起来的一种渴望，让你真正明白什么叫“兴趣”，什么叫“喜欢”。

半个小时后，饭做好了，在我和爱人一遍一遍地催促下，儿子还是没有离开他的房间，我知道肯定有一道题“卡壳了”。饭已经凉了，我走进儿子的房间，说：“儿子，你喜欢做题，是一件好事，但现在吃饭更重要……”我正说着，儿子突然来了灵感，用小拳头使劲地敲了一下桌子：“作出来了！”像是在比赛场上征服了与自己势均力敌的对手一样，那种发自内心的成就感，让儿子由衷地幸福。

看到这里，许多家长要问：兴趣是天生的还是后天培养的？

我翻阅过许多有关儿童心理、生理、教育方面的资料，普遍接受的结论是：60% 来自遗传，40% 来自后天的教育。遗传的部分我们无法更改，我们家长所要做的就是如何利用这 40% 的教育空间，来培养孩子的兴趣。

首先，家长要仔细观察自己的孩子，发现孩子的某个方面的遗传优势（语言、数学、绘画、音乐、体育等），然后，选择优势方面，加以引导、培养，这样更容易让孩子产生兴趣。这正像汽油因为它本身具有了燃烧的特性，一旦遇到火，哪怕是星星之火，立即就会形成燎原之势。如果是水呢？恐怕再大的火源，也很难将其点燃。这就像如果一个孩子有体育方面的天赋，在优秀教练员的指导下，他才会更容易有兴趣，经过长期系统地训练，加上自己刻苦的努力，才有可能成为一名优秀的运动员。相反，如果你选择了孩子的劣势，尽管你花费了大量的时间、精力，也只能让孩子比自己不练时“稍强一点儿”，很难让其成为孩子的特长，培养孩子的兴趣难度很大。就像一个体态十分肥胖、笨重的人，即便是遇上刘翔的教练，再花上十倍的精力，恐怕也很难有什么太大的起色，孩子怎么会有兴趣呢？而且，如果你选择了孩子的劣势，往往是家长付出的越多，孩子离成功越远。

美国伟大的发明家爱迪生说过“一个人的成功，需要1%的灵感加上99%的汗水”。很小的时候，老师、家长就告诉我们爱迪生说过的这句名言，并把它作为自己的座右铭。不过，我们过去只是过分地强调了“99%的汗水”，而忽略了仅有的“1%的灵感”，其实，大量的成功事实告诉我们：“1%的灵感”和“99%的汗水”同样重要。

牛顿小的时候，有一次，他把一个点着的灯笼挂在了风筝上，一起上了天，正当他美滋滋地欣赏自己制造的“彗星”时，周围的人无不惊慌失措。也就是从这一件小事儿中，牛顿的舅舅发现了牛顿潜在的科学天赋，给他创造条件并鼓励他学习科学知识。从此更激发了他的兴趣。十九岁时，他考入剑桥大学，二十五岁时发现了万有引力定律，成为人类历史上最伟大的科学家。

前面我说过，六岁时（实际上是五岁半），儿子在没人指导的情况下，知道了“高斯加法”，这个发现，让我喜出望外，加上后来的几件事，让我确认儿子数学方面的天赋。我开始努力寻找适合儿子的数学方面的书，一本叫《学与玩儿》的书让儿子非常喜欢。它主要是把一些数学的内容融入到游戏中，特别适合低龄孩子。我每天用脑记下几道题，在操场上陪儿子玩儿的间歇，我讲给儿子。我认为，最开始的时候，选题的难度和趣味性很重要，如果题目太简单，孩子觉得没有挑战性，孩子不会有太大的兴趣；如果题目太难，本来就很枯燥的数学，更让孩子难以接受。所以，找到一个最佳的切入点，让孩子想一想就能作出来，让孩子体会到“成功”的喜悦。就是在这样一种思想的指导下，儿子接受的很快，两个月的时间，《学与玩儿》这本书的内容就全部掌握了。紧接着，我又买了《智能突破300点》，这本书的难度比上一本书大得多。一年级的下半年，我正式给儿子买了《华罗庚数学课本》、《华罗庚数学精选题解》，就这样，儿子慢慢地被我引进了奥数的大门，而且，一发不可收。

自我意识

自我意识就是自己对自己的潜能、特长、兴趣、缺点等方面的认识，是自己对自己的能力的评价与把握，也有的心理学家把它叫做“自觉心”或者叫做“自觉性”

自我意识，同样是情商非常重要的一个方面，也是一个人成功的必要条件之一。试想想如果你连自己的优点和缺点、自己的长处和短处都不清楚，何谈成功！对于一个学生来讲，哪些学科是你的强项，哪些学科是你的弱项，你是擅长讲演与口才还是喜欢表演艺术，你是一个典型的“学习型”学生还是“管理型”学生，如果你有良好的自我意识，你自己就应该非常清楚。另一方面，既不要过高地评价自己，狂妄自大；也不要贬低自己的能力，让自己失去自信。古希腊哲学家苏格拉底有句名言：“认识你自己！”

苏联作家高尔基，年轻的时候曾成为一个歌舞团的合唱演员，这也是他的一个梦想。但进歌舞团后不久，他发现自己已经不适合再唱歌了，认为自己更喜欢写作。正是高尔基对自己准确的认识，才使自己的才华得以展示，成为一代文学巨匠。

人的成长过程，就是自我意识不断形成、不断完善的过程，小学的时候，你可能觉得自己擅长表演，随着你年龄的增长，你可能发现自己越来越适合当一个职业经理，上了大学之后，你突然发现自己非常喜欢物理研究，这都是极为正常的事。随着孩子年龄的变化，随着孩子阅历的增多，孩子对自己的认识、对自己的了解肯定不断地加深。正像我前面说的，李开复的在人生的重要关口两次重大选择，证明他是一个自我意识极为优秀的人。最重要的是，家长要培养孩子良好的自我意识。有了这把利剑，才能让我们的孩子在纷繁复杂的选择中，英明、准确地把握机遇、把握自己。

有一个小男孩儿，幼儿园时一次偶然的机会，发现自己对火车玩具爱不释手，随着年龄的增长，他对火车的热爱有增无减，在学习绘画的几年里，他的作品全部都是各式各样的火车，随着年龄的增长，开始拿起了照相机追逐着火车到了全国各地。十几年中，他走了 20 多万公里的路程，脚步触及到了东北、新疆、西藏、云南、四川等祖国的各个角落。从最早的蒸汽火车到燃气火车，再到今天的动车、高铁，他追随火车的变化，记录了国家经济的腾飞。这也是我所看到的最好的火车摄影家。

这就是一个自我意识非常优秀的孩子，他明白自己的爱好，知道自己能把什么做好，而不是随大流。在现实社会中，很多人自我意识方面非常欠缺。别人学管理，不分析自己是否擅长和喜欢，自己也去学，结果学了几年只能给自己增加痛苦，别人当演员，不看看自己的条件和喜好，也跟着别人去凑热闹。对自己没有一个准确的定位，没有一个准确的评价。对自己的能力没有一个准确地把握。

有一个人，大学毕业时，正赶上出国热，他就和一个朋友去了德国，在德国生活了 8 年的时间，他的同学已经拿到了博士学位，有了一份非常好的工作。可他 8 年的时间连个硕士也没读下来，也没有找到合适的工作，一直过着流浪的生活。无奈之下又回到了国内，此时同龄人多数都是事业小有成绩，娶妻生子，可是此时的他像是错过了季节的水果，无法成熟。没有任何的特长和职业经验，更不知道自己适合干什么，白白的浪费自己 8 年人生最好的时光，非常可惜。

良好的自我意识能较少很多不必要的烦恼，不会人云亦云，也会少走弯路，如果这方面优秀的孩子，很快就能选定自己的专业，或者选定自己的职业，避免浪费时间，这样的孩子更容易成功。

孩子在 6 岁左右是就开始系统训练逻辑思维，经常在日常生活中练习推理能力，我知道这是提高思维能力的手段之一，也是孩子学好数学的一个非常重要的基础。在和孩子在操场上一起踢球、游戏时，出家门之前我总是在脑子里想好一些逻辑问题让孩子在运动间歇时让孩子思考，这是和我儿子一起玩、一起运动的其他所有孩子不能享受的特别“加餐”，这样一方面不影响孩子的运动和娱乐，另一方面将自己的训练方法实施在孩子娱乐的间歇当中，节省了专门的时间，也增加了学习和训练的趣味性和随意性，让孩子容易接受。

例如：我会和孩子说：你有一双拖鞋，我有一双拖鞋，妈妈也有一双拖鞋，你能得出什么结论？

这是一个典型的归纳推理的例子，从几个个性的事例得出一个一般性的结论：我们家每个人都有一双拖鞋。这就像数学中边数和内角和的关系公式的得出是一个道理：3 条边时，图形的内角和为（3 — 2）× 180 º=180º； 4 条边时，图形的内角和为（4 — 2）× 180 º=360º； 5 条边时，图形的内角和为（5 — 2）× 180 º=540º……然后我们得出一般性的结论：多边形内角和为：（n — 2）× 180 º（n ≥ 3），这就是多边形内角和公式的由来。实际上就是一个归纳推理的得出的结论，即由特殊性推导出一般性的规律。

再比如，回到家时，我和儿子在楼下，我们摁家里的门铃，根据妈妈开门的速度，我让儿子判断妈妈在看门之前在房间那个位置？进而判断妈妈在干什么？这就是根据妈妈的开门时间来推断妈妈离门口的距离，然后根据妈妈多年的习惯来判断她在干什么？

家长千万不要小瞧这样日常的行动，如果你在孩子小的时候坚持几年或更长的时间，孩子就是在这样一个长期的训练中，逻辑思维能力远远超出其他孩子，以至于在儿子后来参加美国高考时选择的是 ACT 而非 SATI。

美国的高考有两种，即：ACT 和 SATI。这有点类似于中国高考的北京卷和浙江卷一样，是不同的考试机构的试题。在美国，参加 ACT 的人数约占 48%；而参加 SATI 的人数约占 52%，基本持平，而由于 SATI 的历史长，所以中国的孩子绝大多数选择了 SATI，只有 2% 的中国孩子选择的 ACT，可见少之又少。由于 ACT 含有逻辑部分（SATI 没有），我儿子具有特别突出的逻辑能力，这样孩子想改变传统的思维而自己选择 ACT。

这样选择的风险很大，因为目前为止，查不到考 ACT 的中国孩子被全美前 10 学校录取的记录，不知道是前 10 的学校根本不认可 ACT，还是参加 ACT 考试的孩子能力的问题。进入各个大学的网站查询，每个学校都非常明确他们对 ACT 和 SATI 同等对待。在思考了几天之后，孩子根据自己的优势，选择了所有留学顾问不认可的 ACT。结果孩子的逻辑考得 35 分的高分（满分 36 分）。而且顺利地进入前 10。

这看似一个简单的选择，但对于孩子出国以及录取有着非常重要的意义。一旦选择，很难再回头。孩子根据对自己的充分了解，对自己的深入的分析。强烈的自我意识，相信自己的判断，没有相信任何人的阻拦，充分发挥了自己的优势，减少了不必要的弯路。

盲目自信，对自己认识不清，过度夸大自己的能力；或者过分保守，对自己估计不足，这都是缺乏自我意识的表现，这需要家长长期对孩子的指导和训练，让孩子正确把握自己，在关键时刻让孩子作出准确的判断。

坚持性

坚持性，就是一个人做事，不是半途而废，而是无论遇到多大的困难，不会轻易放弃，想办法鼓励自己，调动自己的积极性，让自己继续下去，永不言败。

儿子的学校组织了一个体训队，如果孩子的体育成绩不错，或者孩子的成绩一般但很愿意跑步，一般情况下就可以参加。

儿子从四年级开始参加了体训队，至今已有两年的时间。正常上学期间，每天保持在4000米左右的运动量，寒暑假每天要坚持，而且训练量加倍。这样大训练量，让很多孩子承受不了，要坚持下来，就更难了。儿子却坚持了下来。开始的一个月，由于超过身体的承受能力，所以呕吐时常发生（这是后来儿子才告诉我的）。

在一次大运动量训练后，儿子躺在地上，汗水浸透了他的衣服，头发像是洗过一样，泪水沿着眼角滴在跑道上，儿子太累了。他已经没有力量支撑自己回家。当我走到他跟前时，儿子吃惊地看着我。我一边给儿子擦着汗，一边强烈地压抑着心中的感触，自豪地说了一声："儿子，你真棒！"

有一次，我无意中发现儿子在一篇作文中描写体训感受时写道：我的腿像灌了铅似的，实在跑不动了，我就想立刻躺在地上，可我还是咬牙坚持了下来，而且无论如何我都会坚持下去，因为这不仅仅是体育训练，更重要的是磨炼了我意志品质。（我在《感动父亲》一文中有详细的描写）

儿子的身体素质一天天在增强，儿子的运动素质也在增强，儿子的心理素质也大幅度地提高。

很多家长也认识到体训的重要性，可是他们的孩子的在父母的极力劝说下，战战兢兢地来到运动场，根本无法完成老师规定运动量的五分之一，而且只要参加过一次，根本不可能有第二次。

我们的孩子们生活在爸爸妈妈给他们营造的安乐窝里，他们极度缺少奋斗到底、坚持不懈的精神境界，他们更像温室里的豆芽菜，经不起暴风雨的洗礼。就这一点来说，将来很难成就大事业。

孩子在申请美国大学时还专门提到了田径训练这件事：

田径，让我学会了坚持

“7秒15、7秒20、7秒30、7秒33”老师在喊着几个孩子的成绩。此时的田径场上的几个孩子头发像洗过一样，汗水浸透了衣服，孩子们一边跑，老师一边喊，“加快！加快！”孩子们越跑老师的喊声越高，在田径场的端头，孩子们像是被狮子追赶了很久了的羚羊，即便是被吃掉了，也不愿意再动一步了……但他们还在坚持着。直到20个50米过后，老师才把孩子们叫到身边，喝了一口水，休息五分钟，5个150米全力冲刺……

这样的场景就是我十岁时每年的春节前经常体验到的，我就是那“几个孩子”其中的一个。

我是从小学四年级开始练习田径的，直到小学毕业的三年中从未无故间断过，无论炎热的暑假还是冷风刺骨的寒假，跟随教练，每天坚持约1万米的距离，这样我坚持了整整三年！最终我取得了东升学区400米、200米两项第一名，两次参加海淀区中小学生田径大赛，取得400米、200米两项第八名的好成绩，获得了海淀区体育特长生资格。

我可不是什么田径天才少年，相反，那时的我体弱多病，父母只是出于无奈，让我像其他同龄孩子一样不在受疾病的折磨，让我试试跑步能否让我改变这种现状。

第一次练习跑步就给了我一个下马威！记得一个暑假的一天，教练让我仅仅跑了2000米，但对于从来没有接触过这么长距离的运动的我来说无异于一个马拉松！以至于我最后倒在了终点线上。可把老师吓坏了，当我挣扎着爬起来时，教练微笑着拍拍我的脑袋告诉我：“跑得快的诀窍就是坚持！”就是教练的这句话让我几度走在放弃的边缘而又坚持下来。

仅仅是这三年的田径训练，让我大受裨益。它塑造了我的童年，并对我今后的成长产生巨大的影响。当我准备全国小学生奥林匹克数学竞赛时，艰苦的练习就和每一场田径训练课如出一辙，让我在一次一次的失败中坚持，最后获得北京市第八名的好成绩；也正是艰苦的田径训练经历，才让我在北京市初二数学联赛中，杀出十万人的重围，勇夺一等奖；高一时我准备北京市辩论大赛以及后来成为全校辩论大赛主席，这之中我经历的挫折，面对的困难难以想象，最后的成功又让我体会到那三年田径场上的拼搏……直至今天，当一件事把我忙得天昏地暗时，想起少年时田径训练，我仍会将困难抛在脑后，让我从众多人群中脱颖而出。

田径，塑造了我的品格，让我学会了坚持。

“不经历风雨，怎能见彩虹！没有人能随随便便成功……”。

大发明家爱迪生，一生向世界贡献了一千多种发明成果，哪一次发明是一蹴而就呢？灯泡的发明，给人类带来了光明，爱迪生仅这一项发明就做了上千次实验。

居里夫人发现镭的过程；莱特兄弟驾驶他们自己发明的第一架飞机升空等等都是坚持不懈的结果。

我们的家长，必须让孩子养成坚持精神，至少不能随便放弃。有的家长看到别人家的孩子学钢琴，到处演出很风光，其不知风光的背后付出的汗水，就想让自己的孩子学钢琴，可是钢琴买回来，才学了不到一个月，孩子嫌累，仅仅这一个小小的理由就放弃了。又看到邻居家的孩子学围棋，取得了一定的成绩，很羡慕，又让自己的孩子改学围棋。结果可想而知。假如孩子在这么小的时候，没有养成坚持的好习惯，家长还指望等到孩子大了再去培养，那就更难了。所以家长要拿出一定的精力提高孩子的坚持精神，这比过分关注孩子考了多少分更重要。孔子就讲过“少成若天性，习惯如自然”。好的习惯一旦养成，必将受益终生。

同田径一样，游泳也是孩子基本技能之一。它除了运动健身以外，对于孩子身体的柔韧性、协调性以及肺活量都不失为一种很好训练的手段，更重要的是抓住学习游泳的机会，提高孩子的忍耐力、坚持性。

儿子从小学一年级结束的那个暑假，开始学习游泳。在学习的开始，我就和儿子商量好利用两年的时间，学会四种泳姿。目标定好了以后，剩下的就是坚持了。为了让儿子一次性获得规范化动作，我找了一位原北京游泳队专门从事的混合泳的运动员教儿子，这位老师良好的耐心与真诚的态度，让我对儿子的学习又增添了一份信心。

从蛙泳开始，每天两个小时的水上运动，让七岁的儿子并没有感到疲劳，加上夏天外面炎热的天气，两个小时很快就过去了。老师教得很认真，儿子学得也很快。接连十二天，就在老师告诉我即将结束蛙泳训练的最后一次课，儿子一口气游了一百米。初尝胜利的儿子，有了继续学下去的决心。可是就在学习自由泳的第二天，儿子的脚碰到了泳池边，鲜血直流。回到家里，处理了一下伤口。我也告诉老师，暂停几天课。等到儿子的伤口痊愈，时间已过去了一个星期。我正准备和儿子商量复课的事，儿子对我说："爸爸，不想继续学游泳了，寒假再学。"

"为什么？这么点儿小事儿就改变了你的学习计划？"

其实，孩子小的时候，很多时候做事情就是凭着一鼓作气，一旦停下来，士气早就没了。我非常明白这个年龄孩子的心理特点，但能够在现有的基础上再坚持一下，孩子的做事的持久性、忍耐力就能够得到锻炼，这样，在我们花费时间让孩子学习一件事情时，往往得到的是双倍的甚至是更多的收获。

"不为什么，老是做一个动作，我觉得有点儿烦。"

儿子的话，让我猜了个正着！但我想如果我再继续坚持，不会有好的说服效果，最多是儿子违心地接受我的意见，而不是从内心里自己想学。

"明天再考虑考虑。"我轻描淡写地说。

晚饭后，我和儿子在小区公园里散步，我给儿子讲了《铁杵成针的故事》。向儿子说明李白就是从一个老奶奶将铁杵磨成针的这件事中，才知道发奋学习，持之以恒，成为人人皆知的诗仙。又给儿子讲了越王沟践《卧薪尝胆》的故事。儿子很聪明，他明白了我的用意，在回家的路上，儿子高兴地对我说："爸爸，您和游泳教练联系一下，我明天继续学习自由泳！"

我抚摸着儿子的头，尽量地掩饰着内心的喜悦说："好样的！在未来学习的路上，你还会遇到很多困难，你要是有了目标，你就有了成功的方向；你要是再学会了坚持，成功就要光临你了。"

就这样，一个暑假，儿子学会了两种泳姿。二年级的暑假，又学会了仰泳。由于腹肌力量不够，蝶泳的能力不足，到了三年级的暑假，拿下最后一种泳姿。虽然有一些波折，但都没有影响我们目标的实现。

我经常和儿子讲起一个故事：

大哲学家苏格拉底有一次给他的学生讲课，讲到学习需要坚持。他走到教室看到满屋的学生，他告诉学生：你们每天举起双手连续向后甩 100 次，看谁能坚持下来。学生听了后，都不以为然，一致认为这实在没什么，这样没有任何难度的事坚持一年没有问题。过了一个星期，苏格拉底问学生有谁还在坚持，只有一半人举手。又过了一个月，苏格拉底再次问此事时，剩下不到三分之一的人在坚持。一年后，让苏格拉底非常失望的是，能坚持下来的只剩下一个人了，这个人就是柏拉图。

其实一个孩子没有做好一件事，很多情况不是没有目标，而是没有坚持下来。应当承认，坚持是一件相当难的事，它不仅需要毅力、勇气，更需要孩子的耐心。所以，很多心理学家把“坚持不懈的精神”作为优秀儿童的应具备的品格之一,一点都不为过。

团队精神与合作意识

团队精神与合作意识是现代人不可缺少的能力之一，不管你是来自联想还是来自 google，也不管你是来自航天事业还是来自微软，如果你在自己的从事的领域取得了令人瞩目的业绩，除了自身努力之外，肯定不能缺少另一种能力，那就是团队精神与合作意识。因为现代科学技术使专业内部的分工越来越细化的同时，让你和你的同事有着更多的联系，让你越来越无法离开你的团队。如果缺少团队精神、缺少合作意识，只知道一个人闷头做事，即便你是比尔·盖茨，你的业绩注定不会有太大的起色。这就要求我们的家长在教育自己的孩子时，注重培养孩子与人合作的能力，把集体的荣誉放在个人利益之上。离开了集体孩子就成了无水之鱼、无本之木。尤其是学习好的孩子，千万不要牛气冲天，要从小培养孩子的团队精神、合作意识。

一年级的时候，儿子班里有一个小女孩儿，很漂亮，学习好，是个小海归，所以当英语老师第一次上课时，她能够很轻松地回答老师的问题，别的孩子羡慕得不得了。再加上老师的夸奖，使她霸道的思想更为膨胀，无论干什么，她一定是“主角”。

有一次，班里组织文艺表演，老师看她小巧玲珑，让她扮演一个可爱的丫环，她心里死活接受不了，动不动就和“小姐”发脾气，弄得演“小姐”的那位同学很尴尬，极为缺少团队精神，让人没法儿与她合作。

还有一次英语比赛，儿子的成绩超过了她，还得了奖，可把她气坏了。她想办法刁难儿子，拉拢几个班级干部不配合儿子工作，结果她的这种破坏团结合作的做法遭到很多同学的反对。

这样的孩子，如果家长不及时纠正她的毛病，让她的心胸开阔，总希望所有的人以她为中心，总是居高临下，很难与别人平等合作，长大后不可能有大的作为。

四年级时，儿子所在的班级代表学校参加海淀区“让音乐走进课堂”比赛，儿子任指挥。全班五十多人，一个也不能少。这样一个庞大而且从未受过专业训练的队伍参加演出，如果没有一个整体观念，结果可想而知。在演出之前，老师严肃地说：“任何人、任何动作，必须看指挥的手势！”在《同一首歌》的最后收尾时，当儿子的手举到最高时，在挥动的一刹那，整个音乐必须戛然而止。为了达到这个效果，同学们练习了很多遍，最后的体会是，儿子必须和全体同学一定要互相配合，相互关照。有了这种团结合作的思想，那次演出很成功，他们获得了二等奖。

在 2005 年学校春季运动会上，儿子和另外三名运动员代表五·5 班参加 4×100 接力的比赛，从实力上说，儿子所在的五·5 班不是最强的，但具备了冲击冠军的能力。

比赛前的一个周六，我开着车，带上四个孩子来到清华大学的体育场练习交接棒，我告诉几个孩子：“如果单个人跑，把成绩加起来，你们肯定不行，但你们不是没有机会夺冠。接力是一个集体项目，它体现的是四个人的配合，体现的是团队精神。”四个孩子一遍一遍地练习，哪个环节出现了问题，重新再来。就这样，一个下午的时间，当我们离开体育场时，他们已经很少出现失误了。

果然不出所料，四个孩子奋力拼搏、团结协作，取得了比赛的冠军。

熟悉体育的人都知道中国羽毛球队，是我国具有世界级水平的运动队之一，而且常年保持不衰，2005 年第九届苏迪曼杯总决赛上，他们团结合作没有给对手任何机会，干净利落的 3∶0 赢得了满堂红。第二盘男子单打打得异常激烈，林丹非常耐心地与陶菲克展开了拉锯战，结果他以 2∶0 的比分战胜与自己实力相当的对手。他回答记者提问时说：“我们是一个团队，我不能有半点儿毛糙，如果这一盘被我丢掉了，全队的紧张局势徒增，就会给我的队友造成很大的压力，我们每一个人都要严守自己的防线，这样才有机会拿下团体冠军。”当义勇军进行曲在北京首都体育场奏响时，中国羽毛球队的教练和全体队员们互相拥抱，一同品尝共同奋斗的胜利果实。

我和儿子在现场观看了这场比赛，让儿子亲自领悟到了团结合作的精神和力量。

初中时，一次全年级的外出野营、探险活动，因为儿子领导的班级以绝对的优势获得年级第一名，并且在种种不利条件下，没让一个同学掉队。尽管中间出现了很多差错，但还是最先到达终点。出色的团队合作意识、优秀的组织能力、强烈的责任心给老师和同学留下了非常深刻的印象。

作为班长，儿子一直是以他的班级为一个整体，去争取最大的集体荣誉。高一时儿子组织全班同学积极参加《唐诗宋词朗诵比赛》、《歌曲比赛》、《篮球联赛》、《智力运动会》等，在人大附中这样一个国内顶级中学中把错综复杂、丰富多彩校园生活布置得井井有条，不是一件容易的事，需要孩子付出大量的时间和热情。一次看似简单的朗诵会的背后，他每每都要付出巨大的心血。租服装、找场地、联系老师以及同学之间多次的磨合与排练等等，只有当班级在获得经久不息的掌声的那一刹那，为了这个集体所付出全部心血瞬间得到了最大的回报，因为孩子深爱着自己的班级，深爱着他们这个战斗的集体。

高一的暑假，孩子们作出了一个重大决定：拍一部属于自己的电影，要求全体同学参加。这是一项大规模的集体任务，也是一个特耗时间和精力的事件，试想，全班 50 几位同学，每个人有每个人的事，每个人有每个人的假期安排，况且，很多孩子去了国外，很多孩子为出国做着各种各样的准备。所以单说将全班同学召集在一起就是一个不容易的事，而且，拍电影的头绪繁多，导演、编剧、摄像、道具、服装……还有后期的剪辑、录音等等，还有一些不懂的技术问题。但无论苦难多多，孩子们还是坚持了下来。孩子告诉我，他是班长，这个时候自己不能退缩，应该承担起组织的重任，让大家携手共进，坚持到底。那段时间，我经常凌晨开车到学校，到王府井接他（因为有很多设备要运回家中）。我也看到其他孩子的家长也和我一样，深夜在马路边等着孩子们的到来。经过 8 个多月的努力，孩子们克服重重困难，最终还是圆满完成了一部完全属于自己的电影，圆了自己心中的一个梦。为了这个团队，为了这个集体，他们都在履行着自己的职责。

孩子们，你们是好样的！

我的电影情结

我相信每个人在童年时期都会深深地迷恋动画电影，当然，我也不例外。毫不夸张地讲，我是伴随着《猫和老鼠》长大的。猫与老鼠精彩的智斗以及美妙的音乐总是超出我的想象，让我不得不佩服导演超越常人的思维，真是百看不厌，让人无意中愉悦轻松。那时我一直在想：导演是通过什么手段实现他的想法的呢？一些特殊的镜头怎么拍出来的呢？随着年龄的增长，我发现我对电影有一种天然的喜欢，尤其羡慕导演那种完全驾驭一部电影的能力，让观众看了他的作品后或喜或悲或陷入深深的思考。这种情结一直在我的成长中若隐若现，直到高一的暑假，我真正有机会释放了我的情怀，也真正让我体会到拍电影的艰难。

首先要逾越的是父母这一关，在他们看来拍电影是张艺谋、陈凯歌这样的大导演们才能干的事，一个中学生怎么能完成呢？第二，高中的课业这么忙，即使你有能力，哪有那么多时间？我们曾为此多次争吵，一度也伤害了我和父母之间的感情，但拍电影的那种神秘感在我心中一直没有减退，反而与日俱增，以至于在拍摄的前期不得不背着父母。

第二个困难是我们不得不面临的，那就是钱的问题，没有资金，一切无从谈起。我首先想到了卡西欧公司，因为该公司曾发给我们班每人一部卡西欧电子字典，免费使用为一年，就算我们给他们做广告。是否可以和他们商量让他们给出一定的赞助费？多次谈判的结果，都是以失败而告终。我们并没有气馁，又试了几家公司，得到的是同样的结果。就在我们走投无路之时，上海晨光笔厂向我们伸出橄榄枝，多番协商后，晨光笔厂要求在我们的电影中出现“晨光”字样，当时我想，只要对方肯出钱，其他事都好说。我们欣然答应了他们的要求。（后来我们在电影中非常巧妙植入了三次“晨光”字样，晨光笔厂的老板看了我们的样片后立刻资助我们 1.5 万元人民币。）

有了钱，于是，我们开始了我们的梦想。我们成立了导演组，我是其中之一。开始筹划剧本，选演员，租摄像机、服装、道具。我们的外景主要选在北京的后海。

八月的后海非常炎热，为了拍摄的效果，我们大量的拍摄工作都趁着中午人少的时候，导致我们好几个同学中暑。由于剧情的需要我们租用了一间公寓，为了节省开支，我们经常拍摄到凌晨2点钟，但大家还是热情高涨。

连续拍摄了将近一个半月，大部分镜头已完成，马上面临要开学了，我们的拍摄不得不告一段落。又经过了一个多学期断断续续的拍摄，我们进入到了后期剪辑、配音、敲字幕等过程，几乎每个步骤我们都会遇到这样或那样的问题，我们请过电影的专业人员帮助，也请过同学的家长协助。为了突出我们自己拍摄的效果，电影的大部分音乐都是我们自己创作的。就在电影制作的最后，我组织了12个人，均分成两组，分别负责中文和英文字幕，连续一个星期每天14（加上我和班主任）个人都工作到深夜，有时到凌晨4点钟，但最终英文字幕还是没有完成，我们不得不停止工作，否则我们就赶不上我们的电影节了，还是给我们的电影留下了一点小小遗憾。

我们历时近八个月，前前后后有五十多人参与，我们遇到了无数的困难，最终，就在电影节前一天完成了的作品，首映的那天，我看到偌大的放映厅里座无虚席，同学们在欣赏我们的作品，心里的激动难以形容，也许他们没有像我当初崇拜《猫和老鼠》的导演那样崇拜我，但他们能静静看完我们的处女作，已足以让我欣慰与满足。没想到的是，在学校电影节上，我们的电影最后获得最佳女主角、最佳原创音乐奖、本年度最佳穿越电影奖三项大奖。着实让我们发自内心的激动。

感谢我所有的同学们，感谢给予我们支持和帮助的所有家长和朋友们！是你们的鼓励，让我们实现了自己的梦想！

不服输的精神

任何人的成功，都不可能一帆风顺，也恰恰成功者需要为自己的目标付出超人的代价，才使成功的果实显得更为香甜。他们往往要经历很多次的失败，不断地汲取教训，不断地积累能量，抓住每一次发现曙光的机会，劈波斩浪、勇往直前。所以“不服输的精神”是成功者的必备的品格之一。

喜欢乒乓球这项运动的人，我相信没有人不知道邓亚萍。我个人认为邓亚萍是我国优秀运动员的杰出代表，我之所以这么说，是因为在她的身上我们能看到体育运动的魅力。她在赛场上表现出来的那种不服输的精神实在让人敬佩。尤其是她那种咄咄逼人的气势，让对手不寒而栗。无论对手是谁，只要是邓亚萍出现在赛场上，比赛还没开始，她那种不服输的精神就会给对手造成无形的、巨大的心理压力。所以萨马兰奇格外地欣赏邓亚萍独特的魅力。在亚特兰大奥运会上，当邓亚萍蝉联奥运会女子单打金牌时，听到义勇军进行曲因自己而再一次奏响时，她再也控制不住内心的激动。后来当她回忆那场比赛时，她还是非常激动，她告诉记者：“其实乒乓球打到这份上，已经无秘密而言，就看谁的意志品质顽强，谁敢打！”换句话说，就是看谁在被动的情况下，表现出超强的、不服输的拼搏精神。也正是这种品格，让她横扫世界乒坛八年之久。

在2005年北京市海淀区小学生运动会结束后，儿子仍然坚持着训练，我明白，在儿子的心中还憋着一股子劲儿，400米第九名、200米第十名的成绩，对于总共130多所学校参加的运动会来说，已经是相当不错的成绩，可是，儿子就是想再拼一次，他就是不服输。他总是觉得那次脚部受伤影响了自己的成绩。在一次电话中，儿子告诉我：“现在离比赛还有四个月，我每天坚持训练一个小时，这是我小学毕业前的最后一次机会。我很珍惜！我想再试一试。”儿子的话语里，隐含着一种执著，一种不服输的精神。我也正期待着这一天的到来。

孩子又坚持了四个月，120多个日夜，日复一日的训练，不只是为了自己的一个愿望，在这样的坚持中，培养了自己的忍耐和毅力，将不服输的精神慢慢的溶在自己的骨子里，形成了一种品格，给他初中、高中更加艰难的时期，铺垫了基础，这段时间，孩子承受住了生理极限的考验，让他在后来的日子无论遇到什么困难感到都不算困难。这也是孩子小学期间最值得记忆的一段经历。

在四年级时，一次重要的数学比赛中，儿子以两分之差输给了能力在他之下的一位同学，平时在一起学习，那个孩子总是和儿子较劲儿，儿子也是在他的追赶下，进步得更快。这次的成绩终于超过了儿子，他的心情可想而知。就在公布成绩的第二天早上，他还特意在学校的大门口微笑地和儿子打招呼。儿子用更甜美的微笑回敬了他。并在心里暗暗给自己加油："我就给你这一次机会！"果然，在不久后举办的"希望杯"全国数学邀请赛上，儿子以满分的成绩获得金牌，把那个孩子远远地甩在后面。

孩子在成长过程中，失败是难免的，也是正常的，而且正是由于失败，才让孩子懂得成绩的取得要靠自己的奋斗，在哪里跌倒，就在哪里爬起来。一旦孩子有了这种不服输的精神，在他的内心深处就会产生一种无可阻挡的力量，这种力量促使孩子走向成功。

在我们的生活里，我们所知道的那些成功人士，多数都是骨子里有一种执著的信念，他们都是在一次次失败后，总结教训和积累经验，选择合适的时机重新再来。从这个意义上讲，一次小的失败只是延缓了他们成功的进程，不但没有因为失败气馁，反而更加坚定了自己的信念，这样的人，总有一天会品尝到胜利的喜悦，成功只是早一天晚一天的事。

有一个北方人，高中毕业后，一直在寻找致富的途径，也没有更好的机会。一次朋友从外地到他家来看他，恰逢春节前夕，他的朋友问他，有没有活蟹，这个季节如果能吃上活螃蟹，那该是一件多惬意的事呀！他找遍的整个县城也没有活螃蟹。是呀，这么冷的天气，螃蟹早就冻死了。他转念一想，假如我承包一个养殖场在冬天养殖一些螃蟹，会不会成为一条致富的好路呢？

于是他开始了他的养殖计划。

他开始筹集钱，开始挖鱼塘，在入冬前夕，他买进了一批小活蟹，每天精心饲养等待春节前打捞卖出个好价钱。可是万万没有想到的是，就在马上准备打捞上市了，他发现，原来活蹦乱跳的螃蟹全都死了。

这样的噩耗，让这个人大病一场，因为几十万的投入全部扔进了水里。一个星期后，他并没有灰心，又重新走近了他鱼塘。他咨询了这方面的专家，专家告诉他：冬季雪覆盖了整个冰面，阳光照不进水里，水下的植物没有阳光就不能光合作用，不能放出氧气，螃蟹在水下断了氧气，一定活不了。

他明白了专家的解释，第二年重新开始。

记住了去年的教训，一切又重新开始。每到大雪天，他就将冰面上的雪全部扫开，让阳光能进冰里。果然，这一次，螃蟹没有死，但是打捞上的螃蟹非常的瘦，母蟹一点黄也没有，这又是为什么呢?

他又一次咨询了专家，知道要将公蟹和母蟹分开饲养，就会避免这个问题。

一次一次的失败，并没有击垮他，反而让这位普通的饲养者越来越有一种强烈的愿望，一定要重新再来，越来越激励他相信曙光就在离自己不远的地方。

果然，下一年，他终于成功了，他成了远近闻名的养蟹大户。所有的付出都得到了回报。

面对失败，有人选择放弃，有人却越战越勇，放弃意味着永远的失败，选择坚持，总结教训从头再来，成功往往就在下次的努力当中。这样的人就是成功的最佳候选者。试想，哪一个人生来就是总统，哪一个人一进公司就坐在总经理的位置?一切成功的来临，都需要“不服输的精神”再坚持一下。

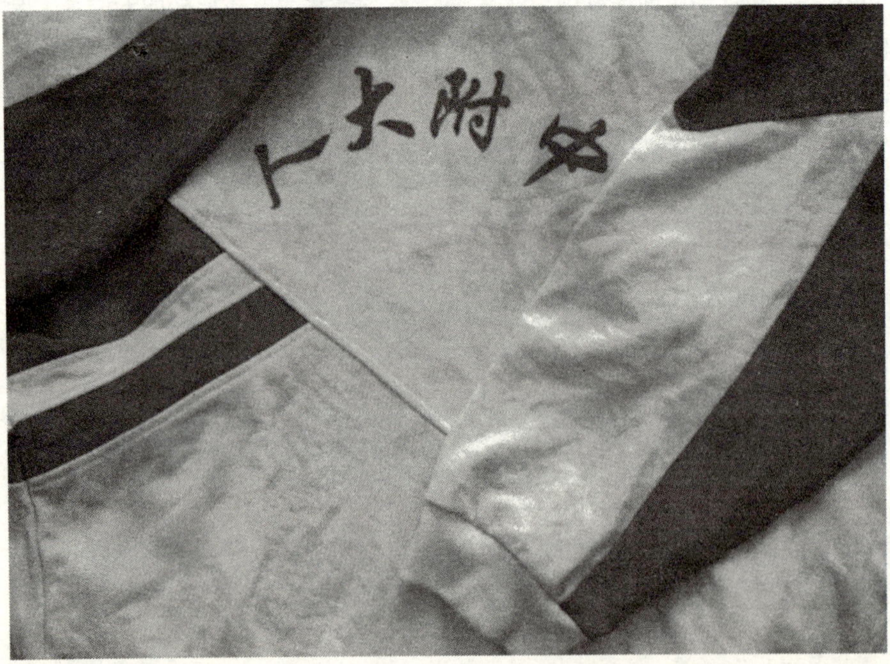

交流与沟通

交流与沟通是处理好人际关系的重要手段，也是与人合作的前提。一个人是否受欢迎，能否和周围的同事关系融洽，不是取决于你的学历，很大程度上取决于交流与沟通的能力。在单位，我们经常看到有些人工作能力一般，也没有什么特别过人之处，可他就是左右逢源，领导赏识，同事喜欢，什么原因呢？十有八九是他有很好的沟通能力，善于与人交流。

有一位美国人，只要是他遇到的人，无论是老人还是孩子，也无论是百万富翁还是最底层的普通劳动者，只要和他一交谈，肯定就愿意和他交流。他既没有迷人的外貌，也不是腰缠万贯的富翁，凭什么呢？他凭的就是他的交流能力。他总是让人感觉他是在发自内心的关心你，分担别人的忧愁，分享别人的快乐。他也很快地找到别人的兴趣点，让人不知不觉中，就像遇到了老朋友似的。这样的人谁不喜欢呢？

我们都是生活在集体环境当中的，我们的孩子也一样，假如我们的孩子只知道闷头学习，缺少和同学、老师的沟通，他每天的感受会是什么？假如孩子能把自己的快乐与大家分享，融洽地生活在同学中间，孩子的感受又会怎样呢？我想答案是不言而喻的。

李肇星曾是我们的外交部长，也是一位成功的家长，他教育儿子学会赞美别人的同时，不能成为书呆子。要喜欢与同学交流思想，接纳别人的想法。他的儿子成功地走进哈佛的大门，成为令人羡慕的哈佛学子。

2005 年，重庆南开中学的秦玥飞同学接到美国耶鲁大学的录取通知书，并获得每年 46,892 美元的全额奖学金。成绩优秀，对中国孩子来说，没有什么值得惊讶的，全省的奥赛金牌、全国联赛的数理化一等奖、国际奥赛的金奖，这样的天才有很多，可是这些都不是让秦玥飞成为耶鲁大学今年在中国录取的两名中学生之一的理由，而是他超强的综合素质和优秀的交流能力深深地打动了考官。面试时，他用地道、流利的美式英语与美国面试官广泛、深入探讨了中美两国乃至世界学术、政治、文化及经济等各个方面的问题。面对刁钻的考官，秦玥飞大方得体、充满活力，轻松自然就像和老朋友聊天一样。使本来限时 40 分钟的面试，破例给他延长到两个小时，给自己充分展示出众的才华，征服考官赢得了宝贵的时间。

上海复旦附中女孩汤玫捷，是今年被哈佛大学提前录取的唯一华人，一时间汤玫捷的名字红遍全国，人们不禁要问，这个在复旦附中学习成绩只排 100 名左右的她，到底有什么特别的魅力让哈佛如此青睐？熟悉她的人都知道，她最突出的地方不是考试总得满分，而恰恰是她出众的口才和广泛的交流能力，这就是她叩开哈佛大门的制胜法宝。

所以，在孩子成长过程中，我们的家长千万不要把目光仅仅固锁在学习成绩上，能否成才不是取决于你的孩子总考 100 分还是 98 分，学习成绩充其量只是孩子一个方面的能力。即便是再尖端科学的领域，都需要你与同事的沟通与交流，都需要你与你的领导的沟通能力。那种“死读书”的孩子，越来越背离我们这个时代的发展。要想成为别人欢迎的人，要想在你所从事的领域游刃有余，要想得到别人的赏识，交流与沟通的能力是必不可少的。当然，这种能力不是瞎吹牛，它需要广博的知识、优秀的口才以及丰富的经验等等作基础。

作为学生，交流与沟通除了正常的学习时间，比较好方式是和同学们一起参加集体活动，例如，和同学们一起登山、滑雪，因为这个时候，同学们没有了学习的压力，快乐的心情很容易拉近人与人之间的距离，就能轻松化解沟通上的障碍，加深友谊。尤其是体育比赛，更容易把大家思想凝聚在一起，如果一个同学为班里争得了荣誉，就会立即成为核心人物，这个同学的凝聚力大大增强，这就会让他很快融入一新的集体之中。

汤玫捷在高二时作为交换生到美国学习一年。在美国中学生的眼里，中国的中学生只会做数学题，他们一有时间就进实验室，不会与人交流。汤玫捷的到来改变了这一看法。她幽默的语言让她很快走到了美国孩子中间。在一次曲棍球比赛中，四天之前才知道曲棍球的她，居然在全班同学的呐喊声中，单刀直入，左右摇晃了几下，晃过了守门员，用力一捅，球进了。就是这个偶然的、带有个人主意色彩的进球，让她再一次征服了欣赏自由、冒险的美国孩子，她一下子成了班里的英雄。他们一起欢呼，一起喝彩。就这样，汤玫捷用了仅仅不到一年时间，完全融进了这群带有“成见”美国孩子中。也正是她这一年的“交换生涯”，赢得了这所美国中学老师和同学对她的大加赞赏，为她顺利进入哈佛大学写下成功的一页。

当然，一个孩子的交流和沟通能力不是一蹴而就的事，它需要一个长期培养和锻炼得过程，因为每个人有每个人出发点，每个人有每个人的做事原则，每个人的生长环境的不同，每个人的性格也会有很大的差异，再加上当事人当时的心理状态和心情的不一样，所有这些都会导致一些问题沟通起来有时难度很大。此时就要考验孩子的耐心和勇气，也考验孩子交流的技巧，其实更检验孩子平衡各种意见的能力，把握大局，掌握主流。

有一次，儿子的班级要出版班刊，儿子担任策划与副主编的职务，最初的想法是记录一下同学们的已过去的生活，只是简单编一本小册子，后来，同学们的欲望越来越高，想正式办成一个班刊，每学期一期。整个班级参与这件事的共有十来个同学，大家分头工作，忙得不亦乐乎。中间大大小小的分歧自然不少，就在最后定封面的时刻，主编和其他几位同学发生了非常大的分歧，以至于主编说出了想放弃办班刊的念头，经过多次撮合都未达成一致。马上就要看到同学们辛苦成果的时刻，就这样前功尽弃实在可惜。大家一致推荐儿子去说服主编，多次试尝最终无功而返。一个偶然的日子，主编早上上课迟到了，影响了班级的荣誉，班主任非常生气，让她在全班同学面前检讨此事，儿子作为班长，深感老师对她的处罚过重，因为她家离学校很远，父母出差在外，她一个人难免出点差错，儿子向老师解释了她的情况，得到了老师的谅解，免去了她当众检讨的事发生，这件事让她从内心感到儿子对她的帮助。事后当儿子再次说起班刊封面之事时，她欣然接受大家的意见。这件事让儿子学到了沟通需要技巧，更需要时间，有时看似无法解开的疙瘩，等待机会，让时间去释怀，同时学会站在对方的角度看问题，学会接纳别人，这样才能让别人接纳自己。

关于拍摄电影，正像前面所讲，同学们经历一系列波折，很多事情需要大家共同讨论和交流才能确定，例如，关于电影剧本的选定就是一个大难题。当时一共有四位同学提供了作品，要知道，一个 90 分钟的电影，需要的不可能是一个简单的作文所涵盖的内容，需要作者很长时间的构思，再付诸于笔端，每一个同学都花费了大量的时间和精力，在课业压力那么大的情况下，他们为了班级的整体荣誉，付出了很多，这四位同学当然都希望自己的作品能入选，但最终只有能选其一。

在这种情况下，孩子和导演组的几位同学在几番讨论后最终定下几个原则：

· 故事的情节超出正常的想象，有出人预料的结局；

· 由于是以班级为单位的集体事件，尽量能有更多的人参与的机会；

· 由于拍摄的时间和能力的限制，拍摄的难度（相对）不能太大；

· 在孩子们一段时间的沟通、交流后，大家采用投票的形式，尊重每一位导演的意见且并做到公开、公正。同时对于落选的同学给予充分的肯定和安慰，并感谢几位同学为班级的付出和努力。

很多时候，一个社团或班级的领导，都是在做选择，孩子不仅要帮助班主任管理日常的班级工作，还要组织和调动班级的每一个同学积极参加学校的活动，很多时候都是在做决定，决定人选，决定参与的程序和进度，尤其是人大附中这样一个课外、课内活动超级丰富的顶级名校，要做到多而不乱，精彩纷呈，就需要班长和社团领导出色的领导才能，需要他们的沟通能力。孩子就是在这多头绪、多层次的领导中，交流能力不断加强，在这个看似自己为集体付出巨大的过程中，让自己的交流与沟通能力得到了充分的锻炼。

高中时代，对于一个孩子的成长非常重要，当然，我并不是说，小学、初中不重要，因为高中时期，孩子的年龄进入了一个接近成人的阶段，伴随孩子知识水平的迅速增长，孩子对人对接触到的很多事情有了很多更深层次的认识，这就慢慢形成了孩子处理问题的想法，同时孩子在对这些事情处理过程中遇到的各种各样的意见，融合、归纳，让孩子从多角度、多方位，让孩子能够站在不同人的角度思考问题。在长期这样的锻炼中，孩子自然形成了处理一些棘手问题的能力，以及孩子驾驭全局的能力。

这和我们在工作单位遇到的问题基本相似。很多时候，不是我们的智商不够，不是我们不明白事情的症结在哪，而是我们的沟通能力不足，同样一个问题，有些人几句话就解决，而有些人一句话就会让问题彻底失去解决的可能。这些能力的锻炼不是等到了社会上才想起来，而是在孩子的学生时期就应有意识地这样做。很多家长会说，应付这些会影响孩子的学习成绩。我可以非常负责任地告诉各位家长，我们不能把孩子的学习和孩子学习以外的能力的锻炼绝对地割裂开来，如果你认为高中毕业以前孩子就是拿成绩说话，一切都要等到上大学或进入社会也来得及，那实在是一种短视的行为，这就和智商的开发有关键期一样，沟通与交流能力也同样存在着“时效性”，而且这种能力的锻炼需要的时间更长。如果孩子在一个相当长的时间内不去接触这些问题，慢慢地在孩子性格中就失去了这种优势；如果当孩子进入社会后再去锻炼，要花去孩子更多的时间，甚至即使花去更多的时间也难以达到理想的效果。这种遗憾补救起来尤为困难，这会大大影响孩子的职业发展。

其实，锻炼孩子的交流能力，处理得当只能帮助孩子提高学习成绩，也能改善孩子的人际关系，从而改变孩子的心情。

前些日子，我看到一个电视节目，说的是一个品学兼优的大学生，处理不好和宿舍同学的关系，整天为此苦恼，甚至为此想到退学。他妈妈为此事非常不解，从小到大，孩子的成绩给她这个母亲很多骄傲，得到的全都是别人的羡慕和夸奖，怎么现在到了连大学都读不下去的境地呢？她无法接受。我听了这位妈妈的讲述，我明白了这一点都不吃惊，在孩子成长的过程中，家长只是为孩子的成绩沾沾自喜，而从没有鼓励孩子要学会和别人沟通，孩子不会处理和同学之间的基本关系。试想，这种连自己身边的几个人的关系都处理不好，将来怎么应付复杂的社会，这样的孩子成绩再好，会快乐吗？即使工作能力再强，会赢得别人的好感和尊重吗？

组织与策划

组织与策划是现代成功者必备的能力之一，也是一个优秀的领导者应有的才能。它不仅要求组织者要有一定的号召力，而且还要有敏锐的洞察力以及统筹全局的能力。

三国时期，魏国大将司马懿堪称足智多谋。有一次，诸葛亮攻打祁山，所向披靡。魏主曹睿非常慌张，他怕出任新城太守的原蜀军降将孟达，举兵谋反，和诸葛亮里应外合使魏国处于不利境地。于是，他委派司马懿处理此事。在这紧急关头，司马懿当机立断，组织策划了两步走的计划。一方面，派兵先一步赶往新城，“教孟达等准备征进，使其不疑”，并制造司马懿大军已“离宛城，望长安去了”的假情报。另一方面，带兵快速赶往新城。结果，孟达中了司马懿的计，以为司马懿真的去了长安，当司马懿率大军兵临新城，孟达才恍然大悟，但为时已晚。司马懿一举平息了叛乱，保护了魏国。

如果说在战火纷飞的战争年代，一个带兵打仗的将领的组织与策划能力决定着一个国家的生死存亡，那么，现代企业的领导者的组织与策划能力就是成就大业的先决条件了。所以，我们家长在培养孩子的时候，一定要看得远一点。因为孩子学习成绩好，只能说明他的学习情况，与他的将来的工作能力以及他的组织与策划能力完全是不相干的两个方面，即使是普通的从业人员，你同样需要策划自己的工作程序、时间进度等。当然培养孩子的这种能力，远不像提高孩子学习成绩那么简单，但我们还是能在孩子学习过程中，捕捉到一些培养方向。

让孩子多参与组织班里或学校的活动，例如，六一儿童节、元旦等节日活动，建议老师让孩子们自己编排节目、自己组织演出。

记得有一年元旦，儿子班里面组织文艺活动，儿子和另外三个孩子一起组织，一起出点子。他们先征求一些同学的想法，如何布置教室，并要求全体同学积极参与，每人都要参与表演，最起码要讲一段幽默故事。儿子和一个女生做主持人。儿子自己写了一段对口相声，和他的一位好朋友一起表演，儿子回来说，效果不错，笑得全班同学前仰后合。还有一个男孩儿，觉得自己实在没有可演的，灵机一动，学了几声狗叫，顿时，教室内掌声雷动。

整个活动持续了两个多小时，孩子们每个人在表演着自己的拿手绝活，同时也在欣赏着别人的才艺，没有了上课的紧张，孩子们露出了真实的笑脸。每个人积极参与的劲头儿，使整个教室自始至终都充满快乐，儿子和那位女生的主持，让整个活动张弛有序、浑然一体。虽然，在成人看来，有些幼稚，但每个参与组织、策划的同学都倾注了自己的心血，明白了组织好一个活动是非常不容易的。更重要的是他们有了一次锻炼自己组织与策划能力的机会。

儿子六年级的上学期，儿子和另外一个同学共同组织了老师的“生日宴会”。

儿子的班主任老师，是一位刚刚走出师大校园的女大学生，尽管和孩子们相处的时间不到两年，让孩子们感觉到，她在传授知识的同时，它更像一个大姐姐，和蔼可亲。运动会、军训等几次集体活动，她对孩子们的关心和照顾，让同学们对她更加尊重和喜欢。可老师的家不在北京，只身一人，在自己生日的时候，难免有些寂寞。几个孩子了解到老师的生日后，儿子建议："每个人出一点儿零花钱，买一个大蛋糕，咱们全班同学一起给老师过生日。"儿子的建议得到了同学们的积极响应。在老师生日的当天，当老师走进教室时，全体同学起立，"祝你生日快乐，祝你生日快乐……"优美的旋律慢慢响起，一个个熟悉的脸庞都露出稚嫩的微笑，同学们用纯真和真情表达对老师的爱。老师呢？用感激和幸福回敬她可爱的学生们。整个教室里充满了快乐与温馨。

我和儿子交流，主要不是他的学习情况，谈得更多的是他在学校的表现、和同学相处以及学校举办的一些活动。我在希望儿子能融洽地生活在同学中间的同时，更多的是鼓励他寻找锻炼自己组织能力的机会。我经常把一些西方的优秀的教育理念传授给他，让儿子明白，眼睛不能仅仅盯着分数，要有意识培养统筹全局的能力，学会组织、策划。所以当儿子告诉我是他组织了全体同学和老师一起庆祝老师生日时，我告诉他："儿子，你做了一件了不起的事，你真棒！"

在美国密歇根州距离底特律 100 英里的一个小市，名叫 Hillsdale，人口约 8200 人。2005 年发生了一件震惊中外的事，一名年仅 18 岁的高中生 Michael Sessions 击败了 51 岁的现任市长，当选市长，Michael Sessions 创造了美国历史上市长年龄最小的纪录。

Michael Sessions 从高二开始策划他的竞选程序。他认真研究本市的政治、经济目前存在的问题，他发现由于受全球化中型企业把低端工作"外包"到国外的影响，本市的经济十分萧条，有大量的人失业。Sessions 自己的父亲也因此丢了工作。他决定以这个问题为突破口，确定自己的竞选纲领。同时，他用自己暑期打工挣的 700 美元来资助自己的竞选，走家串户，使选民了解自己、支持自己。由于他的年龄，格外引人注意，他上了美国晚间笑星 David Letterman 主持的午夜喜剧节目，一夜之间，全国闻名。最后他以两票的优势赢得了竞选。

Michael Sessions通过自己打工，亲身感受社会的脉搏，了解社会，洞察社会存在的问题，提出自己的想法，策划自己的人生。Michael Sessions的成功，给了我们很多启示。尤其是我们家长过分注重孩子学习成绩的今天，更值得我们思考。

我们的小学高年级的学生，每天在学校花在学习上的时间至少七八个小时，初、高中生更多，回家后，家长还要“加码”，为了多考得一分、两分，孩子们需要做大量的重复练习，他们把自己能支配的时间几乎都用在了学习上，试想想，我们的孩子们除了学习，还能干什么？还会干什么？连吃饭都得加快速度，哪有精力去洞察社会。家长千万不要把培养孩子的目标定为考上清华、北大，认为这样孩子就成才了，家长成功了。而是要放眼孩子的未来。无论孩子学习多少年，终归要走向社会。只会学习的孩子，很难成为职场上的胜者。所以我们更应该注重培养孩子学习以外的能力，把领着孩子到处学习、到处考试的时间，节省一点儿下来，留给孩子，让他们自己支配。

我们相信家长都去过动物园，看到过关在笼子里的老虎。由于长期的“关押”，老虎已失去了威猛的野性，变得无精打采、懒洋洋的，好像你不踢它一脚它都不愿意理你；养过鸟的人可能都有这样的体会：如果鸟在笼子里封闭的时间太长了，即便是没有了笼子，它也没有飞的欲望了。我们的孩子们呢？如果把他们长期禁锢在课本上，整天疲于各种各样的考试，他们同样会失去孩子应有的灵性和快乐，失去敢作敢为、勇于拼搏的斗志，何谈让孩子们策划自己的人生？孩子越努力、家长越辛苦，离成功越远。这不能不说是一件可悲的事。

我不是提倡每一个人都去竞选市长，也不是一味地赞赏美国的教育。我们应当承认尽管美国的教育同样存在这样或那样的问题，从上个世纪80年代，他们已经深刻地认识到了过分地松散、放任自流会使很多孩子失去了学习的兴趣，丢掉了文化课基础，但他们教育的优势也是明显的，他们培养出来的孩子，参与社会的意识、敢想敢干的精神值得我们学习。尤其是有主见并能有目的的精心策划自己的人生道路的谋略，更值得我们中国孩子和家长思考与借鉴。

孩子高一时成为人大附中辩论队的一员，高二时成为了辩论赛的组织和策划者，在紧张的学习生活中，更加加重了他的负担，但是他还是顶住了压力，完成了任务。

……可生活总是在不经意之间给予我们惊喜——只要我们做好准备。这一次，生活让我再一次经历了蜕变：从一个参赛队员，变为一个组织者、策划者，一届辩论大赛的主席。

这件事的起因是我加入了我们学校的纵横社，并成为其核心领导。而这个社团恰好负责组织每年的辩论赛。而我，就这样实现了华丽的转身。这份工作并不像看上去那样简单，直到工作真正开始，我才发觉其实组织一场比赛，远比参加一场比赛要困难。为了赶时间，我不得不连续三个晚上熬到两点钟，只为了将比赛的计划书和申请表制作出来。不仅如此，一周之内我们得去找各个方面协调，找年级组长调整时间、德育处、团委的老师审批计划，我们不敢有片刻的拖延，因为接下来的一个星期我们还需要制作请柬，邀请高中的语文、政治老师，德育处、团委的老师，制作时间表、抽签法则，找评委，制作海报，制作通知，张贴通知，下发通知，开班长会，预订教室等等一系列事物。核心的几名组织者在这两个星期里都是精疲力竭。而因为我有过比赛经验，所以需要负责比其他人更多的事情。我一个人写出了所有需要的书面文件，并且反复和各个方面的老师商量之后最终确认了各个场次的时间，再和其他社员确定了每场比赛的人员配置。大多时候我们不得不放弃午饭的时间，反复讨论比赛的方案和细节。我们力争要让整场比赛不出一点差错。我甚至联系到了人民大学纵横社的成员，起初他们并不愿意提供任何实质性的帮助，连一名社员也不肯派来，但是我与他们反复商谈之后，他们的社长最终同意亲自带领副社长一同来培训我们的同学并担任比赛的裁判。

比赛如期进行，并且最终顺利的结束了。帷幕落下的瞬间，我长出了一口气。这不但是近一个月以来的付出有了回报。对于我来说，我完成了三次蜕变。从害羞的男孩成长为一个优秀的辩手，从一名优秀的辩手转变为辩论比赛的核心组织者，再从辩论比赛的核心组织者跃升为整个辩论大赛的主席，这期间我收获了无数经验，更重要的是我收获了一种勇敢和坚定的信念，让我能够直面困难，不断挑战自我，在生活中时时更新着自我，积极地前进。

高二，是儿子最紧张的一年，这一年，由于儿子是在人大附中的本部的实验班而非国际部，这就意味着儿子要和参加高考的同学一起完成正常的高中课程，除此之外，他还要完成申请美国大学的所有的诸如多门的英语考试、申请文章等一系列事情，还有学校的社团活动，即便如此，他又和几个同学一起在学校开设了一门《心理学》课程。由于这门课的开设涉及很多非常专业的心理学知识，对于中国的中学来说，更是缺乏专业的心理老师，所以建校60多年来还从未有人开设过这门课，几个孩子一起组织策划，开始了人大附中的一个前无古人的计划——开设《心理学》。

这件事听起来简单，实际上，对于一些高中生来说有相当的难度。

· 首先，必须具备专业的心理学知识。

· 必须具有相当的讲解能力。

· 必须通过校长的批准，获得给和自己一样的学生讲课的资格。

· 几个孩子必须有良好的分工协作相互配合。

因为，孩子从高一开始在网上自学了耶鲁大学的《心理学教程》，他前前后后花费了一年多的时间阅读了很多的心理学资料，这给了他一个很好的基础，也让他有机会能和几个同学一起策划这看似不现实的计划。有了这点基础，这离开设一门带有学分的选修课还有相当长的距离。他们要整理材料、书写教案，通过试讲，直到获得校长的批准。这一系列的事情都需要孩子们在一起分工协作和组织，一起策划，这之中涉及大量的细节工作，需要孩子们多次磋商和联系，面对一个一个的困难，他们一个一个地解决。多少次孩子自己对照镜子练习讲课，学习如何控制时间，如何让自己的课深入浅出，生动活泼，如何抓住每一个同学的注意力，让他们和自己一起花费40分钟而心甘情愿，并传递更多的同学来听这和他们自己一样的学生的“神聊”。征服校长后，申请教室、张贴广告让同学们报名，处处都让每个参与的同学不敢放松。

让几位同学开心和自豪的是：他们有80多个同学“粉丝”，选择和他们一起度过长达一个学期的时间。这次挑战的成功，是几个孩子共同的愿望让他们走到一起，站在人大附中的讲台上，体会了人生一次学生时代做老师的感觉；这是几个孩子共同组织与策划的结晶。这一次经历，让他们结下了非常深厚的友谊，因为他们同甘共苦过，因为他们在最艰难的时刻互相支持，来自同伴的一句鼓励，让他们拧在一起，手拉着手，共同享受这非凡的、有历史意义的行动。

演讲与辩论

一提起马丁·路德·金这个名字，人们自然会想起 *I have a dream*（《我有一个梦想》）这篇流传半个世纪的演讲。正是这位美国著名的民权运动领袖在华盛顿林肯纪念堂的演讲让全世界的人都记住了他的名字。整个演讲的最后是这样的：

When we let freedom ring，when we let it ring from every village and every hamlet，from every state and every city，we will be able to speed up that day when all of God' s children，black men and white men，Jews and Gentiles，Protestants and Catholics，will be able to join hands and sing in the words of the old Negro spiritual，"Free at last! free at last! thank God almighty，we are free at last!"

（当我们让自由之声响起来，让自由之声从每一个大小村庄、每一个州和每一个城市响起来时，我们将能够加速这一天的到来，那时，上帝的所有儿女，黑人和白人，犹太人和非犹太人，新教徒和天主教徒，都将手携手，合唱一首古老的黑人灵歌："终于自由啦！终于自由啦！感谢全能的上帝，我们终于自由啦！"）

从激扬澎湃的文字的中，我们能够体会到这位政治领袖的气度和风采。如今，马丁·路德·金的纪念雕像在华盛顿国家广场，享受着和几位美国总统并列的地位，深受美国人民的崇拜。

从乔治·华盛顿到托马斯·杰弗逊，从亚伯拉罕·林肯到伍德罗·威尔逊，从富兰克林·D·罗斯福到当今的总统奥巴马，每一位总统都是一个演讲家、辩论高手。2012 年美国总统大选的每一场的演讲和辩论，一直让我们记忆犹新。

第一场辩论奥巴马败给了罗姆尼，在更加激烈的第二场辩论中奥巴马总结上一场失败的教训，在 90 分钟内赢得了更多的掌声。到底谁能拯救美国，虽然不是九十分钟见分晓的，但是辩论绝对是正面短兵相接，这是一个检验总统候选人知识量、记忆力、反应力、分析力和综合应变能力绝好时机，这是一场没有硝烟的战争，是一场智慧的大比拼。让我们这些普通百姓看到一场高水平、公平的竞争，瞬间将全世界的目光聚集到这两个人身上，让全世界一睹这两位辩论高手的风采。

奥巴马赢得连任后，他在芝加哥的演讲更是感人肺腑。他说：

> ……我们这场竞选是十分激烈的，这正是因为我们深爱着这个国家，并且我们十分在意他的未来。……尽管我们有许多不同，我们中的大部分对美国的未来都有共同的希望，我们希望我们的孩子能够上最好的学校，接受最好的教育。……我们这个国家是世界上最富有的国家，但是这并不是我们每个人都富有，虽然我们的军队十分强大，但是我们的个人并不强大，我们的大学、我们的文化，虽然是全球最优秀的，但是却并不是说我们就是全球最优秀的。是因为我们是一个多民族的国家，多样性的国家，但是在这样多样性的国家当中我们有共同的愿景和共识，并且我们的子孙后代会给他们更多的公民和自由，我们的子女后代必将获得更多的尊严，更多的爱护和尊敬。而且相信子孙后代只有他们正直，他们爱国，辛勤劳动才会使我们的美国变得更为强大。……因为我们对未来是充满了希望，我们有雄心壮志，我们赢得的不仅仅是这一个选举，而且是一个未来，是美国的未来，我们会一起赢得这场战役。而且上帝会引导我们走向这条道路，并且我们相信，我们会成为世界上最伟大的国家！

我被奥巴马的演讲感动了。因为他确实是站在一个美国历史的高度，站在一个民族的命运的高度来向全体美国人民展示他的治国热情，让所有支持他的、不支持他的人民携起手来共同努力，相信他的能力不会让美国人民失望，相信未来更美好。

我相信奥巴马和罗姆尼的口才不会是一天“炼”成的，是在他们的中学、大学以及工作岗位上不断锻炼、学习，经过了无数次的失败，不断总结经验教训后才有今天的水准，才能感动天下。

我一直鼓励孩子参与学校社团活动，而人大附中丰富的校园活动给了许许多多孩子锻炼的机会，这一点，人大附中不输给美国的任何一所顶级中学，而且孩子们参与的水平之高超出我的想象，很多社团达到了专业水准，这与校长的“尊重个性，挖掘潜力”教育理念有着直接的关系。

初一时，我在孩子退队时写给儿子一封信，在信的最后我希望孩子锻炼一下自己的口才。我当时买了一本《青年演讲与口才课》送给他，这给了孩子很大的鼓励。在随后的竞选中，他顺利地进入了学生会，成为体育部的干事和学校纪检部部长。这样让孩子大受鼓舞，因为尽管他是班长，但对于相对有些内向的他来说，在学校内面对那么多同学大声宣讲还是一个不小的挑战。借助于自己体育方面的突出表现和多年班长的经验，让自己初尝胜利的果实。

一个偶然的机会，我到一个教育机构听一些优秀孩子的报告，其中有一个孩子讲起了他自己在高中时竞选学生会干部的一次表现，让我深受启发。从当时那个孩子的表现看，他是一个非常健谈的孩子。他讲述了他起初没有勇气参加竞选，而后在同学的怂恿下糊里糊涂地报了名。在等待上场的那段时间，他难过极了，一共 12 个同学参加竞选，他抽签抽到最后一个。从第一个同学讲完了，他根本不知道他讲的是什么，自己紧张的只能听到自己心脏怦怦跳的声音，他只是不停地数着自己前面还有几位同学，十一个、十个、九个、八个……当离自己上场越来越近时，自己的手开始控制不住地抖动，心想：别人都讲得那么好，我上去后忘词儿怎么办？我干脆不上了！那怎么行？我都报名了！如果我不上，主持人怎么解释呢？他正想着，他突然听到主持的同学叫到自己的名字，他噌地从凳子上站起来，腿还在不停地抖，但还是走上了讲台，抬眼一看，认出了很多熟悉的同学，这时脑子一片空白，事先准备的所有的竞选台词全都不在了，他在那站了半天，眼睛直愣愣地看着台下的人群，一句话也说不出来，他只好向台下的同学深深鞠了一躬，就离开了房间。这是他第一次演讲的经历，至今仍让他记忆犹新。

尽管这样狼狈，但这次失败给了他莫名的勇气，于是就有了第二次竞选，这一次他在参加竞选的 20 多名同学中，他获得的票数排名第二，这一次他成功了。就是这次的小小的成功，改变了他的命运，他后来得到了一所全美排名前 20 的大学录取，进入了美国名校。

这个孩子的报告，我听得非常仔细，在我的心中不停地拿他和我的孩子在比较。回家后，我把他的经历讲给孩子听。一方面我非常希望孩子在演讲方面有所突破，另一方面我想通过这个同学的经历告诉孩子，失败是成功之母的道理。

应该说人大附中是一个极其出色的学校，她的出色，不仅培养了数位高考的状元，更培养了一批又一批多元化人才，她开设了150多门选修课，数十个学生社团遍布校园的每一个角落，这样的环境给那些有勇气、有志向的孩子搭建了一个施展的舞台。也丰富了学校的校园文化。在这样一个大的环境中，在孩子有意识锻炼能力的思想指导下，孩子各方面的能力得到了一次次飞跃式的进步。

进入高一，孩子成功入选人大附中的两个著名的社团：纵横社和模联。这两个社团都必须拥有辩论、演讲的能力，并在这里将这两方面的能力得到充分的锻炼。由于孩子在初中的几次小试牛刀，加上他大量的阅读基础，开始不断地扩大战果，接连在学校开放的场合陆续进行了9次大型演讲，内容涉猎广泛。其中包括：《台海问题》、《亚洲政治》、《股票与经济》、《论中国领土与周边国家的纠纷》、《欧盟》等，这一系列报告引起了同学和老师的广泛关注和好评。

的确，孩子为了充分锻炼自己的能力，在演讲与口才方面花费了很多的时间。

为了准备学校社团元旦联欢会，他独立讲解《台海问题》。这个讲座在学校的一个礼堂进行，取得满意的效果，事先孩子断断续续花费10几个小时的时间，果然，演讲非常成功，可以说震惊四座，让在场的学生、老师都刮目相看。那天回家的路上，一直非常低调的孩子告诉我：如果爸爸今天在现场，听听我的演讲就太好了。我知道这样的话孩子亲口说给我，一定是现场的同学老师反应太强烈了。我告诉他："我相信你的努力会获得回报，以后这样的机会别忘了提前通知我一声，我好为你加油！"

制作《亚洲政治》，从泰国"红衫军"游行到韩国"天安号"事件，他讲起了他信的生平，讲起了韩朝多年的情仇恩怨……

"如果我问在座的同学和老师：你知道中国的国土面积是多少？你可能立马回答我960万平方公里。如果我问：你知道这960万平方公里中有多少陆地面积和周边国家有争议？又有多少海洋面积存在纠纷？你可能不一定立刻能说出答案……”这就是他《论中国领土与周边国家的纠纷》演讲的开场白。

在一系列的讲座之后，孩子赢得了一次难得的机会。

那是高一寒假后刚刚开学，全国中小学教育的研讨会在人大附中举行，由于人大附中在全国中小学校的地位，教委选择了这里，这对全体老师和同学是一个鼓舞，当然，会议也给学校老师和同学带来了压力，这些压力对经历无数次洗礼的人大附中的老师和学生来说不算什么，但对于接受任务的学生和老师必须认真准备。这里包括我的孩子。请看孩子的文章：

在全国中小学教育研讨会上展示人大附中学生风采

2010年1月全国中小学教育研讨会在北京人大附中举行，来自全国几百名中小学校长齐聚人大附中，他们除了对中国中学教育的发展大事进行研讨之外，另外一个重要议程是观摩人大附中学生的讲解能力，目睹人大附中学生的风采。为此校长非常重视，经过校领导班子严格、多次筛选，最后确定三个同学做公开演讲，我有幸成为这三个学生之一。

我演讲的题目是《影响股票价格的因素》，地点在学校综合楼四层。

那一天，我早早检查了一遍PPT，所讲的内容胸有成竹，我一遍又一遍的给自己打气，相信自己从前经历过了各种演讲、辩论场合的洗礼：从第一次的演讲失败，到后来一步一步成熟起来。当我坐在座位上时，看见旁边黑压压全是大名鼎鼎的校长，心里还是有些慌乱，尽管我对今天的气氛早有充分的心理准备，但这样的环境还是让我紧张得手心发汗。转瞬间，我握了握拳头，告诫自己：许多次，在这里聆听老师们的报告，今天这个舞台属于我自己，我要抓住这次机会，向在座的各位校长展示我们人大附中的学生的才华与风貌！我只有成功！

我是第一个出场，当我听到主持的老师叫到我的名字时，我紧张得下意识站起来，我一再平息自己的呼吸，穿过长长的人群，平时熟悉的面孔此刻似乎一个都不认识，我猛地抬起头，我的目光此时非常巧合和我的校长的目光相撞！我知道刘校长在关注着我，所有的人大附中的老师关注着我，在座的人大附中的同学也一定关注着我，来自全国的各位校长毫无疑问地在关注着我。我走到主席台前，谦逊地向台下鞠躬致意，然后轻轻点了一下鼠标，我的演讲开始了……

从欧洲三大股指为何直线下跌？到迪拜公司的危机与世界上其他国家和地区的经济有何相干？再到中国股市的现状……娓娓道来，挥洒自如……

在我的演讲结束时，校长们的掌声持续了足有一分钟，我知道：我没有辜负校长的希望，我成功了！

紧接着，一场更重要的选拔开始了——选拔新一届人大附中辩论队。所有高一高二的学生都可以报名，包括分校在内。非常有幸的是孩子在2000多人中，初赛、复赛、决赛连续三次获胜，连续三次获最佳辩手，成为最后三位入选成员之一。这件事孩子花费了非常多的时间也非常不容易，因为人大附中的牛人实在太多，就像国家乒乓球队，参加奥运会的名额非常有限，无论是哪一位出战，都具备夺冠的实力，所以队内的选拔就会变得异常的艰难，这一点在他的文章中可以体现。

蜕变

记得在若干年前，我一直是一个沉默寡言的男孩，并不是我性格孤僻，只是我羞于对他人开口，更不敢在公众场合中发表任何言论。一张通红的面孔，一个低垂的头，这就是我大多时候的模样。从小起，我常常看名家的辩论赛，只为了锻炼自己的勇气和口才。可那时的我从未曾想到过几年之后，我也会站在这个舞台上，滔滔不绝，神采飞扬。

成长好似飞奔的车轮，轧过满地泥泞，留下两道深深的印痕。一晃就是六年，仿佛昨日还是面带稚气的孩童，今日已成风华正茂的少年。我高一了。这六年，我渐渐变的勇敢了，父母、老师和同学的鼓励之下，那份胆怯已然逐渐变成了遥远的记忆。当我慷慨激昂地站在台前演讲，当我朗诵着唐诗宋词，我获得了掌声、自信，还有我自己的成长。但六年来，我只做过念白似的讲话，从未敢做过即兴演讲，更不要谈与人辩论，这些我还都不敢想。

可命运似乎总是这样弄人，高一刚开学没多久，我的演讲技巧得到了班里老师和同学的认可，就这样，我获得了参加年级辩论赛的资格。这是我第一次参加正规的辩论赛，怀着惴惴不安的心情，我在登记表上写下了我的名字。几天以来我坐卧不宁，寝食不安，我不知道自己是否会因为紧张而站在台上说不出一句话来。几度想放弃，又几度回心转意，痛苦和挣扎之后我还是决定参加比赛。每天中午有一个小时二十五分钟的休息时间，在初赛前的两个星期里，我每天花十分钟吃饭，其他时间都在准备比赛的材料，和队友讨论辩论思路、辩题方向、对手可能的说法和对策。直到比赛的前一天，我们总结材料的时候才发现资料、讨论思路和各种方案已经攒了满满五十多页。初赛那天，当对手还在吞吐表达的时候，我们用流利的语言和严谨的逻辑以绝对优势胜出。初赛、复赛、决赛，一路过关斩将，我没有失败过。我个人连续三次获最佳辩手，直到最后，我和队友组成校队，前去参加区里、市里的比赛，虽然更为艰险，但我们最终胜出。直到现在，我依然记得当时的我拍案而起，大喝道“没有反方与我方的竞争，如何分出输赢？没有人与人的竞争，没有人与自然的竞争，人类如何能够进步！”语罢，掌声四起，刹那间，我感觉到了自己的蜕变。（辩题是竞争/合作更能推动社会进步）

快乐的心态

快乐，就是一种感觉，一种心理状态。一个人快乐与否不是取决于你拥有的财富多少，也不是因为你赢得了某个大赛的金奖，而是在于你看问题的方式。

有一个孩子在一次数学考试中，得了98分，回家后妈妈对他说："你怎么又错了2分！"还有一个孩子，得了90分，他的妈妈对他说："你做对了90%，你已经非常棒了！"这两个妈妈说的都是实话，可是她们看问题的角度不一样。一个妈妈仅仅看到失败的一点点，而忽略了获取成功的绝大部分；另一个妈妈恰好相反。两个妈妈的心态有着天壤之别，她们的话给她们孩子的感受肯定有很大的差别。由于家长的心态不同，造成了本来很成功孩子却不如别人快乐；本来不如别人的孩子，反倒心情舒畅。

普遍的观点，中国人的"快乐度"比较低。人们总是喜欢拿自己和美国人比，说美国人普遍比我们快乐，有人立即会说："美国人有钱，他们快乐是情理之内的事，我要是有那么多钱，我肯定比他们还快乐！"

来到苏丹以后，我的感觉并不是这样。苏丹是全世界最穷的国家之一，无论你走到哪，只要一看见苏丹人，他们总是欢声笑语，大声地对你喊："China！ China！"有一次，在尼罗河岸边，我遇到了一群苏丹孩子，他们个个黑得像煤球，欢快地向我招手，并不停地在喊"撒地哥"（译音，苏丹语朋友的意思），当我把他们十几个孩子叫到身边，准备和他们一起照相时，我才发现他们竟然没有一个人穿着鞋，衣服破得实在是不成样子，而且脏得连原来是什么颜色都看不出来。更让我不舒服的是，在每个孩子的眼角、头上、脸上叮着很多苍蝇。可是，这一切丝毫不影响他们的快乐，而且那种发自内心快乐肯定让你感动。

有一位母亲，她有两个女儿，大女儿是修雨伞的，一到雨天生意非常的好；二女儿以卖布鞋为生，一到晴天就能赚到很多的钱。当晴天的时候，这位母亲总是在想：我的大女儿肯定赚不到钱了，于是心情十分沮丧；一到雨天，这位老妈妈又在想：我的二女儿生意一定冷清，于是她又泪流满面。邻居的一位老者看到这种情况，就和这位母亲说："你为什么下雨的时候，不去想你大女儿生意就会好了，而晴天时，二女儿赚的钱又多了呢？"于是，这位母亲的烦恼一下子就烟消云散。整天与快乐为伴儿。

可见，同样一件事，只不过是换了一种思维，换了一种心态，心情就完全不同了。

我们的家长为了自己的孩子呕心沥血，甚至付出了一切，我们究竟是为了什么呢？我们教育的宗旨、我们教育的终极目标是什么呢？我想这个答案是统一的，那就是让孩子快乐。提高孩子的智商也好，提高孩子的情商也罢，如果我们费了九牛二虎之力，我们的孩子其他都获得了，就是不快乐，这才是我们做家长的悲哀，也是我们教育的悲哀。

有的家长会说："你说得很轻松，现在的教育，你快乐得起来吗？孩子不喜欢奥数，升学就看这个，你怎么让我高兴？又怎么让孩子快乐？"

我反过来问一下家长："假如，在你的狂风暴雨的袭击下，你的孩子奥数成绩提高了，孩子从此没了快乐，你觉得哪一个失去的更多呢？"

几天前，我看到一份报导："在不久前举办的舒曼杯（亚太）国际青少年钢琴大赛中，13 岁的女孩 XX 一人囊括了四项冠军、两项亚军，这是这个著名国际赛事自创办以来，中国孩子取得的最好成绩。可是谈到女儿的成才经历，XX 的父亲却说：如果能重新选择，他不会再逼女儿学钢琴。为了逼孩子学琴，他 3 年打了女儿 400 个耳光。"

我相信许多家长看了这则消息时，心情肯定舒畅不起来。试想想，在这样一个急功近利的暴君父亲的教育下，孩子能快乐吗？与孩子健康（心理）相比，天大的成绩又有多大的意义？只能满足家长的虚荣，仅此而已。值得庆幸的是，这位父亲深刻地反省了自己的教育方法，反省了自己的心态。

家长在教育孩子的过程中，一定要放平心态。正像我在前面说过的，孩子天生是有差别的，发现孩子的长处比总是盯着孩子的短处，要重要得多。孩子奥数不好，但英语好；孩子作文不好，但能写一手漂亮的字；孩子个子矮，但很灵活；孩子皮肤黑，但非常健康……孩子总有他的优点，总能让你找到快乐的源泉。否则，你一想起姚明比你儿子个子高就生气，一看见章子怡比自己女儿漂亮心里就不平衡，那么你永远痛苦。更重要的是，让你快乐的心情感染孩子，让孩子学会快乐。别忘了，这才是我们为人父母教育孩子的最高目标。

有一个小男孩儿，天生患有小儿脊髓灰质炎，给他留下了后遗症，走起路来一瘸一拐，加上天生的龅牙，很少有孩子和他一起玩，没有一个朋友，他整天垂头丧气，无法快乐起来。他的爸爸看在心里，一直在寻找着机会，试图想改变孩子的心境，因为他知道给孩子一个快乐的童年比什么都重要。

一个早春的季节，爸爸从别人家买来一些树苗，高兴地对几个孩子说，你们每人栽一棵，栽到咱家的院子里，谁栽的树长得好，我送给他一个自己最喜欢一个礼物。

孩子们听了爸爸的话，纷纷行动起来，都非常兴奋地忙碌着挖土、浇水，一派兴高采烈的样子。不知怎的，这个小男孩儿心中涌起一种悲凉，希望自己载的树快点死去。可没想到的是，他栽的树不但没有死反而长出了很多嫩芽，没过多日显出旺盛的生命力，由于自己栽的小树明显的长势，小男孩得到了一份自己最喜欢的礼物。自己非常的开心。并且得到了爸爸的大力表扬，爸爸摸着小男孩儿得头，告诉他：你将来一定能成为一个植物学家。

孩子的心情有了非常大的改变，内心的阴霾很快消散了，每天主动的和同学交往，尤其当他和小伙伴儿们聊起他自己栽的那棵树时，那种自豪感油然而生，那种发自内心的快乐，让他在同学中获得了自信。

眼看着小树一天天长大，他想起生物老师讲过的知识：植物多数是在夜间生长，他想看个究竟。一天晚上，他偷偷爬起来，想趴在窗前仔细看看自己栽的小树生长的情形。借着夜晚的月光，他看见有个人影正向自己的小树浇水，他吃惊地差点叫出声。仔细地辨认，这个浇水的人不是别人正是自己的爸爸。他再也控制不住自己的情绪，眼泪哗哗流了下来……

过了多年，这个小男孩儿长大了，他没有成为植物学家，而成了美国总统——他就是罗斯福。

应该说罗斯福是伟大的，他成为了一位全世界瞩目的大总统。他的爸爸更伟大，在一个自卑孩子内心种植了快乐，让父爱成为孩子内心最强大的力量，并教会孩子感受这种快乐，让孩子走向成功。

在儿子疲于中国高考和美国高考的日子里，我同样受着煎熬，那段时间，我能做的一方面和顾问沟通，把失误降到最低，另一个重要的事就是在每个周末孩子回家的那一天多的时间给孩子做他喜欢吃的美食。

我的目的有两个：一方面孩子最累的时间也一定是最需要营养的阶段，只有充足的营养，才能保证孩子有足够的体力和精力，这是一个大前提，没有了健康，一切都无从谈起；另一方面，给孩子制造快乐，让孩子开心，减轻孩子的心理压力。

从儿子出生，我练就了一手高超的厨艺，因为儿子平时住校，只能利用周末的时间尽最大努力展示。每顿饭精心准备，尽心料理，看着儿子吃得开心，这是我最大的满足。由于学校毕竟是大锅饭，长期吃很难感兴趣，我经常把饭开车送到学校，计算好儿子下课的时间，把儿子约出来，在车里吃。也经常带上保温桶到儿子在新东方上课的地点，当儿子下课时，让他美滋滋的吃上爸爸亲手包的大馅饺子。每当这时，儿子总是自豪的和我说："这么多学生也只有我才能享受自己爸爸亲手包的饺子，这味道太美了！我还能说什么呢！"

在孩子艰难的时刻，我们做家长的要做的就是想办法制造快乐，把这种快乐溶化在孩子的奋斗的岁月中，让孩子在自己未来的生活中有一个快乐的心态，这样，在远离父母的日子，孩子无论面对什么样的挫折，都会在心中有一种正面的东西在支持他，鼓励他，克服眼前的不幸，让快乐始终成为孩子生命的主基调，让快乐伴随孩子一生。

前几天，我看到麻省理工的一位中国籍女博士自杀的消息，好长时间我没有相信这一条消息会是真的。每次听到或看到这样的消息都让我非常的难过，一个孩子能够完成 MIT 的博士学位，除了她过人的才能和勤奋外，她一定付出了数年的努力，她的父母也同样为她获得如此出色的成绩而付出很多。但在她优秀的光环下，还是缺少快乐的支撑。

在北大、清华聚集了来自全国的精英，在 MIT 这样世界顶尖的学府中一定是聚集了来自全球的智者，所以原来的优越感一下子就会远离你，让你自己乱了阵脚，当初接到录取通知书时的快乐瞬间被抛得无影无踪，在她的博客里我们清晰地看到她的内心的痛苦和失落："我的优点就是比别人能说一口流利的汉语，很多人总是在不动声色中，把一件事做得非常漂亮……"

当然，她选择这种极端的行为，可能原因很复杂，但是无论有一万个理由，她心中一定失去了快乐，找不到继续生存的美好状态了，最初被周围人崇拜的才女一下子找不到自我价值了。

所以无论我们的孩子的学习成绩如何，无论他取得了多么伟大的成绩，家长一定始终让孩子保持一种快乐的心态，用我们的爱融化孩子心中所有的纠结和烦恼，并让这种快乐始终伴随孩子的成长的各个阶段，并常驻孩子的心间，因为这比什么都重要。

读书与情商

熟悉我孩子的同学和老师都知道，他的最突出的优点之一就是情商非常高，这几乎是所有人的共识。我想这除了与我有意识地对孩子情商进行长期的培养外，还与孩子的一个习惯有着密切的联系，那就是读书。

在前面说过，儿子在小学期间经历了纵向读书、横向读书外，在自己读书的过程中学会了详细阅读和快速阅读的方法，这给他后来大量读书奠定了良好的基础。随着孩子年龄的增长，儿子独立意识的增强，阅读水平的飞速提高，在小学毕业的暑假就开始自己到书店或网上选书，我逐渐退出为孩子选书的任务，孩子逐渐进入横向读书和纵向读书交叉阅读。我没有具体地统计过儿子读的书的数量，但我可以非常肯定地告诉各位家长，儿子读书的范围和数量绝对超出一般家长的想象，是一个非常庞大的数字。

儿子初中的早期开始读余秋雨的作品:《山居笔记》、《霜冷长河》、《文化苦旅》、《行者无疆》、《借我一生》。比较深刻的了解这位非常知名的文化学者的很多作品，学习了余秋雨先生的深厚的文化功底和渊博的史学知识，以及他的抒情、优美的文字魅力。这直接体现在儿子初一的作文水平上，同时家长也可以看出孩子的写作行字之中有非常重的鲁迅的杂文的影子。

面对成长

成长不可避免，谁也无法逃脱它，无论你贫富贵贱，无论你愿意与否，它总会在不知不觉中改变着你，让你完成一个又一个的过渡，步入一个又一个群体。

多数时候，成长是缓慢的，像润物的春雨，细小而无声。当你恍然发现自己的声音变粗了，头脑更为冷静了，成长便早已在你的心中生根、发芽了。

但也有时，成长在一夜之间便完成了。我曾读过一篇文章，写的是真事。说的是一个男孩儿在父亲突然因事故而死后瞬间长大，支撑起在风雨中摇摆的家。初读后，有些感动，重读完，心中更酸酸的不是滋味，我想问：“为什么成长时竟是那样的苦涩？”

自然，在我们中间不会出现这样的事情，但似乎成长并不近乎完美，在成长中总会有星星点点的缺憾。

刚上学时，是极其渴望成长的，在那些无知的日子里，我们眼中的长大永远是最美好的事，自以为最充分的理由只不过是为了神气与管教别人而已。

随着时间的推移，渐渐地，喜欢上了过去的时光，我发现随着时间的推进，天真、活泼、纯洁正在悄悄离我远去，我觉得自己越来越不像自己，像一个陌生的影子。但我明白这毕竟是自己，再陌生，也要去接受，于是我慢慢地接受了自己。只不过，我仍舍不得它们离去，成长得越多，这份感情就愈加强烈。

我开始怀念，怀念那幼稚的童真，那可笑的无忌童言。怀念那些没有压力、充满欢笑的校园生活。我再次发问：“为什么成长要与纯真相斥呢？为什么成长注定了将那些欢乐赶走呢？”

没有人能回答我。是的，没有。去问上帝，他恐怕也只能说：“这是一种必然，没有原因。”

也就在那时，我开始讨厌起成长。这可以算一种逃避，但我真的不愿去面对，不愿在成长的路上踏入所谓的“成熟”。但它毕竟是逃不开的，我说过，没人能逃开，当然我也不例外。就这样，我陷入了矛盾的心境，或去面对成长，或去继续勉强地去逃避。终于，我选择了前者，我知道或许它违背了我的心意，但我已经不能再过多地反抗了，否则只会让情况变得越来越糟。该去面对的总有一天需要去面对，再拖延下去又有何意义？

这才是真正的无奈。当眼前的路终于只剩下一条时，便注定了要走它，因为它通向未来，通向社会。即使有再多的伤痛、再多的失落，忍下来就是了，毕竟还有那些快乐与幸福在我们心头帮助我们承担。

每个人都走这条路，经历这些风雨，只不过有些慢些，有些快些而已。

唉，成长，成长……或许我永生都无法参透，因为我懂得成长没有尽头，直到撞到生命的终点线的那一刻，才能够说停止了成长。但那太远了，我不愿去想，专心地走脚下的路便是了……

夏

不知不觉的，春匆匆地去了，连接了冬夏之后，悄然而逝。

于是夏便就此来了。

十分喜欢这个季节，但爱的不是它的匆忙，而是那些温暖而恬静的感伤。人们匆匆地穿行，如逝去的春一样，浮躁而嘹亮，他们看到的是滚滚而来的麦浪。他们会随着麦浪奔跑，从夏中读出韵律，还有燃烧的激情。但我，却不然。

我更愿意躺在芳草如茵的山坡上，品着那份静谧，遥望宝石般的蓝天。有时在嘴里咀嚼一片草叶，但更多地时候，是什么也不去做，只是静静地望着，任思绪驰骋。

天上清净而纯洁，没有一缕云丝，像毫无瑕疵、晶莹剔透的宝石一样。麻雀、知了的叫声早已不再急促，只是随和地承载着静，轻轻地飘过树林，飘过草丘，飘过蓝宝石的边际，飘向无限的远方……

起风了，夏风踩着轻快的节拍静静地吹过，让树叶也沙沙作响，不失优雅地摆动着，平和的绿闪着亮光。风缓缓让小草也随我一同躺在地上，仰望蓝天，带着点点快乐的惆怅。风中飘着些许的气息，有些来自泥土，有些源于那遍地的野花，但总归是自然的气息，平静地弥漫开来，那不是雾气一样的浓重，而是龙井茶一般淡淡的清香。

拂过面庞的风软软的，虽有些许的速度，却只是在悠闲地慢跑，让人觉得舒适。没有悸动，没有催促，只有那温馨的闲适，在风中静静地流淌。渐渐地柳絮多了起来，像雪片一样，在空中划着优美的弧线，留下一道道洁白的印迹，然后轻轻落下。但对于雪，我更喜欢这柳絮，因为雪很冰冷，而柳絮则带着夏的温暖，将它拾起放在手心，它也不会像雪一样融化，让人留不住地离去。柳絮纷纷扬扬地漂浮、落下。落在树上，在草尖，在我的身上。太阳同往日一样地照射着我们，送来温暖，送来祝福与关怀。我从来不觉得它的光芒毒辣，因为这贯穿夏日的阳光，才是万物生长真正的希望。我感觉到被阳光晒得酥酥的，暖暖的。我爱这夏日的风，夏日的柳絮，夏日的阳光，在我心中，它们点缀着整个恬静的夏，使我更加爱它。

季羡林的散文《赋得永久的悔》、《朗润集》、《季羡林散文集》等。读过季老的散文的人都知道，他的文字不是写出来的，是流出来的，如行云，舒卷自如；如流水，慢慢流淌。看起来质朴无华，仔细品味韵味无穷，达到了“天然去雕饰，文章本天成”的境地。

梁实秋，这位在中国现代文学史上特殊地位的人物，他的作品《雅舍谈吃》、《雅舍杂文》《雅舍忆旧》等系列作品，文字清新，自然，这些都构成了孩子早期喜欢的主要作品。

接着孩子阅读了：米兰昆德拉的作品：《身份》、《无知》、《玩笑》、《不朽》、《不能承受的生命之轻》、《笑忘录》。

希区柯克的作品：《经典悬念电影小说 1》、《经典悬念电影小说 2》、《经典悬念电影小说 3》。

东野圭吾的作品：《变身》、《分身》、《毒笑小说》。

亨利·大卫·梭罗的作品：《瓦尔登湖》。

希区柯克是举世公认的悬念大师，一生执导了大量的电影和电视剧系列片，大多数以人的紧张、焦虑、恐惧等为影片的主题，通过绝妙的悬念设置，使故事惊险曲折，引人入胜。

《生命不设限》讲述了澳大利亚的半截人力克胡哲，从一无所有到无所不有的人生故事。他是一个天生无四肢的人，他能游泳，打高尔夫球，会滑板，他创立了“没有四肢的人生”非营利组织，他到 25 个国家举办了 1500 多场演讲，他获得很多国家的领袖接见，至今已有 6 亿人听了他的励志人生经历，21 岁大学毕业后，拥有自己的公司，他没有手脚却活出了不设限的人生。

鲁迅，这位中国当代著名的文坛巨匠，他大量的作品带着明显的时代的烙印。孩子通过系统阅读他的作品，深刻了解了那个时代中国底层劳动人民的疾苦，也多次模仿鲁迅的写作风格和对文字的处理，应该说鲁迅的作品对孩子的写作能力的提高有着非常重要的影响。孩子主要阅读了：《伤逝》、《阿金》、《在酒楼上》、《孔乙己》、《故乡》、《阿 Q 正传》、《示众》、《社戏》、《风筝》、《祝福》、《离婚》、《端午节》、《秋夜》、《雪》、《影的告别》、《希望》、《死后》、《过客》、《看变戏法》等等。

老舍，这位京味作家，以其朴实的文风，讲述了老北京底层市民的生活状态，生动、细腻、感人。这位伟大的人民作家悲惨的离世方式也给后人沉痛的打击，阅读老舍先生的作品，孩子认为就是对这位伟大作家的最好的怀念和敬仰。《茶馆》、《龙须沟》、《四世同堂》、《骆驼祥子》、《正红旗下》、《我这一辈子》、《月牙儿》、《老字号》、《想北平》、《北京的春节》、《大明湖之春》、《我的母亲》、《小病》、《养花》、《母鸡》等等。

除此之外，孩子还阅读了以下作品:《桥·奥巴马传记》、《活着就为改变世界—乔布斯传记》、《生命不设限》、《时间简史》、《野火集》、《来一点信仰》、《悲惨世界》、《往事并不如烟》、《欧·亨利短篇小说选集》、《马克·吐温短篇小说选集》、《中国当代名诗人选集 - 顾城》、《生命之约 - 重读尼采》、《红与黑》、《暮色之城》、《家》、《遇见一篇好散文》、《心的菩提》、《情的菩提》、《简·爱》、《红楼梦》、《夏洛的网》、《哈姆雷特》、《裴多》、《贝多芬传》、《米开朗基罗传》、《托尔斯泰传》、《美的历程》、《雪国》、《人生论》、《余光中作品精选》、《与永恒拔河》、《火浴》、《每次想起》、《中国人的精神》、《拿破仑传》、《李清照集》、《朝花夕拾》、《巴黎圣母院》、《傲慢与偏见》、《忏悔录》、《青少年演讲口才课》、《水浒传》、《爱与孤独》、《牛顿与自然科学的数学原理》、《童年》、《在人间》、《我的大学》、《挑战自我》、《百年孤独》、《不朽》、《天崩地裂》、《时间箭》、《我们仨》、《亮剑》、*THE SPIRIT OF THE CHINESE PEOPLE*、*Three Cups of Tea*、*twilight*、*BRIAN GREENE*、*IMPOSSIBILITY*、*SHERLOCK HOLMES*、*The Godfather*、*Principles* of *Mathematics*、*BAND of BROTHERS*、《卡耐基人际沟通术》、《老舍散文》、《我的特种部队》、《中国现当代文学名著十五讲》、《克里姆林宫的枢机主教》、《中国哲学简史》、《抗战狙击手》、《人性的优点》、《人性的弱点》、《美国三角洲特种部队》、《彩虹六号，上、下》、《1984》、《1Q84，1、2、3》、《做人的佛法》、《泰戈尔诗集》、《人生几度秋凉》、《选择放下，就能活在当下》、《数字城堡》、《正说鲁迅》、《苏东坡传》、《态度决定一切》、《即兴幽默技法大全》等等。

我在这只能简单列举他阅读大量书籍的一小部分，诸位家长可以看出孩子读书的范围涉猎的极其广泛，收获自然非常巨大，有的是正常上课的间歇看的，有的是利用假期读的，即使在高二几乎疯狂的时期，他还没有忘记通过阅读充实自己。而且孩子写了大量的读书笔记。请看高一假期的读书笔记：

序

假期很长，因为约有一个半月，但假期却也很短，因为仿佛眨眼之间这些时光就溜走了。细数整个假期，除了写各种作业之外，花费时间最多的也就是读书了。收获也当真不小，一共读了六本书。虽然假期开始时十本的目标是注定达不到了，但读书的所得所感却远远超出我的预料，小到心灵的触动，大到价值观的转变，我着实有许多感想。所以以下我将记录一些我最真实的感受，以使得这些所感能够更深刻的融入我的心里而不至于被淡忘。所以这次所写作的内容，虽是书和感皆有，但是总归是感多些，书少些，故此若是想看内容总结的人，我劝还是不要来看了罢。

另外，若是见解拙劣，或主观意识过强，请千万莫见怪。因为人与人之间的观点不同本就是正常的。而我所写下的这些文字仅仅代表我的看法罢了。

上篇：文学之旅

载着一腔对文学的渴望，在和煦的夏风中起航。

NO.1《围城》——钱钟书

关键词：关于书：真诚，无奈，虚荣；

关于我：不屑，困惑，浅薄

不得不说，这是令我最困惑的一本书。

读书之前我是久仰名号，有太多的人对我提起过这本书。这使得我十分想拜读这本书，看看众人口中精妙绝伦的《围城》究竟是什么样子。假期终于有了时间，所以我将它作为我看的第一本书。

不知什么缘故，我并没感觉它和它的传说中的一样好。初读《围城》，感觉语言十分风趣幽默，也颇有几分文采，但这语言既不是老舍的朴实无华，又不是鲁迅的锋芒犀利。读老舍的文章，总有一种“真”的感觉，亲切而动人，读鲁迅的文章，则顿生悲愤之感，摄人心魂。但《围城》大体上平铺直叙，并无十分精彩动人的地方。它对于人物的塑造倒真的相当生动，一个个人物的话语迥然不同，而他们的性格也因此被展现地淋漓尽致。可平心而论，我并没看出这本书要远远高于其他普通小说的地方。甚至常常听到的那句“城外城里”的话，也只是提及过，在整本书里体现的并不明显。

所以我困惑了，因为不乏文学修养深厚的人告诉我说这本书值得一读，但我却丝毫没有看出这一点。所以我只得怀着疑问的心重读了一遍。

但这遍读的感觉和第一遍大不相同。越读越敬畏，我似乎在一个个的笑话背后看到了深深的嘲弄。中国人想出国留学，留学生回国风光无限，但实际上却缺乏真才实学。我仿若看到上个世纪四十年代，大众的虚伪和虚荣。鸿渐出国走了一遭，什么都听了，却也什么都没学到。花钱买了个文凭回来蒙骗父亲和同乡，看似平铺直叙的故事背后，有多少内心的矛盾和冲突，还有被虚荣心所蒙蔽的双眼，被幻想所覆盖的大脑，紧接着，还有幻想和现实的巨大差距，真实生活的艰辛，人际关系之间的复杂：互相逢迎和互相利用……

我不得不说，重读《围城》的时候，我看到了这本书所揭示的人们内心十分复杂的情感。赵辛楣、方鸿渐等有理想的人的深深无奈，李梅亭、陆子潇的虚伪和自私，孙柔嘉的痛苦，还有男女留学生在开放和保守的边缘左右徘徊。这些矛盾和冲突真正将时代背景下的混乱展示的无比真切，蒙昧的国人对于浮华的名声的追求，所谓学者对于虚荣的看重，小人相互倚仗得势的情景，无一不是真真切切，触目惊心。甚至到今天，书中所讲的种种弊病仍在延续：求外在美而不求内在之美，盲目出国留学，重视成绩而不是知识，人与人之间缺乏真诚……

感慨太多，一言难尽，简而言之，最大的感触就是：如果一个人的内心被虚荣所引导，那么他将在矛盾中迷失自我。

还有一点想法，永远不要凭第一印象去评价任何事物，因为如果我看不到某样事物的美好，很可能不因为它真的不好，而只是由于我的浅薄。

NO.2《偷书贼》——[澳]马克斯 · 苏萨克

关键词：战争，女孩，顽强的灵魂

这本书，是假期中最令我震撼的书。

“炸弹来了。”

“几分钟内，街道就变成了一堆堆废墟，只剩下残垣断壁；血水像小溪一样流淌，直至干涸；尸体横七竖八地躺在地上，就像洪水中漂浮的木头。”

“这是命运的安排吗？”

“是不幸吗？”

……

有力而简短的话语，凄惨而悲凉的场面，令人痛苦的想法刹那间涌上心头，那一瞬，我就深深地被这本书所震慑了。以往也看过一些描写战争残酷的画面，但都不曾这样冰冷地真切。

一个女孩，一个德国女孩，一个一再被抛弃却幸存下来的德国女孩，在战火纷飞的世界中挣扎。而这本书，就是讲的她将书与文字作为生命的一部分，坚持活了下去的故事。

以死神为口吻，作者讲述了一个又一个平凡却又感人的故事，从女孩识字，到为了读书而窃书，再到后来在防空洞里给邻里众人读书，我所能感受到的，是文字与心灵的力量。这种发自内心的感怀，是只可感知而不能用言语去传达的。

战争总是与死亡相伴的，成千上万的生灵涂炭，每每想到这些，就足以使我落泪了。

“她转过身，注视着这条曾经是汉密尔街，如今却像是被摧毁的河道一样的街道。”

“鲁迪，求你了，快醒醒，该死的，快醒醒，我爱你，快点醒吧，鲁迪，快行吧，你不知道我爱你吗，快醒醒，醒醒，醒醒啊……”

“妈妈和爸爸的尸体，凌乱地散落在汉密尔街的碎石堆上。”

女孩失去的是自己至亲的人，是自己所爱并深爱着自己的人，这种痛苦是我难以想象的，而她凭着过人的意志力和坚韧的性格，还有文字的陪伴硬是活了下来。在感叹战争的种种恶果之后，我为这样一个顽强的灵魂而感到震撼。作个不过分的比喻，在这个时刻，一颗小小的心却折射出了整个人类的光辉。

抱歉我说不出更多了，只是每次看到这里，都仿佛如鲠在喉。心灵上的感怀，本就是无法言说的，我相信我对这几段文字的记忆是不会褪色的，因为那些文字，都被深深地烙在了我的心里。

但愿我们不要忘记在战争中失去了亲人的人们，是他们的牺牲换来了我们的幸福。但愿这样的书籍能够唤起所有人的同情，减少那些无谓的战争。

NO.3《忏悔录》——[法]卢梭

这本书，是假期中最令我羞愧的书。

关键词：坦诚，人格，面具

“我现在要做一项既无先例、将来也不会有人效仿的艰巨工作。我要把一个人的真实面目赤裸裸地揭露在世人面前。这个人就是我。”

要将自己的一切完全真实地展现给整个世界，是极其困难的，因为即使是再智慧或再理智的人，也会有一时冲动的时候，也会在不经意间作出令自己后悔的事。这些事往往是羞于见人的，是被我们隐藏在心底的，要亲自将这些事情公之于众，需要莫大的勇气。一般人没有这种勇气，所以只将这些事都埋在心底，但卢梭却将他的经历尽数讲出，无论制的做法明智与否，甚至一些他深感羞愧的事，他也没有丝毫的隐瞒。我不得不说，单是这一点就已经很令我敬佩而羞愧了。

透过这本书，我看到了一个伟大的人，这不仅仅是出于他所提出的资产阶级人道主义思想，更出于对他人格的尊敬。他为平民争权，为中下阶级人民争取利益的确令人称赞，他所提出的“社会契约”使人不禁拍手称快，但这些都只能引起我对他事业的敬佩。而真正使我敬佩他的人格的，是他的坦诚。我看到他坦言自己说过谎，有过偷窃，甚至在自己被需要时背叛过朋友，但这些并没有使他在人格上变得矮小。反而使他更为高大。因为他敢于承认自己当初的所作所为，并向世人展示出来，这就足以显示他内心深深的不安和后悔了。当一个人变得如此虔诚的时候，有谁还能去责备他呢？所以说，恰恰是他的这些过错，使得书里的他变得如此的真实，令人不得不对他的人格产生一种发自内心的尊敬。

书的内容就谈到这里，下面我想纯粹地谈谈我的感受。

出生的时候，我们不曾掩饰过任何感情，喜怒哀乐都是那样的自然。但随着我们逐渐长大，我们会开始给自己的内心加上一层保护，不让别人轻易踏入其中。这并没什么错，但有一些人将真实的自己隐藏的太深了，外人见不到，连自己也不记得原来的自己是什么样了。我承认，一些情况下，我们是应该克制自己的感情以免伤害到他人，但很多时候我觉得许多人都活在一个面具下，在不停地欺骗下过活，太累了。对感情的欺骗，还有虚伪，还有浮华，最令我看不惯的还有那些令人作呕的逢迎。我承认我也不能完全抛弃这些，因为在内心底，我还是会有虚荣心，会有戒心，可我觉得如果人人都能坦诚一些，人与人之间的交流会简单很多，人与人之间的隔阂也会减少很多。

我始终难以理解一些事情，比如一些话虽然是正确的，可是不能说，比如一些事虽然是对的，但是不能做。我知道这样下去总有一天会碰壁，而且也有不少人用同样的话劝说过我，但我只是不想改变罢了。我做不出虚伪，因为那样太累了。

下篇：哲学之思

人们常说月亮最为晶莹纯净。我想，在思考的时候，我们的内心也当像明月一般，毫无杂念。

NO.4《相约星期二》——[美] 米奇 · 阿尔博姆

关键词：爱，被爱，死亡，无悔

这本书，是假期中最令我感动的书。

其实这算不上是一本讲哲学的书，或许把它归于上面更好，但正是由于这本书引发了我的许多思考，所以我还是坚持把这本书放在这里，作为连接文学和哲学的桥梁。

莫里，一位社会心理学的大学教授，因为患上了不治之症开始重新思考人生，在他最后的日子里，他开始为曾经的学生米奇上一门独特的课程。一位教授，一个学生，每周二上一次，这课程一共上了十四次，一直持续到老人生命的终点。

老人的课程讲了许多许多，从世界到家庭，从做人到处事，这些东令我感受到一位老人即使将要离开，仍然对生活充满了热情，这种热情深深打动了我。

但最感动我的，不是这些，而是这样一句话：

“爱是唯一理性的行为。”

这句话是一名叫莱文的智者说的，而莫里在此处重申，告诉我们要学会如何施爱于人，并去接受爱。后面这些内容很好理解，但是这句话本身并不那么容易理解。我想了很久，一直在琢磨着这句话。

在我看来，莫里在这些课程中始终贯穿着一个不变的主题——爱。对朋友的爱，对亲人的爱，对陌生人的爱，甚至到了对生活的爱，对世界的爱。我看到的是一位虽已站在死亡边缘，却仍不曾忘记用自己的博爱去感化他人的人。这也是为什么我对这句话如此有感怀。但书中始终没有给出这句话的解释，我想了数日，找出了一种我的理解方式：人类，作为一种具有社会属性的高等动物，生来就有相互沟通的渴望。而随着我们的成长，我们所经历的事情越多，对他人的戒心也就越重，心和心之间就有了隔膜。如果我们认为消除隔膜式理性的，而只有“爱”能够真正消除这种隔膜，那么这句话就说得通了。

这些思索使我同作者有了更加深刻地共鸣。我懂得了应当相信爱，相信他人，以坦诚之心对待他人。

围绕这个主题展开，莫里还谈了许多许多，譬如死亡可以结束人的生命，但是结束不了人与人之间的感情联系。正因为如此，我们不应当对死亡有任何畏惧的心理，更不应该担心在死后被人所遗忘，因为在这个世界上，有许多的人爱着我们，牵挂着我们。虽然莫里没有直接说出这些，但我看出他在告诉我们要懂得感恩，感谢爱我们的人，并尽力去爱他们。

有人说，离死亡越近，对世界就看的越透彻。我现在还看不到这么多东西，因为我既没有如此丰富的经历，又没有这样渊博的知识。但通过莫里给米奇上的课，我再一次加深了自己的一些事物的认识，比如时间，比如爱。

这一系列见解无时无刻不在碰触着我的内心，使我不断思索自己的所作所为。直到书的末尾，莫里老人将要走向生命的终点的时候，老人显得十分平静。生无所悔，死无所恨。我不得不由衷地佩服老人，如果人在临走时回顾一生，能够做到如此平静，那着实是一种幸福。

简而言之，莫里老人关于“爱与被爱”的言论深深打动了我……

NO.5《苏菲的世界》——[挪威]乔斯坦·贾德

关键词：苏格拉底、理性、笛卡尔、二元论

这本书，是假期中给予我知识最多的书。

用最简练的话来形容的话，这本书就是西方哲学史的一个缩影，从苏格拉底到柏拉图，从笛卡尔到洛克，作者用轻松的童话手法写出了历史上哲学的发展过程。

可以说，假期里读的所有其他书的知识量加起来尚且不如这一本书的多。数不清的哲学家，数不清的哲学理论，还有那些深邃的思考，这些都在吸引着我去深入地阅读这本书。

关于这本书，可以说的有太多了，但就像一个悖论一样，有太多的东西可以说，到最后往往就是什么也说不出来了。故此我仅仅从书中取出两点对我影响最大的地方来说。

第一点是关于苏格拉底的。

以前听到过许多关于他的伟大或是他的谦逊，但都是些零散的片段，而这次我终于有机会好好地了解一下这位哲学巨匠了。书中讲道，苏格拉底的本人是十分神秘的，因为他“从未留下任何文字，但却是对欧洲思想影响最为重大的人物之一”。我了解到他用谈话来对人进行启发，用问题来使人开始思考。不得不说，我为这种“谈话的艺术”而折服。“我只知道一件事，就是我一无所知。”他倡导用理想去思考，倡导人们仔细搜索自己的内心，运用内心的智慧来寻求问题的答案。正是由于这本书，也正是由于苏格拉底的思想，我逐渐开始懂得思考。以前我曾想过，人究竟和活在这世界上的其他生物有什么区别？现在我觉得，最大的区别就在于，人懂得思考。而如果我不想活的平庸、活的碌碌，就应该积极地去思考。这是这位伟人以及这本书对我最大的改变。随着时间的推移，人的好奇心总会逐渐减少，许多事物见多了，我就习以为常了。而这本书让我开始重新思考一些问题，比如我的存在意味着什么，我的思想究竟是如何产生的。

第二点，是关于笛卡尔的。

笛卡尔被称作现代哲学之父，而在此之前我竟对此人一无所知。在笛卡尔所建立的无数理论体系当中，影响我最深的事他的二元论。我大概可以仅仅就二元论这个话题写一篇论文了，不过我并不想占太多篇幅，因为这毕竟只是读后感而已。简单来说，二元论就是指人是由两部分组成的，一部分是身体，另一部分是灵魂。身体是物质的，是只能执行命令而不懂得思考的，灵魂是非物质的而且是和理性紧密相连的。二元论的最初理论是柏拉图所提出的，而将其完善的人就是笛卡尔。其是结论本身就是一个非常值得讨论的问题。有不少人认为，人的思想不过是一系列脑电波的活动而已，如果这种想法成立的话，那么机器人将可以和人一样开始思考，因为这不过是一些复杂的方程式而已。但是我并不这么想。因为人的思想是不能用物质上的诸如细胞活动的事物来形容的，人的思想，或自由意志是存在并且异于肉体的。相信人的精神的存在似乎有点宗教的味道，不过这与信仰是有很大区别的，因为我所相信的，只是人的灵魂存在，而至于人的灵魂为什么存在，我不去考虑。

其实在奠定了刚才的理论基础之后，可以延展的范围就很宽了。比如灵魂和身体是如何连接的，灵魂如何将指令输入身体，而身体又如何将外界刺激反馈给灵魂，灵魂是否是不朽的，灵魂会受到损害么，灵魂可以捕捉到么，随着身体的衰老，灵魂会改变么，等等。

时常想想这些问题让我觉得生活不再像以前那样平庸，每天都在做着重复性的事。我认为，思考思考自己存在的意义能让自己更了解自己，也能活的更有深度。

我要感谢这本书，给予了我知识，更重要的，在我成长的路上，给予了我好奇心和指导。

我们死后，灵魂又将归向何方？

NO.6《沉思录》——[罗马]马克·奥勒留

关键词：向导，隐忍，理性

这本书，是对我影响最大的书。

这是一本我阅读时间最长的书。

这是一本我仍然没有读完的书。

从高一开始我就开始读这本书了，记得它还是高一开学初海淀区辩论赛上发的。从那时起我便开始读它，但直到现在仍然没有读完。倒不是这本书有多厚，我敢担保假期留的所有作业摞起来肯定比它要厚很多，只是我的阅读速度很慢。从一开始我下定决心去读它，我就决定了要慢慢地，仔细地去品味，每当我遇到看不懂的地方，我就会停下来，耐心想一会，想明白之后再继续。所以这本书总是读读停停，到现在也没读完。

但我仍然要说，它对我影响最大。

因为尚未读完，所以我不敢多说，只是简略地谈一下感受而已。但它已成为我在道德修养上的向导。

书的内容概括起来十分简单，就是马可·奥勒留对自己为人处世态度的叙述。但要具体来说，这本书的内容就十分复杂了，待人的态度，生活的心态，做人的哲学，每一点作者都写了许多内容。而去我也从中学到了许多，例如不轻易动怒，待人谦和，相信自己等等。不过照例，我从中取出我印象最深的加以讲述。

“让任何行为都不要无目的地作出，也不要不根据完善的艺术原则作出。”——马可·奥勒留可以说是理性，也可以说是隐忍，作者的这句话令我始终不能忘记。想象过去我所做的许多事情，都是浪费时间而毫无意义的，如果在做每件事之前都经过思考，开始做事之前都努力克制住自己内心的冲动，那么我们将节省大量的时间和精力。不但做事之前要思考，情绪波动前也要思考，我生气值得么？我应该发作么？这会不会伤害到别人？他是恶意的么？等等问题都是需要我们思考的。如果我们做事总是不假思索而凭着本性来做，那么我们未免和动物没什么区别了。所以我们应当学会用理性来对事物作出判断，在适当的时候，应当隐忍。但这并不是让我们隐藏自己，作者也告诉我们做人应当正直，也应当坦诚，而且作者还说，“智慧应当仅仅被用于正直的行为”。于我的理解，我们应当保持真我，与此同时，我们还需要关爱他人，以保护他人的情感不被我们所伤害。这是一个微妙的平衡，而维持这个平衡的关键，就是“理性”。

理论上讲，如果我浅薄的看法可以称之为观点的话，《沉思录》的内容与我的观点是有冲突的。因为斯多葛派是不相信灵魂的独立存在及其不朽的，作者也如是，他所相信的是万物皆归于自然，每个人只是“大宇宙”的一部分。这与二元论恰好相反，而与一元论的观点十分切合。不过我想这并不影响我感动于作者高尚的道德情操和严谨的理性。而这两点也是我从这本书中收获最多的。读到一种心态或是一种思考事物的方式，我会静下心来去理解，同时去思考，我有没有遵从这样的方式去做人。在阅读中不断思索并不断完善自己，着实是一种享受。

书还没有读完，所以我暂且只说这么多，等读完之后，我一定写一份完整的感想出来。毕竟，这本书已经影响了我太多，我想随着时间的推移，这种影响只会越来越深远。

以厚德载万物，以浩宇载我心，则心胸宽广，物我两忘。

后记

写完之后，有种如释重负的感觉。其实连我自己也不敢相信，我竟写了这么多文字，或许是真的有点想法罢了。人们总说，高中时期，是人生观、世界观形成的重要时期，我想，越是如此，我就越应当多阅读，多开拓视野，以此能够走上一条正确的路。

其实假期还读了其他的一些书，但因为精力有限，所以不能在此一一加以详述了，颇为遗憾。例如重读《福尔摩斯探案》，感觉到伦敦的复杂，表面的繁华和其内部巨大的贫富差令我不禁联想到当今一些城市发展过快的情景。还有柏拉图的对话录《裴多》向我展示了深邃的哲思，重读《傲慢与偏见》，很有几分感想，读《悲惨世界》，怜悯之心油然而生，重读《红与黑》，再多一份对封建贵族的鄙夷，等等。

经过这个假期之后，于我看来，再没有什么能比读书更称得上是精神的享受了。

诸位家长可以从儿子的这一篇的读书笔记中看出他对读书的乐趣以及他对读书的渴望，那种发自内心的对书的热爱从这篇读书笔记中显现得淋漓尽致。儿子在读书的过程中心灵被净化，被书中的人物深深地感染。儿子的情商在读书中急速提高。在《偷书贼》的读后感中，对那个小女孩儿的描写可谓入木三分，对于像我这样没有读过这本书的人来说，真可谓是一次精神的洗礼，也让我有了极大的兴致想去读这本书，同时激起我对战争的痛恨。我看了《相约星期二》的读书笔记后，对老教授的行为备感敬畏，我在心中无数次的为这位老人的人格肃然起敬。

就这样，儿子在读书的过程中，一次一次的被感动，一次一次的超越自我，他获得的远远超过这二十几块钱的付出，他的思想境界达到了一个普通中学生很难达到的水准。很多家长问我：是不是你非常喜欢读书，才影响儿子读书的呢？其实恰恰相反，我读的很多书都是孩子推荐给我的，我只是在孩子很小的时候给予了他正确的引导，把书买回来，放在孩子的写字台上，让孩子自己选择他喜欢的书。让孩子从小就知道，书是人成长的必需营养，也是人思想飞跃最捷径的方法。就像犹太人在孩子小的时候把书涂上蜂蜜一样，让孩子从小就知道书是甜的。孩子没有不喜欢的道理。

莎士比亚说：“书籍是全世界的营养品。生活里没有书籍，就好像没有阳光；智慧里没有书籍，就像鸟儿没有翅膀。”孩子在读书的过程中，陶冶着情操，完善着人格。可以说是书把握我儿子的心带向了远方。

实际生活中，很多家长非常头疼，孩子对读书没有兴趣，整天玩游戏，有的甚至每天沉溺于虚拟世界里难以自拔。其实这些都是在孩子小时候家长没有给孩子正确的引导，在孩子需要教育的时候没有及时告诉孩子应该怎样做，孩子在迷茫中被游戏俘虏了。所以我希望家长在教育孩子的过程中一定及时捕捉到孩子心理的需求，要知道给孩子养成一个好的习惯比改变他的坏习惯要容易得多。

旅游与成长

从孩子两岁左右直到孩子离开北京到芝加哥上大学，我们一起经历了几十次的度假旅游，可以说旅游随着孩子的成长。树叶黄了又绿了，天气冷了又热了，大自然不断地更换着色彩和温度，但始终改变不了我们对它热爱的程度。

在孩子 5 岁以前，我们旅游的主要阵地是北京市市区的各主要公园，因为孩子年龄偏小，受认知能力和感受能力的限制，选择比较容易去的市区公园是比较适合的。

那个时候，孩子跟在父母的后面，问这问那，现在想来实在是一件让我很惬意的事，也让我非常地留念。记得有一次在朝阳公园，孩子指着一个水中“鸭形”游船问：“爸爸，这是什么呀？”

“是船呀！”

“他怎么会走呀？”

“船上坐着的人用脚用力踏，带动后面的螺旋桨转动，螺旋桨来回拨动水，船就向前走了。”

"噢，我也想试试。"

我和孩子一起租了一个同样类型的游船，孩子非常快乐，还非常好奇地看后面的螺旋桨是怎样划水让船行走的。那个时候，孩子见到什么都要问个不停，脑子里有无穷无尽的问题，在他的心中，家长就是一个百科全书，什么问题能找到答案。

小学低年级以前，随着孩子年龄的增长，我把旅游的范围扩大到郊区。那时由于自己年轻体力好，尽管当时还没有车，这并不影响我们游玩的脚步。这之中我和儿子一起到过北京郊区的顺义、平谷、延庆、怀柔、密云、房山的绝大多数旅游景区，我们乘坐公交车、京郊火车，每次出行都有很多的收获和喜悦。

有一次，到密云水库，乘火车在石塘路站下车。下车后，我们住在密云水库附近的一个农家院里，恰好，他们家里有一男一女两个孩子，老大是姐姐，比弟弟大个5、6岁的样子，处处照顾着弟弟，我的儿子很快就和他们玩到了一起。吃东西的时候，姐姐总是先给弟弟吃，然后再自己吃。过一会儿，儿子问我："小弟弟有一个姐姐，我怎么没有？"我当时愣住了，我不知道孩子为啥问起这个问题。

"在农村，家里大孩子如果是姐姐，可以再有一个弟弟。"孩子听了我的话，看了看我说："我们班同学家里都只有一个孩子。"

我明白了，孩子发现了农村和城市的不同。

接着，那个姐姐带着他到了她家的地里摘了很多的西红柿，儿子用帽子装回来给我吃。这是孩子第一次知道西红柿是在柿子秧上长的，回家后好长一段时间还时常念叨和姐弟俩一起采摘西红柿的情景。

给孩子留下深刻印象的还有他们家的一群羊，大概30多只。三个孩子每个人拿着一个鞭子把羊赶到附近的山上，儿子感到非常新鲜。晚上睡觉前问我："为什么有个小羊不吃草一个劲儿地叫呢？"

"那可能是在找它的妈妈吧。"

"小羊能认出哪个是它的妈妈吗？"

"当然能，孩子和母亲有着天然的联系，在它长大之前，羊妈妈还要喂养它呢！"

"小羊长大后呢？"

“小羊长大后，自己就独立了，等到小羊长到足够大时，就会被卖掉，这是农村家庭的主要经济来源。每年的秋天，农家就把羊毛剪下来卖掉，我们穿的羊毛衫就是羊毛经过加工制造的。”

这次密云之行，孩子了解了农村和城里生活的差别，感受到了那姐弟俩的友善，过了很长一段时间，他还时常想起他们。

对于多数孩子，尤其是男孩儿，在小学期间，写作文是一大难题，经常是一个小时写不出一段文字，家长经常问我：孩子天天看电视，知道的事也不少，怎么一写作文那么费劲呢？这里我给家长分析一下。我认为对于一个低年级的孩子要写好作文主要有几个方面：

1. 孩子必须有经历和感悟，对于大部分小学生来说，作文写的都是孩子自己的亲身经历的事，比如孩子如果没有坐过过山车，你让孩子写出坐过山车的感受是不可能的，即使是写出来也是不会生动的，连自己都感动不了，肯定也感动不了别人。同样，假如你要让孩子写黄山的云海、奇松，孩子没有见过，他怎么写得出来呢？因为孩子不是作家，他们还没有演绎的能力，所以一定要让孩子多经历，只有经历得多，才会感悟得多，才能写出精彩的东西。看那些作文写得好的孩子，在小学低年级期间主要是经历的多、感悟的多。

2. 利用和孩子一同经历一件事，和孩子每人分别写一篇作文，然后比较一下，和孩子一起分析一下，孩子的作文为什么不生动，看看对于同一事我是怎么写生动的。比如我和孩子一起去了武夷山，你看到的孩子同样看到了，为什么孩子写得干瘪？和孩子一起分析一下。这样经过几次，孩子的作文进步很大。

3. 激发孩子的写作兴趣，让他自己从内心想把文章写好，这是孩子作文写好的原动力。二年级时，我儿子就是发现自己的作文处在中游，是那种老师表扬但表扬次数不是很多的学生，他在想超越别人时，自然要努力，这种力量和父母强加于他的，有着天壤之别。

所以，带孩子游玩，早期是增长他的见识，同时给予他平时在学校和家里很难得到的知识，增加孩子的亲身感受，对于提高孩子的作文水平有直接的影响。更主要的是孩子在一次次游玩中长大，在体会大自然山水秀美的过程中，让孩子热爱生活，珍惜父母给他带来的幸福。

一个暑假我带着儿子去了温州，去了雁荡山、楠溪江和一些古镇，是自助式旅游。那里的空气清新，让我们摆脱了大都市的烦躁与喧嚣，体会江南烟雨的情调。我们在雁荡山山里面住了一晚，山里清泉从窗边流过，一夜枕边哗哗的水声伴着舒畅的心情，让我难得拥有酣畅的睡眠！在楠溪江的江水里漂流，欣赏着两岸青山，同样是一种享受。回来后，孩子在一篇作文中写道了雁荡山之行，对那个下午烟雨蒙蒙，坐在一个茶楼品茶的情景描写得生动感人，惟妙惟肖。

随着儿子的长大，我们的脚步不断地拉远，我们一同去了，九寨沟、黄龙、黄山、华山、武夷山、玉龙雪山、石林、张家界等等，也去了周庄、绍兴、上海、杭州、哈尔滨、深圳、香港、昆明、大理等等，我们的足迹遍布祖国的大江南北，在孩子成长中，在孩子繁忙的学习生活中，给予儿子带来了太多的快乐和感动。

一次，我们去湖南的凤凰古镇，这又是座具有悠久历史的名镇。曲曲弯弯的青石小巷连接着白墙青瓦的吊脚楼，一座座石板桥零零散散地装饰在水上，显得格外的古朴、庄重，尤其是夜幕时分，一串串大红灯笼给这个热闹一天的大街小巷带来格外的喜庆，我和儿子打着伞，品尝着各家的美食。好惬意，好舒服啊！

第二天上午，我们到沱江里划船，老远就有一帮小孩儿站在水里向我们招手，当我们的船距离着帮孩子有十几米时，十几个孩子的手中都拿着自己用草编织的手工艺品，有蝈蝈、蝴蝶等，嘴里不停地喊叫："叔叔，买一个吧，很便宜的。"我看着这群孩子全身都湿透了站在齐腰深的水里，嘴唇是暗紫色的，手伸向我们，还不时哆嗦。我们的船慢慢地靠近了这群孩子，我和蔼地告诉他们："你们衣服湿成这样，会感冒的，赶紧上岸吧！"一个稍大一点儿的男孩子已经碰到了我们的船边，手里的蝈蝈已经靠近了儿子。

儿子问他："多少钱一个？"

"一块钱。"

儿子顺手给了那个男孩儿 10 元钱，随口说了句："赶紧回家吧！"

没曾想此时一帮孩子全都围过来："哥哥买我的吧！"哥哥买我的吧！"

每个孩子都把他们手中的工艺品递到儿子的面前，一时间乱成一团。儿子看了看我，从兜里掏出一沓 10 元的钱，给每人一张，并说："水里太凉了，回家吧！"孩子们一边哆嗦不停，一边对儿子说："谢谢哥哥！"

随着孩子们的远去，我逐渐地收回了我的视线。此时的船夫不断地在夸奖我儿子，说："这孩子真大方，我每天都在这条江里要划十几个来回，还没有遇到这么善良的孩子。"儿子说："他们不像大城市孩子，有那么好的学习条件，但他们非常能忍耐和吃苦，一旦有点条件，说不定他们当中的某个孩子就能成为袁隆平。我希望我传递给他们一种善良、一种力量。"

这次凤凰之行，儿子品味到这座古镇的几百年来的沉淀下来的文化和韵味，体会到了这里的人们的生活节奏，听到了属于这块土地上特有的叫卖声，体会到了这魅力古镇孩子们艰苦的生活。

回家后，儿子把那些孩子给他的"蝈蝈"、"蜻蜓"和"蝴蝶"放在自己的写字台上，好久好久没有舍得扔掉，看着这些一天天发黄的编织品，想起那些孩子，或许会有一种动力鼓舞着他。

高一暑假，儿子在繁忙中挤出 5 天时间，我们一起游览陕西。

第一站就是西岳华山。华山以其雄伟、险峻著称天下。为了节省时间，我们乘缆车直接到达北峰的半山腰，下了缆车，真正开始了我们的攀登。不到半个小时，我们就到达了北峰顶。环看周围，四面绝壁，独秀云天！儿子告诉我：只是听说华山的险要，果真名不虚传！

真是天公作美，那天天空格外的晴朗，我们站在山顶眺望远处，一览无余。

暂短的休息，我们继续攀登，直奔著名的苍龙岭。

儿子的体力出奇的好，我非常吃力的紧紧跟随。我们越过擦耳崖，眼前出现了一条巍峨的长龙，儿子拿出手中的地图告诉我，前面那条像飞龙脊背的就是苍龙岭！我抬头望去，像是一条恐龙的长脖子沿山顶伸展过来。看得出儿子非常地兴奋，他喜欢爬山，喜欢爬这种险要刺激的地段。台阶非常的窄，并排站不下两个人，儿子在前我在后，我感叹道自己确实老了，走一段，腿就不听使唤了，就想歇一会儿，儿子鼓励我说，坚持一下，我们越过"脊背"处再休息，他看见我不想动了，就倒退回来拉住我的手，"强迫"我继续前行。

望向"脊背"的两边，如斧削刀劈，令人眩晕。儿子告诉我，这段路实际上只有 1.5 公里，只是高差 500 米，过于陡峭，让人感到像是走了很远。当我们站到了"脊背"的顶端俯瞰我刚才"爬"过的路时，感觉自己好伟大啊!

第二天我们去了秦始皇兵马俑。很有趣儿的是，儿子当起了英文导游。

不知道什么原因两个波兰人加入了我们的旅游团，这可难坏了导游。儿子主动出击义务当起了英文导游，给我们的随团导游解决了大难题。一路上，儿子把导游说的中文翻译给两个老外，同时也把老外提的问题翻译成中文让导游解释。在自由活动的时间里，儿子和老外聊起了波兰的历史，以及他们对中国的感受等，在儿子帮助他们的同时，意外地收获了很多。

这样的“意外”时常发生在我们的路途当中。这样的收获伴随着儿子的成长。

下面是孩子在小学六年级写的一篇游记，读者可以看出孩子在一次旅游中的收获，不仅仅是放松、运动，更重要的是在一周之内的时间里迅速扩展了他的视野，获得了在学校很难获得的信息和知识量。

序

假期终于到来了，在这个假期里，不光春节令我兴奋，更重要的是，妈妈为了丰富我的假期生活，答应带我去杭州玩，时间是初二到初五。正好寒假作业里有一篇活动作文，所以我决定把我在旅途中的所见所闻展示给大家。

美丽的西湖

提起西湖，可以说是无人不知，无人不晓。几乎所有人都知道“上有天堂，下有苏杭”的杭州有一个美丽无比的西湖。今天，我有幸游览了西湖，品味了它那别有一番情趣的景色。

这次我们借助的交通工具是游船。船开后没一会儿，我就远远地看见了杭州的三怪之一——断桥。以前我只知道断桥的名字，可是它名字的来历我却一概不知，在看过介绍后我才明白，原来断桥全名“断桥残雪”。大雪过后，红日初照，桥阳面积雪消融，而阴面还是辅琼砌玉，晶莹如玉带，是雪将断桥一分为二，故名断桥。难怪洪丞《断桥闲望》有：“闲作步上断桥头，到眼无穷胜景收”

这样的诗句。

船继续行进，没过多久，我们就来到了下一处景点：平湖秋月。平湖秋月位于白堤西端。很多翘檐亭台镶嵌在静静的湖面上，长长的平台一直延伸到水中很远的地方，站在远端，遥望湖面湖水泛起微波，亭台上树倒映在水中，若隐若现。我能想象若是中秋之夜，月影倒映在湖中，形成天上、湖中两月辉映的情景。再品上一杯茶，啊！这样的意境会让人醉在其中。

紧接着，我和妈妈来到了湖心亭，湖心亭是一个小岛，这是我们遇到的第一个岛屿景观。刚一上岛，一片绿色便立刻映入眼帘，四周到处是苍松翠柏，这和北京形成鲜明的对比。虽然柳树的枝条上还没有长出鲜嫩的绿芽，但是景色依然很美丽。湖心亭这座亭子本身金碧辉煌，翘角飞檐。绿树掩映一块“虫二”碑，相传为清乾隆皇帝所题，随行大臣无人能 猜透其中之意，树影内一秀才吟出“风月无边”四字一语道破其义。这样的想象着实让人佩服。

在岛上停留片刻之后，我和妈妈乘船来到了三潭印月。远远望去，湖面上出现了三座中空的石塔，石塔不高，但看上去一定有很长的历史。听说在月明之夜，在塔内点上灯，外面糊上纸，在塔里灯光和天上月光的辉映下形成天上一个月亮水中许多月亮的景象，真假难辨，光怪陆离，非常迷人。只可惜，我没有在晚间在此游玩，没能验证这样的传说到底是真还是假。

我们的船在水中慢慢的行走，我环顾西湖辽阔的水域，清澈而又博大，远处又有很多的岛屿点缀在其中，形成湖岛相依的景色。近处的游船穿梭不停，轰轰的马达声并没有打扰游人的兴致，说笑声此起彼伏，让我感到在外的春节是同样的喜庆和快乐。

就在我陶醉在西湖美景中不断遐想的时候，我们的船缓缓靠了岸。

西湖之行就此结束了。虽然美景远不止这些，但由于时间不允许，所以只能等下一次了。

妈妈的母校——浙江大学

浙江大学是妈妈的母校，一进校园，我就有一种莫名的亲切感，虽然我还是第一次来这里，但是这毕竟是妈妈曾经待过很长时间的地方，所以有感觉应该算是很正常的。那天正好赶上天公不作美，天上下起了大雨，我们只好顶着风雨参观校园了，这个校园的每一颗花草，每一幢高楼，每一条宽阔的马路都似曾相识，而此时的雨雾又给这个校园代来了一层神秘的色彩，面对这个既熟悉又陌生的地方，我有太多的感触，无法用语言形容的感触。在出校门之前看到了一块碑，碑上写着竺可桢的一段话：诸位在校，有两个问题应该自己问问，第一，到浙大来干什么？第二，将来毕业后要做什么样的人？这段话在梦中好像听到过，也许这就是缘分吧。

“从百草园到三味书屋”

已经是我们这次浙江之行的第三天了，我们游览的地方从杭州转移到了绍兴。提到绍兴就不得不提一下鲁迅故居。

鲁迅故居建于清代乾嘉年间，是一所砖木结构的大宅院。1881年9月25日，鲁迅就出生在这里，一直到18岁去南京求学，以后回故乡任教也基本上居住于此。整个故居的设计是前半面是住房，后面是我在书里知道的百草园，这是鲁迅儿时嬉戏的地方。走在百草园里，我的眼前出现了一个淘气、顽皮的小男孩儿，在草丛中抓蟋蟀的场景。“翻开断砖来，有时会遇到蜈蚣；还有斑蝥，倘若用手指按住它的脊梁，便会拍的一声，从后窍喷出一阵烟雾……”这栩栩如生的描写真实地表达了儿时鲁迅的活泼与可爱。而现在，百草园里没有了荒草，取而代之的是假山、亭子和树林，感觉比鲁迅自己描述的要美很多，但已经失去了原有的味道，这也许是后来修建供游人参观的吧！

一篇《从百草园到三味书屋》已深入到每个读者的心中，所以走过百草园，就自然要找“三味书屋”。我一边走，一边数着，果然，在第三个房间中间挂着一个“三味书屋”的字样。有点陈旧的书桌依然工整的摆在房间里，据说当时鲁迅的座位在房间的东北角。我走近那张桌子，工作人员告诉我，桌上的用具都是当年鲁迅用过的原物，桌上刻的那个“早”字，就是鲁迅在一次迟到后，为提醒自己以后不要发生同样的事情刻下的。这个“早”在印证了鲁迅当年学习的态度。

从《从百草园到三味书屋》里描写中我能深刻的地体会到鲁迅先生在这间私塾里学习的情景。之所以鲁迅把这篇文章写得这么生动，我想一定是这段时光给了他太多的感悟和值得自己回味的情愫。如今我有机会走进这里，并不大的空间里，到处充满了“笔墨味道”。环顾四周，我仿佛听到了先生大吼的声音，看到了少年鲁迅高声朗读的表情。看到了一群懵懂少年在先生严厉的目光中表现出来的“害怕”的场面，每一双大眼睛透过书的缝隙偷偷观察先生的窘态，实足的天真可爱！

好了，我只能联想到这了，因为天色已暗了下来，我不得不离开这里。妈妈肯定等我好久了啊！

尾声

愉快的旅途就在仓促中结束了，虽然对于这么多的美丽景色、这么深厚的文化底蕴还有些意犹未尽，但是这只能等我下一次来这里时再细细品味了。浙江之行结束了，活动作文至此也进入了尾声，希望以后再次游历浙江的时候能有更为深刻的感想。

我的几篇文章

感动父亲

一次普通的训练课

今天是2004年的农历腊月二十九。

早上起来，我推开窗，一股冷空气吹了进来，有些冷，但很清新。向外望去，人们脚步匆匆，因为明天就是年三十了。我看了看表，七点十分，赶紧准备儿子的早餐，不然体训课要迟到了。一会儿的工夫，一个荷包蛋，一根香肠，两片面包，几片黄瓜，一杯牛奶就放在桌子上。儿子揉着睡眼，懵懵地坐在饭桌前。

“爸，你快去上班吧！我吃完就去学校。”

“今天的体训课是今年最后一次，我想看看你的训练情况，怎么样？”儿子看了看我，犹豫了一下。

“算了！体训有什么好看的？”

从儿子的眼神里，我明白了他的心思，他是怕我看不下去体训的残酷。

“别管了，一会儿你先去，九点钟以后我去看一会儿”。儿子没再说什么，默认了我的要求。

毕竟是旧历的年底了，家家户户的门前都贴上了大红的春联。三四个小学生在门前追逐玩耍，叽叽喳喳，个个满头大汗，快乐极了。而学校却失去了往日的喧闹，随着我的临近，依稀听到有老师的喊声。

我站在学校的围墙外，从夹缝中看到了儿子和另外的三个孩子，他们正在跑五十米。从起点跑到终点，从终点走回起点，然后再从起点跑到终点，如此反复。从和儿子以前的交流中，我猜测至少要跑两组，每组十个。

“7秒15、7秒20、7秒30、7秒33”老师在喊着孩子们的成绩。我看着儿子此时的头发像洗过一样，背上的汗水浸透了衣服，我知道他们至少已跑了3000米了。孩子们一边跑，老师一边喊，“加快！加快！”孩子们越跑老师好像越不满意，儿子像是被狮子追赶了很久了的羚羊，即便是被吃掉了，也不愿意再动一步了，但他还在坚持着。直到我数了 20 个 50 米过后，老师才把孩子们叫到身边。儿子喝了一口水，听老师说着一些跑步中的问题以及纠正儿子的跑步姿势等等，然后告诉儿子接下来的任务：两次跨步跑（每次 100 米），休息五分钟，5 个 150 米全力冲刺。

说心里话，儿子练了两年多，我还是第一次看他训练，每天只是看见他汗流浃背地回来，其实并不知道具体情况，问他，他向来都是轻描淡写的两个字：还行。有一次，我无意中发现儿子在一篇作文中描写体训感受时写道：……我的腿像灌了铅似的，实在跑不动了，我就想立刻躺在地上……可我还是咬牙坚持了下来，而且无论如何我都会坚持下去，因为这不仅仅是体育训练，更重要的是磨炼了我意志品质……当时，我的心酸酸的，我感觉儿子长大了许多，我在问自己，这不正是一个优秀孩子应具备的品格吗？有什么比这更珍贵的呢？！

体训课结束了，儿子疲惫地向我走过来，看见我向他微笑，他也翘了一下嘴儿，我尽量地克制着自己内心的感触，用手轻轻地拍了一下儿子的肩："好样儿的！这么艰难的事你都能顶过来，以后还会有什么让你害怕？！人生就是要不断地挑战自我，超越自我！"我不断地鼓励儿子，其实，在我的心中，儿子给予我的更多的是一种敬畏和感动。

我想起了王军霞说过的一段话，说她们每天天不亮就上路，马俊仁在后面学老虎叫，队员们个个精神振作，越跑越快，每天一个马拉松。她十个脚指甲没有一个是全的。这就是体育的残酷！也正是运动员付出了常人难以想象的代价，当他们站在最高领奖台台上时，人们才能毫不吝啬地把鲜花和掌声送给他们，他们是生命的强者。

这样的训练贯穿了整个寒假，当然这只是儿子寒假生活的一部分。

校运会

三月的北京，春寒料峭，气候宜人，金黄色的迎春花成片成片地铺放在马路两旁，柳枝垂挂在半空中，婀娜妩媚，甚是迷人。我们迎来了石油附小的春季运动会。

上了五年的小学，学校第一次开运动会，儿子有些激动，遗憾的是每人只允许报一项，同时可兼项接力，仔细斟酌之后，儿子报了 400 米和 4

×100 米接力。

这是一个星期六，天空飘浮着几朵淡淡的云，微风吹在脸上，有些凉意，这样的天气，开运动会是再好不过了。尽管学校没有通知家长，可是还是去了很多，而且他们的兴奋劲儿绝不亚于孩子，手里拿着照相机、摄像机，各自寻找着最佳位置，拍下自己孩子比赛精彩的镜头。当然，我也不例外。

运动会上，孩子们的认真劲儿出乎我的意料，个个都使出全身的劲儿，拼命向前跑。也许是为自己的班级争光，也许是自己的父母在场的缘故，谁都不甘落后。儿子呢，更是出尽风头，400 米冲刺时，甩开第二名足足有五十米，那场面我还是第一次看到，我的兴奋劲儿就甭提了！我恨不得告诉所有的家长：那个跑得最快的是我的儿子！接下来的 4x100 米接力，儿子的班级同样很轻松地拿了第一名。儿子是这次运动会上唯一得到两个第一名的孩子！他为自己的班级争了光，自己也立即成了班里的英雄。一次普普通通的校级运动会，让儿子初尝了胜利的喜悦。

在孩子成长的过程中，往往就是一件不起眼儿的事，可能对他促进很大，甚至会影响孩子的一生。也就是这样一次小小的校运会后，儿子的心里发生了细微的变化。这一点，我一下子就捕捉到了。

一个初夏的傍晚，我和儿子一起散步，因为我特别想知道他关于体训的下一步的打算，聊天中我试探着问儿子："你每天拿出一堂课的时间进行体训，这几年积累下来，和你的同学相比，你的学习时间少的是一个非常大的数字，你觉得值吗？"

"当然值了！"儿子想都没想，非常干脆地回答。没等我说话，儿子又开口了。

"第一，学习的好坏不完全是由时间的多少决定的，你看我不是学得挺好吗？第二，体训是苦了点儿，可恰恰是这点儿苦，让我学会了坚持。第三，原来我认为我的体育很差，我相信爸爸也一定这样认为，通过校运会，我觉得我还有潜力，我在小学毕业前，我特别希望能参加一次学区运动会，即便是我得最后一名我一点儿都不后悔。"

儿子话出乎我的意料。

记得儿子曾经给我讲过一个故事：大哲学家苏格拉底曾给他的学生上

第一节课时说："你们每天将自己的手臂在空中向后甩一百次，看看谁能坚持下去？学生们一听，这有什么难的！一个星期后，当苏格拉底问他的学生时，只有一半儿的人坚持下来；一个月后，当苏格拉底又问他的学生时，能坚持下来的只剩下不到三分之一了；一年后，当苏格拉底再次问他的学生时，剩下的只有一人了，这个人就是柏拉图。

我并不是说，儿子一定能成为"柏拉图"，但坚持到底的精神，同样是一个优秀孩子应具备的品格。

几年的体训，不仅让儿子的意志品质超群，而且让他懂得了坚持。一次普通得不能再普通的小学生运动会，竟让儿子发现了自己的潜力，获得了自信，这不正是我所期望的吗？

学区运动会

2005 年的暑假，除了因北京数学奥林匹克集训队上课（儿子参加了奥数集训队）请了几了次假外，儿子每天都坚持体训，一天接着一天、一周又连着一周地训练，辛苦、单调甚至有些乏味。我曾经看过记者对一些运动员的采访，很多都是小小的年纪，透着与年龄不符的成熟，因为他们深藏着更多的信念，接受着同龄孩子很难接受的寂寞，为了自己心中的梦想，他们承受着更大的压力。这一切，对儿子来说，同样如此。儿子的努力就是为了九月二十六日——东升学区运动会这一天。

儿子的老师告诉我，东升区运动会其实是选拔性的运动会，就是为十月份召开海淀区小学生运动会选拔运动员。每人只允许报两项，要想入选，至少有一项进入前两名，另一项也不能太差。我认为这也太难了！一个学区，十九所学校，与儿子同年级学生接近 6000 人，对儿子来说进入前两名，不太可能。我在心里直打退堂鼓，但还是没说出来，我想起儿子当初和我说的话，一定不能给他扯后腿，我也在想，正像儿子所说，即便是真的得了最后一名，也许会有其他收获。

暑假转眼间过去了一半儿，就在儿子的成绩显著提高，我也刚刚看到一点儿曙光时，意想不到的事发生了。儿子得了肺炎！这消息无疑像一枚重棒，击在我头上。儿子为此而准备几年的努力全部要付之东流！太可惜了！我叹了一口气，想起儿子这么多年从一个体育非常一般的学生到长跑、短跑全优，想起无论平日还是寒暑假，儿子风雨无阻的训练，一幕幕挥汗如雨的艰辛场面历历在目……离九月二十六日只有二十七天！

在儿子治疗的间隙，我瞒着儿子问大夫："小孩得了肺炎，半个月后，能大量运动吗？"医生眼皮都没抬一下给了我一句："不可能！至少一个月才能开始慢慢恢复！"我的心彻底凉了。

接连打了五天的点滴，儿子的脸色明显有了红润。为了儿子能够早日康复，一日三餐，让我煞费苦心。乌鸡红枣汤、百合银耳莲子粥、瘦肉粥、青菜、水果、牛肉羹等等，既要考虑儿子口味，又要考虑营养搭配，从白天到晚上，我满脑子装的都是儿子的食谱。也许是我的行动感动了上帝，儿子恢复得很快，从生病的第十一天起，我就试探着让儿子作一些恢复性运动，从慢走开始。

第一天，我和儿子沿着我们住宅附近的一个小公园慢慢走，大约走了两圈（约500米），儿子的额头渗出大颗大颗的汗珠，明显地，儿子的身体非常虚弱。简短二十分钟的适应，我们匆匆收场。第二天，儿子的情况有了好转，我试尝着让儿子加快脚步。第三天，儿子居然可以慢跑了！看着儿子的进步，我冰冷的心又找到了点儿的温暖，但我时刻提醒自己，千万急不得！

一个星期过去了，应该说儿子的病彻底地好了，但要想恢复到生病前的状态，无论是心理还是生理还需要相当长的时间，此时离九月二十六日只有九天！

说实话，论儿子的学习成绩，没有什么让我担心的，可以说在石油附小没有人和他站在一条线上，而且我的目光早就离开了石油附小，投向北京市范围内的顶尖高手身上。体育成绩对儿子的升学无关紧要，即便是在目前北京市小升初极为复杂的情况下，在海淀区挑选一个比较理想的中学还是轻而易举的。但体育竞赛给孩子带来的东西已经远远超过体育本身。我和儿子恰恰是看到了这一点，才花费这么多心血，甚至冒险，尽最大努力抓住这次难得的机会。

出人意料的是，儿子在这次运动会上，获得了200米和400米两个第二的好成绩，顺理成章地获得了参加海淀区小学生运动会的资格。

儿子的出色表现让我万分激动，再一次震撼了我。虽然儿子头上已经萦绕着许许多多的光环，但这一次，来得太艰难了！在田径场的端头，儿子拥抱着我说："爸爸，我们成功了！"

那一刻，我真是太幸福了。

海淀区小学生运动会

2005 年 10 月 19 日，在海淀体育场隆重召开了海淀区小学生运动会。全海淀 130 所小学校齐聚一堂，这也是儿子上学以来第一次参加这么大规模的运动会，既兴奋又有些压力。不管怎么说，儿子能走到今天，自己的付出已经得到了回报。我告诉儿子："能参加这样的运动会，能够和全海淀区的运动员同场竞技，说明你已经成为了一名优秀运动员，在你的小学生崖中，除了数学、英语、计算机、作文、航模，你凭着自己顽强地拼搏，又进入了另一个领域优秀者的行列，到目前为止，没有几个人能做到这一点（各个领域的顶尖高手名单我都有），这一切证明了你的出色，今天的比赛，你不应该有压力，跑出自己的最好成绩就行了"。

9 点钟，运动员来到了 400 米的起跑线附近，儿子也在其中。24 人分 4 组，每组 6 人，儿子被分在第 2 组。第一组跑完后，第一名居然跑出 57 秒的成绩！太快了！这样的成绩就算是拿到中学也是数一数二的！正当我为小学生能跑出这样的成绩而惊讶时，儿子站到了起跑线上，紧张的比赛就要开始了，我屏住呼吸。一声枪响，儿子冲出了起跑线。我的目光像是拴在儿子身上的一条无形的丝带，紧紧跟随。第一、二个弯道儿子跑得不错，转入直道后，儿子一直领先，就在进入第三个弯道时，儿子突然慢了下来，我的心提到了嗓子眼儿，我焦急地问自己："怎么了？"我站在看台上，用尽全身的力气使劲地喊着儿子的名字，最后，儿子第二个通过了终点。等到我跑到儿子身边时，儿子痛苦的表情告诉我，他受伤了。我扶着儿子来到医务室，医生说脚部韧带拉伤，简单涂了点儿药，我们便回到了车里，坐下来休息。最终的结果，儿子得了第九名。

200 米的比赛被安排在下午，这也让儿子的脚伤有了一个恢复的时间。我问儿子："下午的比赛，你还能参加吗？"

"能！"儿子站斩钉截铁地回答。"即使是走，我也要坚持走下来！"

200 米的情况和 400 米差不多，儿子同样是小组第二，最终的成绩是第十名。

儿子终于完成了比赛任务。

在回家的路上，我关切地问儿子："脚还疼吗？"

"有一点儿。"

"爸爸，你对我今天的成绩满意吗？"我听得出儿子的问话里隐隐约约地藏着一点儿遗憾。

"沨儿，你一直是爸爸的骄傲，你今天的表现更让我坚信了这一点。在受伤的情况下，你的成绩仍然超过了学区运动会上的成绩，我已经很吃惊了。更让我感动的是你敢于与强者竞争、不怕困难、百折不挠的精神已经植入到你的思想中，你拥有了你们这代孩子最缺少的品格。你付出了一般孩子没有付出的汗水、泪水甚至血水，所以你理所当然地得到了一般孩子想得却得不到的东西。这也是你这几年体训、比赛给你带来的最大收获。爸爸期待着你今后更出色的表现，我有理由相信，在未来的路上，你一定能够超越优秀，成为卓越的人才。"

秋日的太阳，安静地挂在天边；马路上铺满了落叶，一片金黄。我和儿子彼此看了一下，微笑中，击了一下掌。我一踩油门，车子飞快地驶向前方……

2005-11-5 父亲于苏丹喀土穆

今天是 2006 年 4 月 1 日。

春天又一次降临大地，又一个好消息从北京传到苏丹喀土穆：儿子在海淀区中小学生运动会上 400 米跑出 1’0”33，取得第八名的好成绩，比上次的成绩提高了 5 秒！为小学生崖留下了一个印证自己奋斗的成绩！

儿子也算经历了风雨，大大小小的比赛参加了不少，但在未来的成长当中，对孩子影响最大的肯定是小学阶段的体育训练和比赛. 连续几年的训练，寒冬酷暑的坚持，锻造了孩子不会轻易放弃的品格，成就了他敢于与强者一决高下的拼搏精神。

从去年秋天，我来苏丹之前，海淀区运动会结束后，儿子一直训练到现在，就是为了证明自己还有潜力，让自己再上一个台阶，起码在东升学区拿到 200 米、400 米两项第一。因为从当时的比赛现场看，第一的那个孩子确实跑得很快. 我在心里问自己：儿子，你行吗？五个多月后，正当儿子满怀信心准备迎接挑战的时候，北京队的奥数教练通知儿子：有一场重要的数学比赛，你要参加. 时间正好和东升学区运动会相撞！怎么办呢？“鱼和熊掌不可兼得”的现实地摆在儿子面前。参加数学比赛就意味着放弃准备已久的运动会！儿子的梦想就永远是一个梦想了！放弃数学比赛，就放弃了一次与京城奥数高手竞争的重要机会。儿子再三考虑，只能无奈地放弃运动会.

这是一次全国性的奥数比赛，和以往不同的是，此次的奥数题是用英文出的，所以难度很大，也正是难度大才吸引了京城众多优秀的孩子。值得骄傲的是，儿子在这次比赛中，力挫群雄，成为北京地区 15 名一等奖得主之一。

真是好事成双！正当我们还沉浸胜利的喜悦当中时，体育老师告诉儿子：

“海淀区中小学运动会 4 月 1 号在海体举行，我给你报上了，你能参加吗？”

客观地说，儿子不参加东升学区运动会，就自动失去了参加海淀区运动会的资格，这对儿子是一个损失，对体育老师同样是一个损失。多少个挥汗如雨的日子，印证着儿子的辛苦，同样也印证着老师的付出！就在我再三向体育老师解释这次数学比赛的重要意义，我的心里也在一万次地默念对不起，老师理解了家长的心里，理解了孩子的心里。我实在没有想到的是老师还是一直惦记着儿子，为儿子争取到了这一难得的机会。儿子很快答应了老师。

海淀中小学运动会 4 月 1 日如期在海体举行，儿子的成绩已经证明：200 米、400 米两项的成绩东升学区就是第一！他没有辜负老师的期望，也算是圆了自己的一个梦！

一个孩子优秀品格的形成是与他的成长经历有着紧密的关系. 没有人天生就是杀人犯，也没有人生下来就一定成功，孩子成长的经历一定孕育着必然. 我们不太可能人为地制造困难让孩子去面对，但我们总能抓住一些机会让我们的孩子去感悟、去体会、去跨越，这些经历绝对是课堂上学不到的，它的作用也远远大于 100 分！（当然 100 分也重要）也就是在这个过程中，儿子学会拼搏，学会了坚持，形成了一个优秀儿童必备的品格。这种品格让儿子享用一生！

写给家长的信——写给你们（你及你的爱人）

前言

这些年，我除了兢兢业业地工作外，我始终特别关注一件事，那就是孩子的教育。无论身处海外，还是在国内出差，我的脑子里始终在想着一个问题：如何给我的孩子提供一个我能提供的最好的教育。这是我不同于其他父母的最大的区别。看到儿子每天快乐健康，每天都充满阳光的笑脸，看到儿子一次次战胜自己的喜悦，我的内心异常的欣慰。这种感觉我相信只有做了父母的人才能体会得到。是的，也许你是你父母优秀的儿女，你是老师眼中出色的学生，但你不一定是孩子眼中合格的父母。因为每一次角色的转换都要求我们重新学习，为人父母，你重新学习过吗？

1.“父母”不仅仅是一种称呼

如果现在还把“父母”仅仅当做一种称呼，那实在太落伍了，它至少是一种职业。更高水平的理解，它是我们每个为人父母的终身事业。

俄罗斯曾有人提出“母鸡母亲”，这种父母就是对孩子一味呵护，就像母鸡一样。还有一种父母就是只管孩子吃饱穿暖，不教会孩子生存的本领，日本人把这种父母形象地称作“半狼母亲”，非常形象说明这种父母就像豺狼一样凶狠。事实上，再凶狠的狼也都教会它的孩子如何捕猎如何逃避对手的袭击等。我们的很多家长在对待孩子的教育上还是远远比不上这些凶狠的豺狼！

对中国的中小学生调查：你们最想做而又做不成的事是什么？多数的孩子回答是：换父母。这话可能让我们这些为人父母的很伤心，但也看出孩子对我们的无奈。因为我们只是生了他们，连起码的教育都没有提供给他们，有的只是一味地唠叨，一味地埋怨。这不能不说是一种失职。

我们工作职称是有人给我们考试，考试合格后，才能拿到证书，来证明你到了哪级水平，谁来给父母来发证书？其实很多当了父母的人是没有资格的，因为我们养猪养鸡都要了解猪鸡的习性，而当我们面对我们的孩子呢？不去学习，不去了解孩子的心理，更不可能了解当今的先进的教育理念，只是凭着本能及仅有的那点陈年的知识应付着我们亲爱的孩子，这种“无照经营”的家长实在是坑害了孩子一生。

看下面的故事：

在非洲广袤的土地上生活着许多动物。一天清晨，羚羊妈妈，把小羚羊从梦中叫醒，指着远处的狮子对它的孩子说：“你必须让自己跑得比狮子还要快，否则，你就会被他们吃掉。”而此时的狮子妈妈也正对它的孩子说：“你必须让自己跑得比羚羊还要快，否则，你将被饿死。”

这个故事，把大自然的生存法则描绘得淋漓尽致。

而我们很多父母就连很多动物生存的本能这样简单的道理都没有告诉孩子。我们的孩子如何赢在这个复杂的社会？

2. 问题孩子一定出在问题家庭当中

没有一个孩子生来就是杀人犯，也没有一个孩子生来就是总统，孩子的成长一方面来自遗传，另一方面取决于后天的培养，遗传与孩子无关，后天的培养同样是孩子左右不了的，所以孩子出了问题，一定是父母出了问题。有多少父母反思过自己？大多数父母当孩子出现问题时只是一味指责孩子，这不好那不好，人家的谁谁怎么老考 100 分，而你又总是那么糟！在孩子需要鼓励的时候你们批评，在孩子需要批评的时候，你们又没有及时告诉孩子应该怎么做。所以孩子该学习的时候没有学好，该玩的时候没有玩好，该快乐的时候快乐不起来。

故事1：

有一个孩子想不明白自己的同桌为什么每次都能考第一，而自己每次都只能排在他的后面。他回到家问：“妈妈，我是不是比别人笨？我觉得我和他一样听老师课，一样认真写作业，为什么总比他落后？”妈妈听了孩子的话知道孩子有自尊了，他望着孩子不知该怎样回答。又一次考试，他儿子考了20名，他的同桌还是第一名，孩子回家后又问了同样的问题。她真想说：人的智力有高低之分，考第一的人，脑子就是比一般的人好。然而，她始终没有说出口。有几次她真想重复那句被上万个父母重复了上万次的话：你太贪玩了，你还不够努力……以此来搪塞儿子。然而，像儿子这样脑袋不够聪明，在班上成绩不突出的孩子，平时活得还不够累吗？

为了给儿子一个完美的答案，她始终在寻找。

一个假期，她带着儿子坐在大海边，她指着海面对儿子说：“你看那些在海边争食的鸟儿，当海浪打来的时候，小灰雀总能迅速起飞，而海鸥总是显得很笨拙，然而，真正能够飞越大海的是它们。

故事2：

孩子三岁了，幼儿园老师在家长会上告妈妈：你的孩子注意力只能坚持5分钟，别的孩子都比他强！回到家里，看到儿子，妈妈兴奋地告诉儿子：儿子，你原来注意力只能坚持3分钟，老师表扬你了，说你能坚持5分钟了！上了小学，家长会上，老师批评她的儿子上课不注意听讲，总是和别人说话。回到家后，妈妈告诉儿子：你上课不注意听讲的毛病好多了，就是再稍稍注意一下，不要影响别的同学听课就更好了。孩子上了中学，学习成绩总是不稳定，让老师很头疼。家长会后，妈妈面对紧张的儿子，平和地说：儿子，你已足够努力了，无论是第几名你都是最棒的！高考后的某一天，儿子手捧清华大学的录取通知书，眼泪再也止不住地留下来，他打开自己的房门，扑向妈妈：妈妈，在这个世界上，只有你欣赏我！

在孩子出现问题的时候，你们是怎么做的？

3. 没有帮助孩子树立远大理想；没有协助孩子做职业规划

在我儿子成长过程中，我早就将把我的希望和他自己的愿望结合在一起，在孩子长大的每一天里，环绕孩子心灵的是一系列积极、向上思想。二年级目标就是北京最好的学校——人大附中，那时将来的目标进入北大学习数学；为了进入自己理想的中学，自己发奋学习数学，拿到两块全国奥林匹克数学竞赛金牌、两块铜牌。随着年龄的增长，又喜欢上了经济管理，于是想考光华管理学院。为了实现自己的目标，他制定了一系列计划从初一开始自学一些国内、国际经济类的书籍。

其实一个人对自己职业的规划一定要从童年开始，随着年龄的增长，可能会改变，这是非常正常的事。这只是一个寻找的过程，只要你有思想，就能找到你的最爱！千万不要到了高中甚至大学还不知道自己的方向，这样孩子才能有学习的目标和动力，孩子才能全力以赴，而且不知疲倦，更重要的是非常快乐！

和你聊天，感到你从未想过帮孩子树立理想，也没想过协助孩子做职业规划。面对孩子的情况，只是非常无奈。正如很多家长一样，只能被动地推着孩子走，孩子越学越没动力，越学越没兴趣。假如一个人连个目标都没有，这和盲人骑瞎马没什么两样。你越努力，越着急，孩子离成功越远。

4. 你们总和自己当年比较

很多家长面对孩子出现这样或那样问题时，脑子里总是在说：我也没有让我的父母费那么大劲儿，不是成长得很好吗？你千万不要这样想！因为我们所处的环境和今天差别太大了！我们的孩子受着太多的诱惑：浮躁的社会氛围、电视、网络游戏；他们狭隘、迷茫，他们没有前进的动力与方向；他们是一代水泥墙里长大的孩子，他们孤独、冷漠；他们承受着来自学校、老师、父母、爷爷奶奶、姥爷姥姥以及整个社会的压力。目前权威调查结果告诉我们：北京市中小学生32%有不同程度的心理疾病。来自北京儿童青少年卫生研究所最新公布的《中学生自杀现象调查分析报告》显示：中学生5个人中就有一个曾经考虑过自杀，占样本总数的20。4%，而为自杀做过计划的占6.5%。这样的情况多么可怕！所以我们不是生了他们就万事大吉了，更重要的是肩负起教育他们的重任，因为我们是把他们带到这个世界上来的人，我们是他们的父母！所以，面对孩子出现了问题，我们没有理由退缩。要知道，让一个孩子健康、快乐地成长不是件容易的事，要我们付出很多。

5. 孩子之间的差距远远小于父母之间的差距

当我们的孩子成绩不好时，总是喜欢把自己的孩子和那些优秀的孩子比较，其实你孩子和那些优秀孩子之间的差距远远小于你们和那些优秀父母之间的差距。任何一个优秀孩子的背后一定有一位优秀的父母，他们十几年甚至几十年如一日的默默付出，大家所看到只是一个出色的孩子，其背后父母的艰辛是一普通父母难以理解的。

孩子诞生的那一天，我和天下所有的父母一样，都惊喜于一个生命的来临，寄希望于孩子有一个美好的未来，但我和其他父母不一样的地方，无论何时我的脑子里始终有一观念，那就是：如何让我的孩子接受最好的教育？为此我不停地在努力，一直寻找着适合我儿子成长的途径，也始终追逐着那些站在教育最前沿的教育领跑者，李开复、高燕定、徐小平。我总结出孩子成长的关键是：智商的发展、情商的提高、德商的培养以及营养与保健等四个方面。然后我制定出了一系列具体的措施和手段来实现这些想法。例如我让儿子在小学期间必须学习的四门功课：数学、围棋、钢琴、英语。这里涵盖了促进孩子左脑的发育，同时也包括促进右脑的平衡发展。即逻辑思维和形象思维两部分。我把情商分为十二个重要的部分：自信心、责任心、独立性、学习的兴趣、自我意识、坚持性、团队精神与合作意识、不服输的精神、沟通与交流、组织与策划、演讲与辩论、快乐的心态，针对孩子的情况分别去培养。几年前，美国的教育学博士米歇尔·博芭女士，第一次提出了“德商”的概念。这一概念的提出，给我们的教育领域提出了新的课题。这位有着丰富经验的教育专家指出人类的七大美德：有爱心、有良心、能自控、懂尊重、要善良、要宽容、求公正。这一理论提示我们：在我们努力提高孩子智商、发展孩子情商的同时，一定还要注意培养孩子的德商。营养与保健部分在现在污染泛滥的年代同样举足轻重。

如果我们只能看到自己的脚尖，我们怎么祈求我们的孩子飞得更远？所以我们首先要站在一个别人无法企及的高度上，将中西教育精华合璧，因为未来的世界越来越小，世界就是一个大舞台，我们的孩子第一次和比我们发达十几倍、几十倍的国家的孩子一同站在同一起跑线上，我们的孩子面临的全世界的挑选。我尽量减少中国教育的弊端对孩子的伤害，要成为我能够做到的最好的父亲。

以上我只是非常简洁的说明了我教育思路，其中的每个细节都有很多内容。这是一个庞大的体系，所以培养一个出色的孩子绝非想象的那样简单，它需要你的耐心，需要你的智慧，需要你不断地开阔自己的视野，需要你持久地学习先进的教育理念。

我所做的这些你做了多少？我们的差距远远大于孩子之间的差距，承认了这一点，你就没有理由怪罪你的孩子。

6. 把孩子变成你的财富

“儿子，你要努力，未来的一切都要你自己奋斗。”

“我知道，爸爸。”

“爸爸既不是领导，也没有财富留给你，作为父亲我还是点儿歉疚。”

“把孩子变成财富比给孩子留下财富更重要。”

这是我和儿子的一段对话。儿子当时只有十二岁。

是呀，金钱的数量是有限的，但让孩子有个光明的未来，让他幸福快乐，这种财富是无限的。我们做不到和孩子一同走完人生，我们能够把握是孩子的现在，让他学会在竞争中生存，让他学会即使是失败了也要把头抬起来的勇气，让他知道不经历风雨怎能见彩虹的道理，让他学会寻找幸福，感受快乐。从这个意义上讲，把孩子变成你的财富确实是更重要的。

7. 你们的具体做法

（1）确定目标。这是头等大事，这是改变孩子未来的前提。和孩子一起根据孩子的实际情况制定一个跳一跳能够得着的目标。就目前的情况，就是确立要考那类大学。如果能更具体就会更好。

（2）有了目标，剩下的事就是坚持。找一个孩子比较喜欢而且意义重大的事情训练孩子的意志品质，让孩子学会坚持。

在这方面，我选择了田径。我儿子通过不间断的田径训练，在身体承受极限状态下，坚持了三年，这是一般孩子绝对做不到的。我和儿子说：这件事，你如果能坚持下来，这个世界上就没有你克服不了的困难。这件事给儿子的影响一定是长远的。现在在人大附中，从50米到1500米，很难找到对手。连老师都惊讶，在这样一群学习精英里面怎么还有这样一个人！当然，对于你儿子来说有些晚了，因为离考大学没有多少时间了，一上高二基本上都是全力以赴去面对高考了，但我想如果能找到一项磨炼孩子意志品质的方法，对孩子一生都是有益的，包括对孩子自信心的培养都是非常有益的。你想想，孩子们经常参加一些运动会等一些体育活动，当孩子为了自己的班级争得荣誉时，那种自信是用语言无法描述的。我儿子目前是人大附中橄榄球队的主力成员。这种自豪感会促进他的学习劲头、提高他的学习效率。

（3）用一天的时间好好想想孩子的优点，然后放大，给孩子鼓励，让他明白父母对他的信任。同时找一个时间（孩子心情好的时间）非常正式告诉孩子你们作为父母对他的期望（这不同于第一条，可以看得更远些，例如，你是希望孩子将来成为一个什么样的人，过一种什么样的生活等），适当的给孩子压力（当然要视孩子的情况，压力不能过大）。

（4）在保证孩子的睡眠、运动、营养的前提下，再努力学习。绝不能以损害孩子的健康来换取孩子的学习成绩。

（5）多给孩子买些书。我把李开复的《做最好的自己》,《心态决定人生》推荐给你们，你可以看，你儿子也可以看。一本好书，有时起的作用是很大的，甚至会影响孩子的一生。读书的作用一方面拓宽视野，积累写作素材，提高孩子的文学修养，更重要的是影响孩子的世界观。所以每过一段时间，我就会注意这段时间里，有没有有价值的好书。

我对近几年的各省的高考状元深入研究，发现他们无论来自农村还是来自城市，都有一特别的共同点：博览群书。所以无论从哪个角度来说，书在孩子成长过程中都是不可取代的。

（6）安排好孩子高一这个暑假。在我儿子小时候（现在完全自己安排），每一个寒暑假都是在假期来临之前一个月左右精心安排，基本上分四条线路：a度假旅游；b现场看体育比赛、听音乐会；c田径训练，游泳、滑雪等；d 学习。这里限于篇幅我就不一一展开说明我的用意。我想告诉你的是，时间对每个人来说都是一样的，其实只要你用心安排，孩子的收获会是很大的，而且用心安排和不用心安排其效果是天壤之别的！这个假期对你孩子来说太重要了。马上面临着分科，利用这个假期好好思考这个问题，同时两个月能学到的东西实在太多太多。然后让自己有一个全新的面貌进入关键的高二。

（7）孩子在学习中肯定要遇到不少困难，因为他基础不太好，意志品质不顽强等。请你无论如何也要鼓励他坚持。把大目标分解成几个小目标，逐步实现。做一个系统的计划。

（8）教育孩子不要寄希望于他人。要明白你最了解你的孩子，你最爱你的孩子，在这个世界上，对于孩子，你是别人绝对无法代替的，只有肩负起教育孩子的重任，才能对得起上帝赐给你们的、这么好的礼物！

后记

这些年我一直专注于孩子的教育。从我的角度来看你的儿子，他失掉了非常多的宝贵的时间，他本应该更优秀，却长期在一个没有目标前提下庸庸碌碌过了十几年，在我看来实在可惜。因为没有目标所以没有奋斗的动力，所以没有经历，没有感悟。从我的角度来看你，你和中国绝大多数的父母一样，面对父母这一角色没有一点点的学习愿望和意识，只是凭着本能去应付你可爱的宝贝。在我看来非常遗憾！孩子在我们不知不觉中长大，作为把他带到这个世界来的父母，如果没有给他应有的教育，就如同没有教会孩子生存把他扔到了狼群里，也如同没有教会孩子游泳就把孩子扔到了大海中央！当然，一切都来得及。只要今天你知道了教育孩子的重要性，从今天起，一切都来得及！

时间仓促，我没有仔细推敲我的文章，假如我的那句话伤害了你，敬请你原谅。同时我的文章只是请你借鉴。随后我会针对你儿子的情况再写一封信给你儿子。如果你有什么特别需要我写给你儿子的，请你告诉我。如果没有我会凭和你的谈话告诉他应该怎样做。我相信我会感动他。谢谢！

2008-3-24 老同学于北京

写给家长的回信——爱是教育的源泉

你总结得不错，击中了要害。其实每个孩子都有很大的潜力，也都是独一无二的，没有不行的孩子，只有不行的父母。当然，我们首先要承认孩子的遗传天赋是有差别，但造成后来的差距越来越大，主要还是后天的培养，后天的教育环境对孩子的影响起着非常重要的作用。当然，一个孩子出色，绝不是一方面的影响，都是遗传、教育、自身努力、环境影响等多方面作用的结果。

我小时候生长在农村，那时候经常到田间种地。我们家隔壁有个姓周的大伯，是个远近闻名的“勤快人”，每天天不亮就到地上施肥、除草、浇水，日落后才回家。日复一日，他家的庄稼长得非常的好，别人都非常羡慕他。都问他：别人的庄稼为什么总是没你家的好？难道你种地有什么诀窍？这位周伯伯说得非常实际：“你们想想，咱们的地都是一家挨着一家，土地的贫肥（贫瘠与肥沃）基本没什么差别，不同的只是我在庄稼该施肥的时候及时施肥，该间苗的时候及时间苗，庄稼成长需要的养分及时给了它，你叫它长不好都没理由。”

这位农民伯伯说得太朴实不过了。其实孩子的成长也同样。

当我们看到别人家的孩子非常出色的时候，在孩子出色的背后一定是孩子付出了努力，同时家长也一定付出了极大的代价，我们看到的只是结果，其实光环的背后都付诸极大的艰辛和及时的营养。当然孩子的成长，比庄稼的成长要复杂得多，但是只要我们做父母的用心，只有你有培养孩子的教育理念，加上你有足够的耐心，我想，至少你的孩子比起随意放养要好得多。

在我儿子小时候（大概 2 岁左右），有一次去地坛公园钓鱼，当时的情景是：中间是一条十几米宽的小河，两岸上站满了钓鱼的人，河的宽度大致是当两岸的人都将鱼竿最大限度的向中间抛时，中间还留下十几公分的宽度，两岸的人很难将鱼竿伸向此地。而就在这十几公分宽的“无人骚扰区域”几乎集中了所有的鱼！开始我还以为是中间有鱼食，后来我发现不是中间有鱼食而是那些鱼因害怕被两岸的鱼竿钓着而全部躲藏在这个“无人骚扰区域”。我感叹鱼的聪明，同时我在想，这些鱼都是经过长年累月的训练才变得如此聪明的。

那天回去后，我一直在想一个问题：鱼算不得聪明的动物，经过训练后，都能如此。孩子经过训练应该比这收到的效果更明显。再想想马戏团动物们的表演，在人们看来那些猪、马、牛等很笨的动物都能获得一般不经过训练很难想象“高难动作”，我更加坚信了通过训练一定能够提高孩子智商的观念。

这就是我早期受到的启发之一。

你说得非常好，我对儿子的教育源于对他的爱。我在写给儿子的信中，真情地表达了对儿子疼爱、关爱和发自内心的喜爱，表达了一个普通父亲的思念与牵挂。正由于他的到来，改变了我的生活方向，因为我知道，没有什么事比这更重要。

共勉。

2007-10-29

写给家长的回信——一定要控制自己的情绪

我认为你是一个很有责任心、很有头脑的家长，你的弱点就是自己太强势了。面对孩子，你一定要学会控制自己。

我的朋友XX，应该说是一个非常有头脑，自己又是非常聪明的人，现在全家都去了澳大利亚。原来在班上经常聊起孩子的事，所以我们的关系非常好，至今我们还经常书信往来，他非常关心我儿子的状况，经常把澳大利亚的教育观点传递给我，虽然他非常忙，压力也大，但他始终关心着他儿子的成长。

在国内，他对他儿子可谓呕心沥血。在他儿子二年级时用了一年的时间准备考入人大附中的仁华学校，可谓用心良苦。但最终孩子连十班都没考上。第二年又准备了一年，结果又是连门都没进去。XX当时的心情可能在同事之中只有我知道。他自己曾是奥数高手，也曾获过一些大大小小的奖，面对孩子连仁华学校的门都进不去，他死活接受不了。再加上我儿子很轻松考入一班，给他的压力非常大。有一次我们一起出差，几个晚上都谈到深夜。XX是一个非常聪明、非常有主见的人，对孩子格外关注，其关注程度我觉得超过我。我和他直言不讳谈到他自己太强势了，以至于让他的孩子有一种自卑感，让他的孩子感到总是在一种压抑的情绪下生活。由于心情不好，XX经常和孩子发脾气，他的孩子在他逼迫下拿起毫无兴趣的奥数书，经常是哈欠连天。后来他检讨了自己的教育方法，明白了自己的心态加剧了孩子学习数学的痛苦。再后来就去了国外。

和你谈了这些与你和你孩子无关的事，我想表达的是：面对孩子，千万要控制自己的情绪。尤其是像你这样各方面都很出色的家长更应注意，你喜欢不代表你孩子喜欢，你的这方面强并不代表你儿子这方面强。要控制好自己的情绪。这句话说起来容易做起来非常难，包括我自己，遇到一些事总是控制不了自己，和孩子发脾气，这是我也常犯的错。其实，刘墉也一样，尽管他把儿子送进了哈佛，尽管他对外是一个近乎完美的教育家，面对自己的儿子经常是说着说着鞋就飞向孩子。傅雷经常在傅聪弹错一个音就将傅聪的脑袋往墙上撞！为此，事过很多年后，傅雷都不能原谅自己。郎国任也同样经常面对年幼的郎朗大发雷霆。由于郎朗第一任老师认为他没有前途时，面对年仅七岁的郎朗，郎国任告诉孩子眼前只有两条路：一是回沈阳，二是跳楼。让这么小的孩子承担他不该承担的责任。这都是因为他们面对的是自己最心爱的孩子，因为他们自己完美而要求自己的孩子也必须完美。所以就连那些大家都避免不了，我们这样的普通人和孩子发脾气更属正常，但我们还必须控制自己。

我曾经看过一篇文章，说的是一个家长让孩子练琴，孩子不爱练。这位妈妈回想起三年前节衣缩食给孩子买了这架钢琴，以及她为孩子学琴所付出的时间、精力，等等，她还是压抑着满腔的怒火，但面带笑容想方设法一再鼓励孩子再练一小时，结果孩子在极不情愿的情况下还是被妈妈哄着继续练下去。妈妈胜利了。听着孩子的琴声，这位妈妈跑进厨房长叹一口气，压抑的情绪让眼泪情不自禁地流下来。我们不去说这位妈妈让孩子练琴是否正确，也不去谈论孩子这样练琴的效果，就这位妈妈控制自己的能力值得我们做家长的学习。

我每次发完脾气，都后悔，更是担心对孩子造成伤害，所以总是想改掉这个毛病，但总是事与愿违。但这种情况，在我儿子小的时候很少很少发生，只是到了现在，孩子进入了青春期，发火的事才多了起来。现在我基本上能控制自己了，每次想发火之前再三告诫自己：冷静！再冷静。

2007-7-26

写给朋友孩子的信——信念＋努力＝成功

XXX：

你好！

很冒昧，让你花时间在听一个陌生人讲话。

不过，其实我对你并不陌生，一方面我和你爸爸是大学校友、好朋友，另一方面，我的儿子比你大两岁，而且这些年来，我接触了许许多多像你这么大的孩子，他们有着各种各样的烦恼。在和他们沟通中我得到了他们的信任和友好，有的还经常给我写信，看到他们的改变，他们的进步，我和他们的父母一样从内心由衷的高兴。所以我在给你写这封信的同时，我一直在回忆我们接触仅有的半天时间里的每个细节，我也在不停地搜索我的记忆，你到底和向我咨询的哪个孩子相似，然后比较归纳，在我的脑海里画出你的形象，我就认定，她就是你。我也一直在揣摩你的接受能力，只是怕我这个陌生人伤害你的自尊心。

199x 年 X 月 X 日，我相信这一天对你的父母来说一定是永远铭记的，因为这一天，你来到了这个世界上！就像天下所有的父母一样，他们满怀着希望、满怀着感激用一种难以言传的、从未有过的心情来等待着你的到来。因为你的到来，同时让他们成为了父母；你让他们明白了什么是感动，什么是关爱！什么是无私！

和你爸爸妈妈聊天，当我们聊到你时，我看得出你给他们带来了许许多多的幸福，同时也有一些让他们失望的时候，比如像你的学习成绩，一直处在一个中游水平（偶尔较好）。面对你的这种情况，你的爸爸妈妈心急如焚，尤其在听到哥哥的成长经历时，他们更是羡慕，就像是看到别人家的果树上结满了果实，而你这一棵总是不尽如人意。而他们非常想改变这种状态，又不知道从何处下手。

时光飞逝，快得让你的爸爸妈妈还没有来得及好好思考，你马上就要进入青春期。这样的情况让他们更不知所措。不过我想伯伯也是从这个年龄过来的，所以我理解你。到了这个年龄，自己总觉得自己长大了，不需要爸爸妈妈的教育了，这就是所谓的逆反期。但我要告诉你，你的很多想法还是很不成熟，就像初夏里结的果实，还是很青涩的。所以有时你还得静下心来听一听父母的话。

我承认，他们的教育方法可能有问题，他们只是疲惫地推着你，让你看不到前进的方向，他们没有花时间了解你的内心世界，你所听到的是每天重复多遍的唠叨声。其实这也是中国绝大多数父母的教育水平，你不应过分地怪罪他们。至少他们出发点是好的，至少他们对你是无私的。

我想一个优秀的孩子应该具备很多重要的素质，你应该注意以下几个方面。

1. 要有一个清晰的目标

一个人活着一定要有目标，或者说信念。一个没有目标的人就像大海中航行的一叶小舟，随风漂泊，今天刮西北风，它向东南走，过几天刮东南风向西北走，可能一个月下来他原地未动。假如你认定了一个方向，尽管逆风行使，它还是前进的。无论多慢，始终向着自己既定的目标走，总有一天你能达到成功的彼岸。

就你眼前的情况，你应该把目标定位在哪所重点高中，或者稍远点，定位在哪类大学，或者是哪所大学的哪个专业，一定让这个目标清晰起来！

2. 有了目标后，剩下的事就是努力。信念 + 努力 = 成功。

信念和努力是成功的一对车轮，没有信念的努力不会持久，没有努力的信念就像画在墙上的烧饼，毫无意义。

成功是人人渴望的，但不达目的誓不罢休的信念，以及为达到成功彼岸而付出一系列努力却不是人人能做到的。所以有人实现了自己的愿望，有人只能是远离成功。

你应该明白你现在的情况和你的目标校的距离，那么从今天起，你就应该努力，证明你的能力。具体做法：

（1）细化每一科要拿多少分才能实现自己的目标，找出差距后刻苦努力。当然你现在是初一，考试的难度还远远不够，但你可以看看你在本地区的名次你就会明白自己离目标校的差距。

（2）学习一定要讲究效率和方法。现在一些优秀的孩子每个人每一科都有一个错题本，把平时考试和练习中做错的题记录在这个本中，这样你在复习时很直观，而且省时间。同时一定要善于总结。总结是把你这一段时间内学到的东西“拎一拎”的过程，它能让你的知识脉络更清晰。不要感觉这两件事耽误时间，其实能节省你不少时间，而且重点难点记忆深刻。进入初中后期（初二）以及高中，学习任务非常繁重，这就要讲究效率。把自己最佳的时间全部用在学习上。一定要结合体育活动，学习任务越重，体育活动应该越多，一方面体育锻炼让自己的大脑有一个充分的休息时间，另一方面，这是健康必需的。

（3）珍惜时间。所有的成绩都要靠时间的积累一点一点提高的。不怕慢，只要不停地走，总有一天你会发现你是走得最快的人。

（4）语文成绩的提高是一个细水长流的过程，不可能一蹴而就。建议你多读一些书，开阔自己的视野，就像你经常听音乐会看演出一样，听一次两次，看一次两次可能不会明显的提高，时间长了，听得多了、看得多了，你的鉴赏水平自然会提高。我建议你多读一些像《读者》、《青年文摘》等，这些文章富含哲理，文笔清秀，很利于你的写作的提高。还有像《感动中学生的 1000 篇故事》、《感动中学生的 1000 篇散文》、（名字大概是这样，我记不太清了。）这些对你的写作水平的提高非常有帮助。你要学习怎样把一个故事讲得像书里讲的那么生动，只有能感动自己才能感动别人，只有感动别人的文章才算是好文章。

英语和语文类似，只有多读多写才能提高自己的水平。建议让你爸爸给你买一套《走遍美国》、《新概念英语 2》的磁带或光盘，能放在车里经常听，反复听，这些对于一个初学者来说都是非常好的教材，当你把它们背得滚瓜烂熟的时候，你的水平会有一个很大的提高，《新概念英语 2》共 96 课，用半年的时间把它背下来，这些是哥哥的老师的基本要求，还有：从初一开始每天一篇完型填空、三篇阅读理解，书的难度自己确定，像哥哥初一时做的是初三的，初三时做高三的，这类书很多，选一套坚持下来。哥哥选的是延边大学出版社出版的那一套。如果你想学得更好，多听、看一些原版的英文电影，假如你能非常清晰的听懂三部电影，你的听力就会有很大的提高。

数学和英语语文不同，除了认真学习课本外，要大量地做题，才能提高速度，才能提高准确率，尤其是限时做题既能让你自己在短时间内思维高度集中，训练你注意力，又能提高你做题的一次性正确率，减少你的失误。这也是像人大附中这些名校惯用的方法。

无论学习哪一科，都必须充分利用上课老师讲课的45分钟，要认真听讲，这样对你来说才是最经济的，最节约时间的，这是所有优秀学生公认的好方法，千万不要认为自己会了，在老师讲课时开小差，那是最傻的人才做的事！像哥哥学的东西那么多了，老师讲课照样认真听，因为你总能有收获，而且经常发现老师的思路和自己不一样的地方，经常让自己豁然开朗。

3. 要有一个积极的人生态度。珍爱生命，热爱生活

父母给了我们生命，我们无论如何都要感激，都要珍惜。一方面父母把我们带到这个世界上来就是对我们满怀期望，对我们的未来充满憧憬，我们的每一次小小的进步都会给父母极大的惊喜。仅仅是因为你是他们的女儿。另一方面我们作为一个独立的个体，当我们离开这个世界的时候应该给这个我们曾经停留的地方留下一点点痕迹，至少我们自己无怨无悔，并告诉这个世界：我奋斗过，我努力过！我也曾有过辉煌！所以我们无论如何都要珍惜，珍惜父母给我们的仅有的一次生命，感谢父母。不要让爱我们的父母因为自己虚度光阴而失望。不要让自己枉费一次宝贵的生命，以积极的心态拥抱生活。

4. 没有克服不了的困难

如果你觉得考一个理想的中学或大学有很多困难，我想告诉你的是：没有克服不了的困难，这个世界上没有什么不可能！

我来给你讲几个故事吧。

故事1：

1995年，法国记者尚多朋克突发心脏病，导致四肢瘫痪，而且丧失了说话的能力。全身能动的只有左眼，仅仅靠这仅能动的一只眼睛，借助于一台自动记录仪，完成了150页的一本著作。你能想象出他的难度吗？他只能靠眨眼的次数来判断自动记录仪出现的常用字母是否正确，来拼写单词（眨一次为正确，眨两次为错误）。为了写这本书，尚多朋克大约眨眼20多万次！

故事2：

1968年慕尼黑奥运会，美国田径运动员海恩斯，撞线后成绩为9.9秒，这是人类第一次百米突破十秒大关，在这之前欧文斯跑出了10.3秒的成绩，这个成绩一直保持了三十多年无人打破。一些专家确定，人类的肌肉现存条件不可能突破10秒。海因斯自己也相信了这些专家的说法。在他撞线的一瞬间，海因斯说了一句非常经典的话：上帝呀，原来那扇门是虚掩的！

故事3：

十九世纪震惊世界的两个人，一个是拿破仑，另一个就是海伦凯勒。海伦凯勒，我相信你应该知道这位美国总统曾多次接见过的传奇女性吧？由于一场大病，十八个月的她变成全聋、全盲、全哑，在父母几乎绝望的时候，一个女教师却改变了她的命运。这位伟大的女教师就是在竭尽全力地改变着海伦凯勒心情，教她识字、教她学习音乐。你能想象得出教一个全聋、全盲、全哑的人学习的难度吗？举个例子：比如学习“水”字，因为海伦看不到，写出来让她认是不可能的，因为她聋，读出来让她听也是不可能的，靠的就是她的触摸。这位女教师就是让海伦触摸盲文“水”字，然后把水滴在海伦的手上，让她知道这种液体的名字就叫这个字“水”。对正常的人轻而易举的一件事情，对这位女教师和海伦来说要费很大的周折，但就是这样一个女孩儿，一生完成了14部巨著！

所以在你的学习中若是遇到有什么困难让你感到克服不了，你就想想海伦凯勒吧，因为你总比海伦凯勒的情况好一千倍！她能精通5种语言，你这个既不聋也不哑的健康孩子考个理想的中学、大学就那么难吗？

当然，在你学习生活中，总会遇到各种各样的困难，假如一切成功都来得那么容易，成功也就失去它的魅力。也就没有那么多的人在细心品味成功后的喜悦和收获。当你面临困难的时候，也正是上帝在检验你的意志品质是否足够顽强，你的信念是否足够执著的时候。当你自己跨越了一座座山峰，再去俯瞰在你脚下的曾经被你征服山峦时，你的内心会豁然开朗，这种成功后的感觉只有你自己拥有的时候才能真正体会得到。我希望将来的某一天你会把这种感觉告诉给你的爸爸妈妈，别忘了，还有我。

孩子，伯伯很忙，就在我给你写这封信的同时，我的办公电话不停地在响，我的思路经常被打断，我只是在狭缝中抓住一点一滴的时间，把它献给你。要知道，你的进步对你的爸爸妈妈是多么重要，对你的一生多么重要！孩子，其实人的一生很难不犯错误，但关键的时候一定不能犯错误！一旦关键步错了，以后每一步都赶不上。这样的事例实在太多了。这样的教训实在太深刻了！现在你已经到了关键的时候了，如果你考上一个理想的中学，这就会给你的人生奠定一个非常好的基础，有了这个基础，会让你未来的路你变得很宽阔，你的人生会更加精彩。

给自己一个悬崖，就是给自己一片蓝天！

好了，我就不多啰唆了，伯伯衷心愿你进步，愿你快乐，更愿你有个美好的未来。

（时间关系，没有很好整理一下语言和思路，我相信你能理解我的意思，抱歉。以上的话仅请你借鉴。）

2009-2-1 伯伯于办公室。

德商篇

概述

几年前，美国的教育学博士米歇尔·博芭女士，第一次提出了“德商”的概念。这一概念的提出，给我们的教育领域提出了新的课题。这位有着丰富经验的教育专家指出人类的七大美德：有爱心、有良心、能自控、懂尊重、要善良、要宽容、求公正。这一理论提示我们：在我们努力提高孩子智商、发展孩子情商的同时，一定还要注意培养孩子的德商。

有爱心

有爱心，就是孩子关心他人，尤其是对那些需要帮助的人，投入自己的感情，让他们获得希望、快乐，从而改变被帮助人的心情。它属于德商的范畴。

一个偶然的机会，我看了一部 MTV，歌曲的名字叫《感谢》。一条曲曲弯弯的青石小径，蜿蜒在一片绿树丛中；一座座低矮的瓦房，零乱地排列在小河的两岸；还有那些勤劳善良的大爷、大妈们，手里不停地干着活；儿时的伙伴，亲切而又陌生地拉着“我”的手，天真烂漫的孩子们在院子里快乐地戏闹、追逐……这样一幅亲切的场面，加上清新、自然、略有一点儿忧伤的曲调，一下子把我带回了童年。那是一种久违了的心情。

应该承认，农村那种“放养式”的生活，不仅让孩子呼吸到了新鲜空气，更容易培养孩子之间的友谊和爱心。孩子们在一起游戏中长大，那种相互关爱、相互了解深深地种植在每一个人的心中，无论他们走多远，也无论相隔多少年，只要在那里生活过的孩子，一想起这种场景，就会感到无比的亲切，心中就会洋溢起无限的幸福。

相比之下城里现在的独生子女，他们生活在高耸的水泥墙中，他们享受着优越的物质条件，可是他们并不觉得快乐。孩子们感到自己像笼子里的鸟一样，孤独、无援，所以这样长大的孩子更容易冷漠、自私、缺少爱心。现在的生活节奏，加快了我们的步伐。我们在把人类送入遥远的太空的同时，一定不要忘了教育我们的孩子去关心他们周围的同伴。

京郊有一个孤儿院，这里生活着许多来自全国各地的孤儿，他们当中有些是非婚生而被父母遗弃的孩子，有的孩子因患有先天性疾病被狠心的父母扔到了野外。一位同事告诉我，她和爱人及孩子利用周末的时间，约上几个家庭一起去了那里。他们的孩子们都准备了很多好吃的食品，很多原来自己玩过的玩具，尤其是每个孩子都带了一大箱书，还有一些写字、画画的文具等。这位同事回来和我说："孩子们可开心了！当孩子们把这些自己用过的'礼物'送到那些孤儿手中时，有一种特别的幸福感。看着那些无助的眼神，你就会有一种强烈的愿望想帮助他们。"在孤儿院，他们停留了一个多小时，孩子们在一起游戏、聊天、讲故事，也让那些孤儿们也暂时忘却了自己的不幸，自己的孩子在给予的同时也获得了快乐。正所谓奉献的是一份爱心，获得的是两份快乐。

初中以后孩子几次到北京顺义的太阳村，和那里的孩子结下了深厚的友谊，一对一资助了一个和自己同龄的孩子。当然，费用由我和儿子共同承担，每到开学儿子自己到银行给那个孩子寄钱，每次寄完钱就像寄走了一份希望。

请看儿子写的一篇文章：

兄弟之情

张淑琴原是一名一级警督，在陕西省监狱局工作十多年，亲眼目睹了服刑人员子女的悲惨遭遇——有的流落街头，有的走上犯罪的道路，有的家长被执行了死刑，他们的孩子命运更为悲惨。面对这样的情形，年近60岁的张淑琴奶奶放弃原有的一切，克服重重困难创办了太阳村孤儿院。

第一次去北京顺义太阳村是2009年的暑假，我组织了班里的六个同学，一同前往。也许是听张奶奶讲的她创办太阳村艰难的经历感动了我，也许是那里一个个不幸的孩子的坎坷的人生经历，抑或是这些孩子们种种遭遇触及到我心灵深处，唤起我一次又一次到太阳村看望他们，让我自愿拿出我的奖学金、压岁钱及卖废品的钱资助一个和我同年级的翰读高中。

2010年暑假，第二次去太阳村，我见到了翰。他比我想象的还要瘦弱，内向、腼腆，比我要矮半个头，看上去也比实际年龄小很多。我主动和他打招呼："你好，翰！"他像是没有听到我的问候，头低得很深，一声不语。"我们出去走走吧！"在短暂的犹豫之后，他随着我不情愿地离开了像积木式的小屋。

7月下旬的北京，天气热得像火山爆发，烤得人难以忍受。我和翰慢慢行走在院子里。"聊聊你的学校、你的同学？"我诚恳地说。他还是缄口不语，又像是在思考什么？我担心我的到来让他想起自己不幸的童年、想起自己在监狱服刑的父母……于是我很自然地讲起我同学的故事。我们在院子里一圈一圈走着，只有我一个人在说话。但我还是在不停地寻找让翰开口说话的机会。我从背包里拿出一本书——《一生的忠告》，"翰，给你的。"我亲切地叫着他的名字。他抬头看了一下我，又迅速移开了视线，当我们的目光再次相遇，足足对视了半分钟之后翰终于发出了非常微弱的声音：“谢谢！”这是我和他聊了两个小时后听到他说的第一句话，虽然只有两个字！虽然声音微弱到只能凭借我的猜测，我还是获得了极大的成就感。我下意识地握住翰的手，一种从未有过的被人信任的感觉顿时涌入我的心头，霎时间，我第一次感到被人需要的意义！“不用谢，认识你我非常高兴。”

以后的聊天还算顺利，虽然翰的话很少。聊了他的学校、他的爱好以及他为何选择文科等……

这次经历让我确信自己的沟通能力，也让我有了更多的责任感，我想我和翰同在一片蓝天下，应该共同享受属于我们这个年龄拥有的美好的日子，我希望我的努力能给翰带来快乐，哪怕是一点点帮助或者鼓励我都非常开心，并一起努力实现自己的理想。

表面看我们付出很多，实际上我们的孩子在给予的过程中获得的更多，我们孩子收获远远大于付出！这种收获应该说是无价的。这比家长整天和孩子说：你要好好学习，你要如何做人等有用得多，让孩子亲自体会那些没有父母关爱的孩子是怎么生活的，每次回来后孩子自然珍惜自己父母给予的优越条件，他自然知道自己应该努力，这比我们整天在孩子耳边唠叨有用得多！所以每次和同学回来后，家长都打电话告诉我：我孩子从太阳村回来后变化很大呀！下次去一定别忘了我们。

我们的家长要寻找机会，让孩子体会给予的快乐，让他们从小学会帮助别人、关爱别人，做一个有爱心的人。

记得有一个晚上七点多钟，儿子的一个同学打来电话，聊了二十多分钟，我在想：“有什么重要的事，说了这么长时间，怎么还没说完。”我仔细一听，儿子不断地安慰他的同学，并告诉对方，不要害怕，把门锁好之类的话，我正在纳闷，儿子将电话用手捂住，对我说：“李一凡的爸爸妈妈都不在家，他很害怕，叫他到我家来，行吗？”

“他家住哪？”

“就住我们家门口马路对面。”

“赶紧叫他过来吧！”

李一凡是儿子班里学习最差的同学之一，上课不遵守纪律，乱吼乱叫，同学们都看不起他，更没有人和他玩儿了。即便是这样一个孩子，儿子还是对他投入了很多关心，儿子经常开导他，学习是自己的事，不应该需要别人的强迫之类的话，尽管没有多少效果，儿子还是尽了班长的责任。今天，在自己最需要帮助的时候，李一凡第一个想到的肯定是我儿子。

李一凡来到我家，我让他赶紧给他的父母打个电话，以免让他们着急。而且和我们一起吃了饭，看得出来，他心情平静了许多。他告诉我：“叔叔，我还是第一次到同学家吃饭！”

“好吃吗？”

“好吃！比我妈妈做得好吃。”

儿子不停地把菜夹到李一凡的碗里，并总是在说：“多吃点儿，多吃点儿！”

十点钟，李一凡爸爸打点话告诉李一凡，说他马上就要到家了，让李一凡回去。

李一凡在我家待了两个多小时，儿子陪他看了一会儿电视，又给他弹了《童年的回忆》、《牧童短笛》等几首钢琴曲，李一凡佩服得五体投地，说儿子不仅学习好而且钢琴弹得也棒。也就是这两个多小时，儿子给李一凡带来了快乐，自己也感到由衷的喜悦，帮助了别人，付出了爱心，其实儿子的收获更多。

所以家长一旦发现机会，就要抓住机会，培养孩子的爱心，让孩子受益终生。

我曾经看过一篇俞敏洪的文章，说他在北大虽然学习总是班里的最后5名，可是有一件事别人做不到：他为宿舍的同学打了四年的开水。正是这件事，当俞敏洪到美国邀请王强一起创业时，王强说：老俞能为我们打四年开水，这样的人有他吃的一定饿不着我。这虽然看似一句玩笑，实则反映了俞敏洪的爱心或者说人品感动了才华出众的王强，这才有了今天蒸蒸日上的新东方。

2006年，儿子以优异的成绩进入北京最著名的中学人大附中。在这个团体中聚集了数学、英语、计算机等各路精英，当然让他也是其中之一。

中学这三年孩子取得了骄人的战绩。获得 18 项奖项，其中之一就是连续三年获得人大附中寻找身边的榜样大型活动“爱心奉献奖”。因此他是唯一一个同一奖项连续三年获得者。除了他一贯关心他人、奉献爱心之外，最重要的是这三年孩子做了一件为班级服务的事：连续三年为班级同学早上开门。风雨无阻（极个别情况除外），得到了同学的认可。同学戏称他是班级的一把“钥匙”。

这期间儿子很自豪，自豪的是他能为自己的集体服务，让他的同学每天都快乐坐在自己的座位上学习，无论他们是家离的远的还是近的，也无论是来得早还是来得晚一点的。但有时也很惭愧，有时他自己还是因为一些特殊的事情没能第一个到校，让同学在过道里等着。

记得在初一刚刚开学几天的时候，有一天因为我的车在路上出了点毛病，孩子在车里那叫一个急呀，担心早到的同学进不了教室、无法学习。当时只有他拿着班级的钥匙（他刚刚配好，还没有分给大家）。还好车子马上修好了，我加大油门，但还是比平时晚了十分钟。当他跑上二楼时（他们班所在的楼层），走廊里已经挤满了人，孩子满头大汗，心里充满了内疚，只能连连向大家道歉。

后来孩子把钥匙发给班里的几位同学，但他还是努力做到第一个到校。但还是偶尔有意外的情况发生。

有一次早上下大雪，交通混乱之极，突如其来的大雪让我没有充分的准备，车子走走停停，像个蜗牛。我突然看见前方有地铁站，让孩子赶紧下车乘地铁，这样应该快些。路上他马上联系其他几个带钥匙的同学，不幸的是他们都堵在路上。等孩子到达班级门口时，有的同学已经在门外等了十几分钟了，儿子心里十分惭愧。

就这样，风里雨里，孩子为同学服务了三年，作为班级的成员之一，他非常喜欢这个集体，也非常珍惜这个团结、奋斗，互相关爱的集体，能为同学服务，他感到非常的自豪与荣幸。他收获的不仅仅是同学们对我的信任、得到了同学对他的认可，更重要的这一过程中学会了奉献。现在想来实在是件值得骄傲的事啊！

芝加哥大学校内教堂

有良心

半个多世纪前的一个暑假，一个又黑又瘦的小男孩儿，在一个工地伐着粗大的木头，挥汗如雨。因为爸爸离开了他，母亲为了供他读书，也累倒在床上。他拼命地干活，就是为给妈妈买一把梳子，让妈妈高兴。一个星期过去了，这个年仅 12 岁的小男孩儿，拿着自己争的血汗钱，冲下山去。当他的母亲看着儿子挂满的泥水的脸，手里拿着一把梳子微笑地站在眼前的时候，泪如雨下。50 多年后，就是这位有良心、孝顺的小男孩儿，成了这个国家的总统。

相比之下，再看看我们的孩子们又是怎样的情形呢？

一位年迈的、农民老父亲，节衣缩食、砸锅卖铁，供自己的儿子上小学、中学，好不容易让孩子走进了大学的校门，而这位儿子却看不起几乎为他付出生命才换来今天的父亲。他嫌弃父亲没有文化，嫌弃父亲没有钱，从不愿意对同学说他有个农民父亲。父亲责怪他自己没有教儿子做人，孩子没有学到良心。面对儿子，老父亲老泪纵横，心酸至极。

一个大学生仅仅是因为一个小小的理由，春节不回家和父母团聚，他考虑的只是自己的需要，根本没有考虑在这举国上下和家人团聚的时刻，自己爸爸妈妈的心情。

前几天媒体报道：一个儿子嫌自己的父亲穷，竟然丧心病狂地将生他养他的父亲杀了。

我们孩子的良心都哪去了？他们为什么不知道感恩？

这些年来，我们的学校、我们的家长以及我们整个社会都在过分地关注孩子们的学习成绩，把考上名牌大学作为炫耀的资本，联系家长和孩子的纽带，只剩下了学习成绩，只要学习好，其余全都好，正所谓：一好百好。我们忽略了道德、良心的培养。在城市里，我们的独生子女们个个都被父母们视为“掌上明珠”，个个都过着“衣来伸手，饭来张口”皇帝般的日子。孩子一生病，家长忙前忙后，而家长生病呢？孩子因为学习忙无暇顾及，连一句关心的话也没有。这似乎都是司空见惯的事，没有什么大惊小怪的。为了避免浪费孩子的学习时间，家长们包揽了所有的家务劳动，十四五岁的孩子甚至连自己的毛巾都不会洗，在丧失劳动能力的同时，也丧失了作为人应有的良知。这样培养孩子长大后怎么会去体会父母的感受呢，会去理解别人的心情吗？只能是自私自利，一切以自我为中心。

在美国，大多数孩子都有自己的家务清单，根据孩子的年龄不同父母会给孩子安排不同的劳动，从自己换尿布到擦桌子、洗碗这些力所能及的家庭劳动，这不仅是在减轻家长的负担，更重要的是培养孩子对家庭的一份责任，让孩子从小就明白父母的辛苦，让自己的孩子成为一个有家庭责任感和社会责任感的人，让自己的孩子从小就有良心。告诉孩子，要靠自己的双手来换取自己的收入，赢得别人的尊重。

一次，一个导游告诉我们，冬天路面积雪，出来扫雪的很多是志愿者，他们都认为，付出自己的劳动为别人提供方便是自己应该做的。只要你的车坏在路上，路过的车很多都会停下来帮助你，问你有什么困难，需不需要帮助等。他们的行为不能不叫你感动，他们的这些行为与每位父母对孩子的教育有着必然的联系。

是的，考大学少一分也不行，但我们在注重孩子学习成绩的同时，千万不要忽略德商的培养。一个连自己父母都不关心的人，怎么去关心他人；一个不关心别人的“冷血动物”怎么能取得别人的好感与信任；一个不能获得别人信任的人又怎么可能立足社会、获得成功呢。所以有人指出，一个人是否能成功，归根到底拼的是德商。而有良心又是最基本的道德准则。

我相信很多人仍然记得1994年震惊中外的朱令铊中毒事件吧？

朱令，一个聪明、漂亮的女孩，1992年以优异的成绩考入清华大学化学系。从小学习钢琴和古琴，优秀的她自然成了清华校乐队的主力，令所有的同学羡慕不已。无论是田径场上还是游泳池里，她都是令同学刮目相看的高手。即便是在堂堂的清华大学，认识她的人都为她的完美而感叹。可是，一个令人发指的人为投毒事件改变了这一切。1994年底，朱令开始脱发、四肢无力等症状显现出来，医院也查不出她到底得的是什么病。她的几个同学通过网络把她的病情发向世界各地，在收到的上千封来信中，很多人判断是铊中毒。后来医院确诊也证明了这一结论。可是一切都已经晚了，此时的朱令已经成了一个植物人。昔日的聪明、美丽全都荡然无存，一下子变成了接近死亡的人。让人十分惋惜。令人费解的是投毒者至今仍逍遥法外。十八年后的今天，当我们再次看到体态臃肿、视力几乎为零、不能站立、智力相当于几岁的小孩的朱令时，怎么也想象不出，她就是当年叱咤风云、美丽如希腊女神的清华学子朱令。

看到这个故事，我相信但凡有一点良知的人，都会唾弃那个投毒者，说他（或她）良心坏了、没人性、残忍、丧心病狂，但无论怎样，都是无法挽回了。更不幸的是，惊人相似的事件在北大又重演了！

1994年，王小龙以十分出色的成绩被保送到北大，成为同龄人中的佼佼者。一进入北大，他如鱼得水，一直为自己目标——化学家苦苦奋斗。在1997年一个偶然的机会，他发现与他同在北大的最好朋友江林欺骗了他，他就此怀恨在心，在几次争吵之后，王小龙决定投毒。案发后，王小龙说作案的理由就这么简单。好在在他投毒之后，他良心发现，他赶紧带着江林到了中日友好医院，叫大夫赶紧找普鲁士蓝，医生不听，要给江林做常规检查，王小龙急了，告诉大夫说是他投的铊毒。

王小龙毁了江林，也毁了他自己。

一幕幕悲剧在我们身边一次又一次地重演，多么可怕，又多么可悲。我们辛辛苦苦培养的孩子们，要么被害，要么害人，让所有的家长以及我们的教育工作者不能不低下头，捶胸自问：我们的教育怎么了？当我们一路艰辛，又满怀希望地将我们可爱的孩子从一个婴儿拉扯成一个小学生，几经周折把孩子送进重点中学，再经过奋力拼搏，终于让他们走过上大学的独木桥，我们正满怀信心期待我们孩子成功的时候，我们得到的是孩子出事的消息，犹如五雷轰顶，这样的代价实在是太大了。

我们所面临的是一个多元化的时代，孩子们健康成长需要的营养，家长，你准备好了吗？当我们回过头去再去看一看这两起投毒事件时，如果我们的家长在孩子把一个个奖杯、奖状展现在我们面前时，高兴之余问一下自己，我们孩子的心理健康状况是一个什么样的水平。当我们孩子求知欲望极其高涨，而个人的私欲也极度畸形膨胀，个人的心胸极为狭窄时，如果我们的家长能够快速捕捉到这一点并让孩子树立起良好的人生观时，结果还会是这样吗？所以，在生命面前，在良好的价值观面前，学习成绩，显得是那样的苍白和无关紧要。

能自控

在儿子刚上幼儿园的时候，有一次，老师做了一次测验，发给每人两块糖，没有告诉孩子们发糖的目的。一个小时过去了，老师检查孩子们兜里的糖，一半儿的孩子吃了一块，5 个孩子两块全吃了，两块都在的只有儿子和另外一个小朋友。又过了一个小时，当老师再一次检查时，三分之二的孩子两块全吃了，只有儿子的两块一点没动。

这是一个检测孩子自控力的实验。几乎每个孩子都喜欢吃糖，大多数孩子很难控制自己，尤其是当孩子看见别人吃时，更难控制自己。

自控能力，是一个人的自我约束能力，之所以把它纳入德商的范畴，是因为多数情况下，因为自控能力的缺失会导致自己的失败。大体上分两种情况，一种是非主动型，一种是主动型。

一名台球选手在一次国际重大的台球比赛上，只要再打进 8 号黑色球，他就可以获得这次比赛的冠军了。就在这时，一只苍蝇飞过来落在他的手上，他动了一下手，苍蝇飞走了。他刚准备瞄准 8 号黑色球，那只苍蝇转了一圈又落在他脸上，他感觉痒痒的，没等他轰，那只苍蝇就飞走了。这时，他深吸了一口气，定了定神，俯下身瞄准了8号黑色球，可就在这时，那只苍蝇又飞了回来，不偏不斜正好落在8号黑色球上，心情烦躁的他，用球杆轻轻地碰了一下那只苍蝇，没想到，苍蝇没打着，却碰动了8号黑色球。按照比赛规则，必须把击球权交给对方。出人意料的是，对方抓住了时机，一气呵成将球全部打进了。他怎么也没想到，就是一只小小的苍蝇毁了他的冠军梦。

其实，现实生活中，这样的例子还有很多。很多时候，我们离成功只有咫尺之遥，就是缺少了一点点克制能力，成功就与我们擦肩而过。实在令人遗憾。

大家还记得2004年雅典奥运会上男子步枪3×40的决赛场面。从未在世界大赛拿过冠军的贾占波，以比第二名的美国人埃蒙斯高出2环的成绩进入最后的10枪决战。5枪之后，埃蒙斯已经追平了贾占波。此时的贾占波越打越紧张，巨大的心理压力，使他无法控制自己，一枪比一枪差，第九枪居然打出了7.8环。此时的埃蒙斯越战越勇，已经超出了他3环之多。已经夺魁无望的贾占波，平静地打完最后一枪，只能懊恼地接受一块铜牌或者最多是一块银牌时，不可思议的事情发生了：在第二靶位的埃蒙斯居然打到了第三靶位的靶纸上。胜利在望的埃蒙斯完全失去了控制，把几乎到手的金牌又拱手送给了贾占波。

这是在世界大赛上很少看到的一幕，但真的发生了。如果不是亲眼所见，你很难相信。就是由于在比赛的关键时刻缺少控制自己的能力，才使贾占波本来轻松就可以夺得的冠军，险些送给别人。埃蒙斯呢？同样在喜悦面前无法控制自己，让自己抱憾终生。

这两个事例都是因为比赛的压力过大，加之求胜心切导致一时自己失去控制能力，从而丧失机会，这是非主观原因造成的，即非主动型。一般时候，只是造成一些遗憾，或是让成功与自己擦肩而过。不会引起更多其他严重的后果，多数情况可以获得人们的理解和同情。只要加强自己的心理调整，积累经验，情况就会得到改变或缓解。当然，这样的心理素质需要从孩童时期开始锻炼，否则当真的机会到来时，孩子是无法抓住的。比如：面试、演讲（情商部分）、工作后一些重大表现的机会等，通过不断地锻炼和总结，孩子的心理稳定性会有所提高，控制自己情绪的能力会自然好起来。

主动型则不同，多数是面对各种各样的不良诱惑因自己的控制能力丧失使自己陷入泥潭不能自拔。

现代社会，由于我们每天面临着大量的信息来源，网络、电视、报纸等，各种各样的诱惑接踵而至，由于我们的孩子正处于未成熟阶段，抵御和防范能力不足，如果自控能力差，非常容易陷入其中，这对孩子健康的危害极大。

最常见的就是电脑游戏。现在随便打开电脑，各种各样的网络游戏就是跳出来，各种各样不健康的画面就会出现在屏幕上，尤其对于处在青春期的男孩儿，危害极大。我相信我们的家长都有这样的顾虑和烦恼。电脑本是孩子学习的助手，现就像毒品一样危害着孩子的健康。面对这样的问题，我们的家长该怎么办呢?

1. 提前筑堤。不要流于表面的说教，而要及早从孩子思想上解决问题，让孩子远离。因为社会大的环境都一样，我的孩子同样遇到和别的孩子一样的问题，我也同样担心孩子陷入其中。所以在孩子成长的过程中，始终给孩子正面的干预和信息。例如：给孩子买大量的高尚、健康的图书，这在情商一章中有详细的说明，其实引导孩子读书的背后还有一个重要的因素，就是让孩子从小在内心建立起强大的健康防线，当洪水到来时，靠孩子自身的力量将它挡在门外，现筑坝是来不及的。所以在孩子很小的时候，家长就开始要有这样的心理准备，因为那时孩子没有太多的思想，孩子的学习欲望又非常强烈，当孩子被大量知识吸引时，负面的东西很难进入他的内心。在孩子12 岁之后，逐渐和孩子聊起一些青春期心理的变化，此时的父母一定要担当起解释的义务，帮助孩子度过极度容易被诱惑的敏感期。这样有了长期的积极的正能量的注入，再加上必要的疏导，孩子自身的控制能力一定强大。

2. 用目标击败诱惑。诸位家长在前面很容易读懂，在我儿子成长的每一个阶段，在孩子的内心始终有一个强大的动力让自己越过一个又一个障碍，这个动力就是孩子心中的目标。一个没有目标的人是懒散的，就像走在大街上，出发前你没想好今天要干什么，你很容易被临时见到的诱惑吸引，而浪费你大好的时光。如果你早就想好了自己要做的事，你可能根本就想不到还有那么多无聊的事，你可能也看不到本不该看到的东西。孩子的内心一旦产生了清晰的目标，不仅让孩子活得义无反顾，而且在孩子追求目标的过程中少了很多痛苦。

二战期间有一位战俘，每天面临的瘟疫和疟疾的侵袭，生存环境的恶劣让他感到死亡是对他极大的诱惑。一天他沮丧地坐在窗前，望着高墙上的电网，只要爬上去轻轻一碰就会了结没有尽头的日子。他正想着，旁边的囚友问了他一个问题："你出去想做的第一件事是什么？"就是这一句简单的话，改变了他的一生。

"我想拥抱我妻子和孩子们！"

囚友的一句话激起了他心中的欲望，他想活着出去实现这个目标，从此他再也不想死，只要多活一天，就离战争结束近一天。就离自己的目标近一天。就是靠着内心的目标让他不再去想饥饿和瘟疫，让他抗拒了死亡的诱惑。这种内心强大的动力支持着这位老人真的实现的他的愿望，用心中的目标击败了死亡的诱惑。

3. 结交良师益友。由于孩子的心理发育的特点，决定了他"水质"的特点，即：它的形状取决于盛它的容器的形状。尤其是青春期的孩子，他的很多习惯受着家庭和周围同学的影响，而且心理的成熟度越差，受周围环境影响就越大。如果孩子接触的同学每天议论的话题全都是游戏，那么可想而知，孩子的心理状态怎么会好呢？所以，家长及早注意和孩子关系比较密切的同学的素质和学习态度，必要时和孩子商量，找一个合适的时机把孩子的好朋友请到家里来，近距离了解一下他们谈论的话题和交流的内容，做到心里有数。也可以和孩子的朋友一起郊游或滑雪、打球等活动，孩子同学的内心在和你接触的过程中，一览无余，因为，家长毕竟是老"姜"了。

在人大附中，我儿子每天接触的孩子都是一些极其优秀的孩子，他们每天谈论的内容都是阳光向上的内容，经常相互借阅的书籍全都是深奥得让我也看不懂的类似《西方经济史》、《时间简史》、《数学天书数里的证明》等（初中时期）之类的图书，高中时期想学坏已经没时间、没机会、也不可能了，因为，他所有的不健康的东西已经在孩子的心中屏蔽掉了，每天洋溢在孩子周围的全都是正向的、积极的内容。

所以，让孩子有良好的自控能力，要从源头抓起，在没有毒素侵入时就切断病毒的来源，这是最根本的，否则当孩子养成了游戏依赖的习惯时，再想起来去堵，想改掉是一件非常不容易的事，前几年就有一个父亲为了帮助孩子戒掉网瘾，毅然辞去了工作，这样的教训请家长一定吸取，千万不要让孩子走到这步才想起来治理，这样既耽误了孩子也耽误了自己。

让孩子学会控制自己，孩子才真正把握成功。让我们记住莎士比亚的名言：正是因为人类拥有自我控制方面的能力，才使得人类和动物区分开来，所以自我控制能力才是人类品质的精髓。

懂尊重

尊重的内容十分宽泛。例如，一个小孩身体有缺陷，你取笑他，就是不尊重；别人排队，你在前面加塞，这也是不尊重；到了少数民族地区或者异国他乡，不能入乡随俗，这也是不尊重，在印尼，穿着鞋进入主人家里，这当然也是不尊重，等等，这里我不想谈及这些内容，我只想从两个方面和家长谈一谈关于尊重的话题。

1. 尊重生命

我从报纸上看到一个女孩儿因网恋不成，自杀身亡；也是今年，在北京的公交车上，因一点点儿小事，售票员把一个十四岁的花季少女活活掐死；昨天，我在网上看到辽宁本溪市一辆公交车上，一男子向其女友连砍43刀，女友当场死亡……这样的惨剧几乎每天都在发生，为什么在他们自残或在残害别人时，对生命没有一点点怜惜呢？他们太践踏生命了。

我在电视是里看到这样一个故事：一个小伙子，远离家乡到深圳给一个宾馆当保安，一个非常偶然的机会认识了一个女孩，不久两人相爱了。就在俩人回女孩家（湖南）想把这一消息告诉女孩的父母时，厄运降临了，女孩出了车祸。这个小伙子拿出所有的积蓄也远远不够手术的费用，他看着昏迷不醒的未婚妻，心急如焚，所有的人都劝他：她肯定不行了，即便是活下来，也是一个植物人。但这位痴情的小伙子并没有放弃，他四处借钱，最后在媒体的帮助下，手术才得以进行。手术后，她依然处于深度昏迷。但他还是没有放弃。在他精心照料漫长的一个月后，他的未婚妻终于睁开了眼睛……

在这里，我不想赞扬爱情力量的伟大，而是为小伙子对生命的尊重而感到由衷的敬佩。

前不久刚刚去世的美国佛罗里达州迈阿密的女子欧贝拉，自高中时起就开始昏迷，一直躺在床上42年，她的家人不离不弃的感人事迹不仅感动了美国，也感动了世界。在她昏迷前，她对母亲说：永远不要离开她。就是这样一个承诺，母亲坚守了38年。她每天给欧贝拉朗诵诗、演奏音乐，为女儿做生日派对，直到自己去世。母亲去世后，她的妹妹毅然辞去工作，接替母亲开始照顾姐姐，妹妹感慨地说：她是世界上最好的姐姐，她教会了我以前从来没有的耐心，教会了我无条件付出爱，让我一夜之间长大了。就在感恩节前，这位在昏睡了42年的“睡美人”在家人的呵护下离开这个世界。多么伟大的爱，她们把生命的伟大渲染到了极致。

我们的许多孩子，从小就生活在父母的关怀下，非常脆弱，一旦遇到挫折，就要采取极端的手段，所以我建议家长们在锻炼孩子承受能力的同时，端正孩子对生命的态度，我们为自己是人而不是小猫小狗而感到庆幸，更为父母给了我们生命而倍感珍惜。无论如何我们都不应该随意放弃仅有的一次生命。拥抱生命，尊重生命。

很多人都看过著名摄影记者凯文卡特1994年拍摄的一幅摄影作品：在一片荒漠上，一个骨瘦如柴的苏丹小女孩儿，双手擎头，就要饿死了，在不远处，站着一个兀鹫，虎视眈眈，等待孩子死亡的降临。

我相信所有看过这幅作品的人，他的心情都会用四个字来形容：触目惊心。是的，凯文卡特凭着他敏锐的职业“嗅觉”抓住了观众的视觉，震撼了整个世界。为此他获得了一生最高的荣誉。可是，就在凯文卡特获奖后的两个月的一天，在人们的批评和责骂声中，自杀了。

作为一名摄影记者，他捕捉到了一个成功的镜头，获得极大的满足。可从人性本身去看，是不是太残忍了呢？他眼睁睁地看着小女孩即将死去，自己还在忙活着自己作品的构图。面对一个奄奄一息的生命，此刻他想的不是救孩子，而是如何构思他的作品。他把他的作品凌驾于孩子的生命之上。而把自己仅仅当成了一个记者，一个旁观者。如果他真的伸手去救了孩子而孩子最终还是没活，他的内心只是悲痛，也就不至于让他为此而死。应该说凯文卡特是一位杰出的摄影记者，但更是一位缺少道德、不尊重生命的人。人性的谴责使他无法原谅自己。最后只有选择自杀。

没有比生命更宝贵的了，无论是别人的生命还是我们自己的生命。当我们面对它的时候，一切都显得那么微不足道。教会我们的孩子，珍爱生命，尊重生命。

2. 尊重他人

尊重他人是我们做人的基本准则。我国早就有“敬人者人恒敬之，爱人者人恒爱之”这样的古训。别人对你的态度就像一面镜子，直接反映了你对别人的态度。从这个意义上讲，尊重别人就是尊重自己。

小学三年级时，儿子班里有一个男生，叫杨超，父母是卖菜的，学习成绩非常差，衣服也特别脏，同学们都看不起他，很多孩子都明目张胆地欺负他。

有一次，我带着儿子一起在菜市场买菜，看到了儿子的那位同学站在他妈妈身边帮助妈妈卖菜。看见我们过来，他特别主动地和我们打招呼：“叔叔，您想买什么菜，我家菜都是新上的。”

“你好能干！能帮爸爸妈妈干活了！”我顺便夸了他一句。

他妈妈也向我微笑。我顺手拿了几种菜，递给他妈妈，并和他妈妈聊了几句，他妈妈诚恳地对我说了她对孩子学习的担心，话语里流露出她们这些外来人员的子女在学校里会受歧视的想法。可怜天下父母心。

在回家的路上，我问儿子：“刚才，你和你同学聊了什么？能和我说说吗？”

“杨超说，李天雨把他的书扔到地上，还踩了一脚。”

“为什么？”

“李天雨说杨超碰了他一下。”

“碰一下，也不应该扔别人的书呀？”

“嗨，都习惯了，别人总是欺负杨超。”

“是因为他父母是卖菜的？”

“还有他学习实在太差了，老师讲课，其他同学全都明白了，就他还发愣，同学都嘲笑他。”

我想了想，对儿子说：“一个人的出身无卑贱，贫富无多少。我们不能因为别人家里穷就瞧不起他，无论是贫富，人格和地位平等的，这是对人最起码的尊重。你可不要像别的同学那样，同学之间应该互相尊重。”

在儿子的建议下，班里以“尊重”为主题开了一个班会，很多同学都检讨了自己的行为。

中小学是树立道德规范的最佳时期，在这个时期，如果放松了做人的标准，在孩子成人后就很难弥补。诺贝尔奖获得者李远哲博士在美国生活了近三十年，当他回到台湾后，有人问他在美国最大的收获是什么？他的回答令人倍感意外。他说：“我在美国最大的收获是学会了尊重人。”试想想，一个不懂得尊重别人的人，如何获得别人的尊重，又如何获得别人的信任。如果一个人连起码的信任都没有，何谈成功。所以有人相信，尊重别人是成就大业的“根基”，如果一个人不懂得尊重别人，很难获得事业上的成功。

前不久，某团委组织的红领巾手拉手活动，两个小朋友，在相互结对的同学家吃饭，由于饭菜不合乎胃口，这两个孩子竟然当着别人家长的面，捏着鼻子把菜吃下去，让别人的家长非常尴尬。这样的事不能不让我们做家长的深思。忽略了孩子的尊重教育，即便是学习再好，也很难成为一个健康的人。所以先成人后成功。教会孩子学会尊重别人。

要善良

我看了一个电视节目，讲的是在一个寒冷的冬天，一个五十多岁的老妈妈，在马路旁看到用棉被包裹得严严实实的一个弃婴，这位老人看到孩子还活着，就赶紧抱回了家。回家后才发现，是一个没有双脚、双手的男婴。全家人也想了很多办法，想送给当地的民政部门，再送回原处，等等，但最后还是把孩子留在家里。全村的人对他们的做法表示不解，认为把这样一个连生身父母都不要的孩子留在家里实在是个拖累。就是这样一个重度残疾孩子的到来，改变了这个原本安宁的家庭。

这个残疾孩子一天天长大，这两位老人亲生的孩子们也到了谈婚论嫁的年龄，为了不影响自己孩子们找对象，也为了让残疾孩子掌握独立生活的能力，老妈妈辞去豫剧演员的工作，毅然决定带着残疾孩子到百公里以外的郑州去打工。一去就是八年。这八年之中，老妈妈从未回过原来自己家，从未离开过残疾孩子。残疾孩子也长到了二十岁，老妈妈教会了他骑三轮车、卖菜、做一些小生意，至少在有生之年，让他自己能养活自己。她的孩子们想她，她的老伴儿惦记她，尽管她的亲人们多次想让她回家，但老妈妈始终没有回去。因为她始终放心不下这个残疾孩子。

看了这个故事，我被老妈妈善良的心深深地打动。她没了工作，远离了原本属于自己的家，放弃了原本属于自己的幸福，就是为了一个与她没有血缘关系的残疾孩子。在这个高速发展的社会，人们在追求享受的今天，我们更要呼唤善良。

有人在幼儿园做过调查，当我们的工作人员问孩子们："如果有小朋友打你，你该怎么办？"孩子们的回答是："他打我一下，我打他两下"、"我狠狠地咬他"、"我拿电棍电他"、"我把他的头摁到水里，淹死他"……

看看我们孩子的回答，不能不让人毛骨悚然。在我们的孩子全都是独生子女的今天，我们的家长更爱自己的孩子，是可以理解的。但这种过度的爱，会让我们的社会失去良好的风尚与公德。当我们的孩子长大了，周围全都是这样自私自利的人的时候，他们会是一种什么样的感受呢？我相信人们不会忘记"清华学生刘海洋用硫酸泼熊事件"，我们肯定也不会忘记"震惊全国的马加爵事件"，这些事件给予我们的警示太深刻了。

几年前，三个中学生由于喝酒过多，跌跌撞撞地走在马路上，将路边的一个女乞丐侮辱后，残忍地杀害了。就在前不久又报出了复旦研究生张亮虐猫事件：他从同学那里骗领了二十几只小猫，然后残忍把猫的眼睛抠出，将猫弃掉。堂而惶之称缓解压力，让自己心情舒畅。

这样的事件我相信还有很多，在我们一直高喊人类和动物共存，在我们号召素质教育的今天为什么还会频频出现这样的事情呢？是什么让孩子们变得这么冷漠，甚至丧心病狂？就是因为我们忽略了善良教育，忽略了从小对孩子善良的培养而导致的必然结果。我们的教育工作者在追求升学率的时候，不要忘了我们孩子的道德教育，我们的家长在重视孩子的分数的同时，不要忽略了孩子的人性教育，不要让我们的孩子成为高分低德的人。让他们提高学习成绩的同时，更有一个高尚的品格，这样我们的孩子才能健康成长。

有一个韩国小男孩，他抓到一只青蛙，用小刀砍掉青蛙的腿，然后看青蛙痛苦地爬行。他妈妈看到后，严厉地对他的儿子说："你为什么要这样！青蛙不疼吗？"

"我觉得好玩儿！"

"那你把妈妈的腿割断，你看好不好玩儿？"

小男孩儿看了看妈妈，他委屈地哭了。妈妈蹲下来，耐心地和他说："动物同样是一条生命，他们是人类的朋友，这个地球不仅仅属于我们人类，也属于它们，它的妈妈看到它被砍成这个样，不知道多心疼呀！"

"妈妈，我错了！我再也不这样了。"

"好孩子，做人要善良，只有你善待别人，别人才能善待你。"

这位韩国妈妈给她的孩子上了生动的一课，把善良播种在孩子的心中。让孩子享用一生。

近些年来，到过德国的人，都会对德国的人的善良感到惊讶，让你无论如何都很难和二战时期的纳粹德国联系起来。他们一改原有侵略者的面孔，崇尚善良。从幼儿园开始，他们非常重视善良教育，从关爱小动物开始，关爱其他的小朋友，同情弱者，唾弃暴力，形成了和平、友爱的社会风尚。他们的善良教育值得我们的教育界人士深思，也值得我们家长学习。

《读者》上面讲述了这样一个动人心弦的故事：

马骅是一个北京的小伙子，大学毕业后放弃了留京的机会，来到了云南香格里拉地区一个非常小的村子——明永村，教孩子们英语和语文。身处深山藏区的孩子们，从未走出过大山，他们不会说普通话，英语就更不用说了。马骅的到来，给家长和孩子们带来了希望。在马骅教育下，孩子们能像电视里的播音员一样讲话了，他们高兴极了。马骅远离了城市的喧嚣，每天和孩子们生活在一起，也渐渐地喜欢上了孩子们。他给孩子们建了一个操场，孩子们在操场上可以自由的活动，马骅又当起了泥瓦匠，利用高原的强烈的太阳光线，给孩子建了一个澡堂，孩子兴奋地说："我们能闻到太阳的味道了！"

在一次讲课时，为了让这些山里的孩子们理解“白毛浮绿水，红掌拨清波”的意境，马骅乘车下山到四十里外的地方买彩色粉笔，在途中车子翻进江水里，不幸遇难。

马骅用自己的行动诠释了他人生的价值，为了的孩子们，他毅然走进了大山，他把他的善良永远留给了明永村的家长和孩子们。

感人的故事实在太多，其实教育孩子要善良，不需要讲大道理，只要留心一下生活中的一些小的细节，在孩子心中播下善良的种子。

有一次，我带着儿子过一座天桥，看到一个衣衫褴褛小女孩坐在桥上，我顺手从衣兜里掏出几个硬币，放在那个小女孩面前。走过后，儿子跟我说：“爸爸，有一次电视上说，这些人都是骗子！”

“我也看过这样的报道，别想那么多了，其实我们给予他们的是我们的善良。”

“骗子往往利用的就是人们的善良！” 儿子还挺较真儿。

“万一那个小女孩真是一个乞丐，没有吃的，会饿死的。那几个钱对我们不算什么，但可能救了她的命。”

还有一次，我和儿子一起回家，儿子打开防盗门，用力一甩，在防盗门即将撞墙的一刹那，我迅速地一把抓住它，我的手被门上的铁丝划出了血。儿子诧异地问我：“你干吗要抓门呀？”

“楼下的奶奶年纪大了，防盗门撞墙的声音很响，不要打扰奶奶。”

我没想到儿子对我说：“爸爸，你真善良！”

我从来没有告诉儿子你应如何如何做一个善良的人，但我的善良的行动深深地播种在儿子的心中。

孩子的品德就是在这简单的言行中，慢慢形成，我们不需要复杂的理论，也不需要大吼大叫，就是这些日常生活的举动，可能会影响孩子的一生。

亚马逊河附近的森林里，生活着一种叫树虎的动物，当他的同伴被树胶粘在树上时，就会引来好多树虎，喂它食物，并陪伴它；还有一种叫北极鼠的动物，如果有一个同伴受伤，很多同伴就一同留下来，轮流喂养它，直到痊愈。动物的这种本能的善良，不能不让我们人类感动，让我们惭愧。

要宽容

宽容，是一种豁达、大度的心态。它反映了一个人宽阔的心胸，它是取得别人信任和尊敬的重要手段，也是处理人际关系的重要法宝。

清朝，在安徽桐城的一个小巷子里住着两家人，一家姓李，一家姓张，李张两家为一堵墙谁都不退让。于是，张家就想请在朝廷当官的亲戚来摆平此事，没曾想这位朝廷官员在回信中写道："千里捎书为一墙，让他三尺又何妨？万里长城今犹在，不见当年秦始皇。"张家接到信后感觉很惭愧，把墙向后退了三尺。而李家呢？知道这件事后，也感到内疚，把自己的墙也后退了三尺，于是，就形成了今天的"桐城六尺巷"。

我无法考证这个故事的真实性，也没有必要。我们只要从中明白：自己若是表现出豁达的心态，别人同样会宽容你。这就足够了。

不仅如此，有时仅仅一句宽容的话，能够改变人的一生。

一位母亲给她的孩子讲述这样一个故事：在我的小时候，家里非常穷，经常是吃了上顿没下顿，有一天，外公（这位母亲的爸爸）看到我们几个兄弟姐妹饿得面黄肌瘦，心疼得直流泪，他犹豫了半天，咬了咬牙，起身出去了。天刚刚擦黑，外公来到邻居家的菜地，看见地里没人，刚要动手拔菜，这时邻居家的伯伯一边走一边高声地说："老兄弟，这么晚了，找我聊天？来，先看看我家的菜地，今年长得不错，我给你挑几棵大的，带回去给孩子们尝尝鲜儿。"外公听了邻居家的伯伯话，一直愣愣地站在那里，半晌儿没说出一句话，红着脸，转身走了。这件事影响了外公一生，也就是从这一天起，外公成了全村最诚实的人，直至去世。

这个故事，这位母亲从她的孩子懂事开始一直讲道她的孩子大学毕业，直到有一天，这位孩子终于明白了母亲的用意。

这位邻居家的伯伯明明知道外公是想偷菜，没有采取一般人"抓贼"的办法，而是采取另外一种极为宽容的态度，正是这种宽容，让外公享用一生。

我们要教育我们的孩子，在严格自己行为的同时，对别人的错误给予谅解。因为没有人敢说自己不犯错误，当你用微笑理解别人的诚恳与歉疚，在改变别人的心情甚至是人生时，你的心情肯定也变得轻松了许多。

有一次，儿子班上发生了这样一件小事：张扬在写作业时，发现自己的笔不见了，他认定是李强拿了，在争论中，两个人厮打在一起。同学们赶紧上前拉架，儿子对张扬说："我这有笔，先借你用，写完作业再说。"

儿子转过头看着委屈的李强，他满脸涨得通红："李强，你也不要生气了，笔不会长腿跑了，问题总会水落石出。"

就这样，一场风波暂时平息了。就在要放学时，一向爱开玩笑的王小乐偷偷地来到儿子的身边："张扬的笔是我拿的，求你替我还给他。"

儿子一下愣住了，把王小乐叫到教室外面，"现在人太多，不是时候，一是影响同学们的学习和课堂纪律，二是怕同学对你误解。等一会儿，我和李强和张扬说一声，叫他们放学后留一下。"儿子稍微停了一下，"王小乐，你首先要向我保证，以后不要再做这种恶作剧了，玩笑开过了会损伤同学的友谊。第二，你必须真诚地向李强道歉，请求他的谅解。第三，向张扬说声对不起。"

事后儿子和我讲起这件事儿时，李强宽容的态度让儿子至今记忆犹新。其实，李强没有说一句话，只是用一种真诚的微笑接受了王小乐的歉意。正是这种宽容化解了同学之间的矛盾。儿子呢？在解决同学之间问题的同时，学会了这种可贵的品格。

豁达的心态，在今天显得尤为重要。加快了的社会节奏，加大的工作压力和心理压力，使人们的心态更为容易激动。我们开车在路上经常遇到为了自己的一点小利影响别人的安全，结果不仅耽误了自己的时间，也影响了别人的出行，假如斗气的双方只要有一方豁达一点，体谅一下对方，就不至于碰撞堵在路上。我们也经常看到公共场合下因为非常小的一件事大打出手，引来众人的围观。工作以后，经常看到、听到、遇到一起共事的朋友因为一些个人的利益，发生冲突，本来大家上班都非常辛苦，加上紧张的气氛，让谁都不愉快。这不仅影响了心情，更有损于我们的健康。说到底就是我们没有一个豁达、宽容的心态，不会站在别人的角度去考虑问题。这是一种做人的修养，这种修养需要从小培养，让这种修养成为孩子的一种习惯。一旦你谅解了别人一次，只要对方是一个正常的人，他可能在内心敬佩你一辈子，也许在其他场合，因为你的一次大度，就能获得别人的帮助，让你走出困境。

大家都知道《三国演义》里诸葛亮七擒孟获的故事。

孟获当时在少数民族地区有着很高的威望，豪侠仗义。此时刘备已经去世，治国之事全部压在诸葛亮的身上，为了平息叛乱，诸葛亮派人去抓孟获，一再告诉部下，千万不要伤害他，活捉为上策。果然，部下将孟获活捉到军营，诸葛亮亲自给他松绑，并让他参观蜀国的军营。孟获心想，这下我全都明白了，只要放我出去，我肯定灭掉蜀国。

诸葛亮对孟获一番好酒好菜招待后，不但毫发未损，而且放他回家。果然，没过多久，孟获再一次攻打蜀国，结果又一次被擒。诸葛亮又放了他，就这样反复被擒七次，这一次诸葛亮没有见他，派人传话说：请你整理好衣物，准备再战。

孟获想了很久说：“七擒七纵，丞相已经给了我很大的面子，我虽然没有多少知识，也懂得做人的道理，怎么能那样不给丞相面子呢！”说完跪在地上，流着眼泪说，“丞相，我再也不反叛了！”

诸葛亮很高兴，赶紧把孟获搀扶起来，请他入营，设宴招待，最后非常客气地把孟获送出营门，让他回去。

自那之后，孟获死心塌地归顺蜀汉，直到诸葛亮死，他再也没有叛乱。诸葛亮七擒孟获的故事，用他的智慧把他宽容的品格演绎得淋漓尽致，赢得了一方长治久安。

历史上，凡是大才者必须拥有宽容的心态，宽容是一种强大的力量，征服人心不是靠体力而是要靠智慧。

求公正

公正的范畴十分的宽泛，它涉及人类社会的方方面面。当人们的权益受到侵害、当人们的生命财产受到损伤时，人们会拿起法律武器保护自己，求得法律的公正；为了体育竞赛的公正，国际奥委会制定的兴奋剂检测，让那些违反体育道德风尚的人难逃法网；中国的高考制度同样是给人们提供一个公平、公正展示自己学习成绩的舞台……这都是人们为了求公正而制定的法律、规则。

人们一定还记得2005年在第十届全运会上，在女子1500米的决赛中，山东选手邢慧娜在最后的冲刺阶段有明显的犯规动作，在她以0.02秒的微弱优势战胜山西队的刘青后，山西代表团田径队教练张敏情绪非常激动，在赛场外大哭，并大喊："给我公平！" 经过反复看录像，最后十运会田径仲裁委员会的裁定，山东选手邢慧娜因违反田径比赛规则第163条第二款而被取消金牌，山西选手刘青的银牌变成了金牌。

试想想，假如我们的社会失去了公平，失去了公正，一切比赛没有了规则，杀人也不受法律的惩罚，结果是什么样子呢？

当然，在现实社会中，经常会有一些违反规定、规则、有失公正的事发生，这些人不但逍遥法外而且还理直气壮，我想这不是我们今天要讨论的内容。也不能因为这些影响我们教育孩子做人要正直、求公正，这也是做人最基本的道德准则。

熟悉我儿子的人，很多人都能感受到他为人正直，做事公正。初中时，我在一次和老师的交流中，老师告诉我："你的儿子非常优秀，在他身上有非常多的闪光点，如果让我说出他最突出的品格，我认为这个孩子有一个公正的心态，能够从一个公平的角度对待每一个同学，对待每天发生的事。”

因为作为班长，每天协助班主任老师管理班级，组织同学参加学校各种各样的活动，尤其在人大附中这样的中学，学校的活动非常之多，多得有时让孩子们应接不暇。各种各样的比赛难免出现一些不公平的裁决，此时，孩子为了班级的整体利益必须站在公正的角度向相关的老师和同学提出不同的看法，寻求公正。尽管多数时候，不会改变结果，但在孩子的心目中，追求的是一种公正。遇到这样的情况，我会支持孩子的行为。但因孩子的思想毕竟没有成熟，不要过分的强化，否则很容易导致孩子钻牛角尖的情形，所以也同时告诉孩子，不要过分在意比赛的结果，参与的过程让每个同学都得到了锻炼，这是最重要的。

是的，公正的范畴实在太大了，这里不是我与家长讨论的内容，我只是想站在一个家长的角度，教育孩子从自己做起，做一个正直的人，遵守社会公德，这也是文明社会一个公民应有的品德。

申请美国本科篇

概述

我的孩子是2012年高中毕业生，也是这一届到美国读本科大军中的一员，我们和孩子一起经历了长达三年的留学准备，其中的痛苦、快乐、绝望、幸福等一切一切的酸甜苦辣咸时常萦绕在我的脑海中，挥之不去。那些跌宕起伏、波澜壮阔的一幕幕经历，总是冲击着我的神经，让我一时难以平静。我的孩子走出去了，他成功地跨出了国门，进入了芝加哥大学。我在为他骄傲的同时，更想和未来有同样梦想的家长分享我的所经历的一切，也想为那些和我儿子有同样追求的孩子们做些有益的事，让他们在未来的奋斗中少走弯路，减少不必要的损失，我把我们和孩子一起努力的日子毫无保留的奉献给读者，祝愿每位家长和孩子成功实现自己的梦想。

我知道，留学对于每个家庭不仅仅是一大笔支出，更包含我们这些父母几年的焦虑和守候，这之中孩子要付出比国内高考多得多的努力与艰辛，孩子在这条看似简单实则很不平凡的经历中获得太多的感悟和收获，就像我们这代人一样，尽管我们已经远离自己的高考20多年，它仍在我们脑海中，随时提取，随时品味。我同样相信，申请留学的经历，更会烙在孩子的记忆深处，因为孩子在拼搏、挣扎中获得的不仅仅是一个结果，更重要的一种心理的历练和成长。

这一章里，包含了孩子在申请中遇到的许许多多的疑问，这些疑问，当时困扰着我们，有时真是：叫天天不应，叫地地不灵。我们当时只能在自己分析后不得不冒险前行。所以，这一章里讲的关于留学的很多细节，即使你找到任何的留学机构都很难得到理想答案。我不想贬低任何人，来说明什么。一方面很多人即使经历了一百次，还是一个糊涂；另一方面，我们是父母，这和其他人有着本质的区别。

我的许多文章落款处都有“时间”，我本想把他们删掉，想让家长读起来更通畅，但我考虑再三，还是把它保留下来，因为，这些文章都是在孩子刚刚完成后“趁热”的纪录，更真实、更及时。我知道，过了这个时间再去记录多多少少都会遗失。我相信这些曾经困扰我们的问题，对于正在或者将要申请的孩子来说，同样会困扰着他们，我相信，这些第一手资料是找不到的，至少目前我在各大网站上还没有看到这么详细的资料，我相信我写的这些，一定会给数以万计未来留学路上的孩子和家长帮助，同时也会给这些我们未来同路人以极大的鼓舞，我相信我儿子奋斗的经历会给他的学弟学妹们很多借鉴和启示。

祝愿天下的父母健康，快乐！我今天的心情你明天同样会拥有！在孩子最无助的时候，父母的一个眼神会给予孩子无穷的力量，相信孩子，相信风雨过后一定有彩虹！

申请中的注意事项

1. 准备孩子初三（含）以后的获奖纪录（要注明日期）和活动经历（注明日期），最好按初三、高一、高二分开写，这样便于写简历和填申请表格，否则现想很耽误事。

2. 申请本科最重要的是：标准化考试 +GPA+ 获奖（或）AP+ 活动 + 申请文章 + 推荐信 + 面试。申请文章的作用程度应该是：前四项牛 + 申请文章生动 = 成功；前四项牛 + 申请文章乏味 = 失败；前四项不牛 + 申请文章生动 = 失败或成功（要看申请的学校和前四项不牛到什么程度而定）；前四项不牛 + 申请文章乏味 = 不用说。

3. 前三十的大 U 只有 MIT、乔治城大学、伯克利、UCLA 是非通用申请，要单独填表，而且老师的推荐信表格必须打印出来手填，这个很麻烦，因为让老师花时间写英文很难，所以如果不是特别想申请这几个学校就不要麻烦了（当然特别钟情者除外）。

4. 所有的通用申请的学校 SATI 和 ACT 都可以拼分，填表时填最高分和那次考试的时间，这一点请不用担心。但伯克利和 UCLA（加州大学的九个学校）ACT 可以拼分，SATI 不能拼。

5. ACT 目前中国人考的很少，只有 2%，所以目前据查最高分只有 33 分（但美国孩子有高分的，我们主要差在阅读上）。33、34、35、36 四个分数的比例均是 99%（无论是 ACT 还是 SAT1 重要的不是分而是这个比例），也就是说 33 和 36 都已经进入所有参加考试的人数的前 1% 了。换句话说 33 已经相当于满分了（这是很多资料上说明的）。另外由于国内考 ACT 的人少录取时相对占点便宜（我说相对，很多录取的人也这么说）。还有一点，很多学校如果考 ACT 就不要 SAT2，像芝加哥大学、阿姆赫斯特（你提交也会给你屏蔽掉）等，但 ACT 也有缺点：1. 培训机构不完善，主要靠孩子自己努力而 SAT1 培训机构已经非常完善容易考出高分。2. 每次考试很孤独。3. 没人和孩子交流。

6. 最重要的标准化考试是 SAT1 或 ACT；最重要的申请文章是通用申请上的长文章即我们通常说的主 Essay。这篇文章 500 字左右，一般都改 10 遍以上。要倾孩子所有运笔能力，抓住 AO 的心，其重要程度见第 2 条。试想想，你能让地球倒转，可是 AO 让你的文章折磨得想上吊，你想结果会是怎样，这两件事是整个申请最难的最花时间的。

7. 现在真正对国际学生盲录的只有 5 所学校：哈佛、普林斯顿、耶鲁（比较难）、MIT、阿姆赫斯特。

8. 计划好孩子学习英语和考试的时间，这一点非常重要，尤其是后半年考位非常紧张，到后来孩子想考没有考位，真是欲哭无泪。这时就要拼爹了，如果像我这样的不知道教育部领导是男是女的，只有提前半年按计划报上名，最后废了也就千把块银子，扔了也偷着乐呀，我就这样。

9. 申请成功 = 孩子的能力 + 顾问 + 爹娘 + 孩子的中学。孩子的能力是根本，后三者只是辅助，但孩子能力再强，没有顾问基本等于失败。道理很简单，孩子的英文达不到美国人的水平（如申 40 以后的学校另说）。在孩子能力很牛的前提下，找一个指导文书的顾问，还得有一个有耐心、有恒心、英语和那些靠英语吃饭的人差点有限的一个爹或娘，从申请年的 9 月直到 12 月 31 号（个别学校还要拖后）这四个月这个爹或娘每天上网浏览申请相关的事至少 4 个小时，后期要多于 6 小时。在这种情况下，中学如果不较劲，孩子每天坚持到凌晨 1 点睡觉半年的时间，这样才有心惊肉跳等待老美审判的资格。否则，上策是让人全包做，最后孩子的命运掌握在上帝手中。因为这之中孩子要考 STA1、SAT2、TOEFL、AP、还有学校的会考期中期末，试想想好几十篇文章，那么多的表格孩子怎么完成！

10. 细节决定成败。现在老美处在对中国家长手中钱垂涎三尺和申请材料造假无可奈何的矛盾之中，假如全包给顾问，千万要注意：付款的银行卡一定要是申请人家长本人的。注册联系方式一定是唯一的，当然顾问不会告诉你。否则你就不用花钱瞎忙了，发出几个学校就注定有几封拒信。如果少一封拒信千万不要怀着侥幸在傻等 OFFER，那一定是 AO 让你给气疯了。

11. 从我们的结果看暑期学校对录取结果非常重要，但前提必须满足三点：拿到过硬的成绩；教授忍受不了不给你孩子写推荐信的折磨；英语能力的飞跃。否则就不要浪费时间。最理想的是暑期学校就是自己的目标校。

12. 考试不要过频，STA1 或 ACT 最好两次达到理想分数。因为寄送分数时会很不方便。如果你想给 A 学校寄送 10 月 1 号的 SAT1 的分数，寄送的同时也把你不想给 A 学校看的所有考过的 SAT1 的成绩全部寄过去。ACT 只能指定单次的成绩寄送，但你要拼分要给 B 学校寄两个成绩，对不起，你要多花 10 刀（每次寄送成绩费 $10）。像斯坦福这样的牛校不管你考什么，都要寄给它，言外之意对那些考的次数多的人会另眼相看（这点我们做得很差，教训！）。所以第一次就要充分准备的前提下去考（千万不要怀着侥幸心理去考），否则就不去。这样既省钱（即使你发愁没处花，就扔）孩子也少受打击，更主要是对申请有帮助。

13. 如果你理解不了孩子拿到 OFFER 就要疯的家长，如果你理解不了孩子拿不到 OFFER 更要疯的家长，你一定是没经历申请美国本科的家长。

14. 在孩子自己申请的过程中，最苦的一定是孩子，但收获最大的也一定是孩子。其实仔细品味这种极限下的折磨，让孩子体会自己辛辛苦苦的劳动还时不时美滋滋品尝的果实，人家为什么不认可。被拒后的感受，泪往心里滴的无助，这种心理的历练，谁又能说这不是一笔难得的财富呢？只有自己内心深处极度渴望飞翔，才能挣扎、努力，才能破茧而出，这也正是毛毛虫蜕变成美丽蝴蝶的过程。

如果你恨你的孩子，你就让他（她）这样做，如果你爱你的孩子，你更要让他（她）这样做。

15. 对于 EA、ED 延迟到 RD 的人，如果是前 20 的学校，我认为录取的可能性非常小，很多业内专家说会有 10% 的人最后被录取，但我认为不会有这么多。因为，到了 RD 阶段面对几万个申请者，AO 就再也找不出比你更中意的吗？尤其是那些大牛的学校，在中国录取的人数非常有限，平均在 10 个左右，这么有限的几个人，对 AO 来说挑选的余地非常大。对于 RD 中处于等待的人来说，请放低自己的姿态，赶紧写信表达你的衷心，如果你只是等，没有任何的行动，基本上就等于放弃了。尤其对于排名 40-60 的学校来说，录取的机会很大。因为，随着录取的进程，很多拿这些学校保底的学生逐渐浮出水面，随着这些学校录取而大量不来的人数确定，你的机会来了。

想真诚提醒那些即将踏入留学美国征程的家长们，假如孩子已经决定本科留学美国，假如你也支持的话，就不要犹豫，因为你的摇摆让孩子非常无助，因为这条路本来要比高考累几倍，中间的各种磨难一个接着一个。你的不坚定会导致孩子失去动力和方向，选择坚持，和孩子风雨同舟，成功就在再坚持一下的努力当中。同时要做周密的计划，用三年或者更长的时间做一个整体规划，每一步都要走实走稳，减少失误。我相信，你明天的心情就会和我现在的心情一样。

2011-12-21 晚

几个重要的考试

1. 关于 STA1 和 ACT 无障碍分数

根据多年的录取结果和比较权威的留学机构的咨询，SAT1 的无障碍分数是 2200，分解开是阅读 700+ 写作 700+ 数学 800。若超过此分数还要考可以咨询一下心理医生，看看自己有没有自虐倾向。ACT 的无障碍分数是 32，它的内容是：数学 + 英语 + 科学（逻辑推理）+ 阅读 4 门总分是平均分，外加写作。单独算分满分 12 分。前 10 的牛校只有芝加哥大学明确说明不要写作成绩，其他均要写作。所以报名考试时注意你所报名的时间是否含或不含写作。因为 ACT 含逻辑推理部分所以比较适合理科生，但这不尽然，去年 RDF 33 分的孩子就是一名文科生，最后他去了一所藤校。还有一点：由于 ACT 含逻辑推理部分，很多学校就不需要再考 SAT2，当然这需要到学校网站去查。如果超过 32 分还要考，这纯属自愿行为，与录取与否无关。

2. 关于 TOEFL 的无障碍分数

TOEFL 的无障碍分数是 107，但我自认为彻底的无忧分数是警号：110。

3. AP 考试

在 2011 年，北京设立了 13 个 AP 的考点，这之前孩子还得到香港去考，这是广大家长和孩子的福音，这不仅节省金钱关键在孩子那么繁忙的时候，不用再跑那么远。而且，大家知道 AP 的考试科目多，考试时间跨度大（每年的 5 月的前两个星期），如果去香港，还是非常麻烦，因为港澳通行证有效期只有 7 天，你需要住在深圳一宿，然后再进香港。

随着申请竞争越来越激烈，AP 的考试作用也会越来越重要。当然一定要量力而行。它目前毕竟不是必考科目，在能力允许的情况下尽量多考。而且只有 4 分以上有用，尽量保证 5 分。

关于主 Essay

主 Essay 实际上就是一封求爱信，是你向心仪学校发出的强烈的求爱要求，它的难度在于：

1. 字数限制在 500 左右。就像跳水，如果你面对的是 10 米跳台，你有足够的空间完成你一连串的高难翻腾扭转，可如果你面对的空间只有 1 米，你该怎么办？你还没有来得及展开就已经栽进水里。

2. 求爱时你的对方已经确定了性别和爱好，可你的 Essay 要打动的是对方有男有女，而且从来没见过面也根本不认识，可能是 5 人也可能是 10 人的一群人，更难的是，你不知道他们的脾气禀性，更更难的是他们是与你的思维方式蛮拧的一群只说鸟语的人。更更更难的是这群鸟人的年龄可能从 28 跨越到 78。

所以要让对方爱上你，你首先明白啥是他最恨的：

- 1 大恨，罗列你的奖项；
- 2 大恨，吹牛，满篇吹嘘自己如何如何牛；
- 3 大恨，媚俗，从头到尾不厌其烦地说“我如何爱你”；
- 4 大恨，庸俗，要么支援灾区要么敬老院要么模联要么科研项目；
- 5 大恨，逻辑混乱，AO 被折磨了半天，没弄清楚你到底是爱他还是恨他；
- 6 大恨，引古论今，把 AO 搞懵；
- 7 大恨，造假。把别人的事栽在自己的脑袋上，或无中生有，自作聪明，把 AO 当傻子；
- 8 大恨，靠贬低别人来抬高自己。

到此你才明白了什么是不该写的，它的难度在哪儿，这离你能写出真正好的 Essay 还得修炼若干年，这就像你知道了一部电影不错，这离你如何拍出一部令人感动的电影还有相当的距离，这还看你半生的积累和天赋，有的人再修炼 500 年也白忙。

我来告诉你一篇出色 Essay 的基本的要求：

（1）一定是自己的一个完整的故事；

（2）一定是发自自己内心的最强烈想表达的故事；

（3）故事的主线有且仅有一条，让 AO 从中能读出 13 个以上你的优秀品质，而整篇文章没有一个自夸的词语；

（4）由于文字数量的限制，从文章的题目的第一字就开始了你的运笔，让 AO 一看题目本来昏昏欲睡（被别人的文章折磨得）的他一下子像是打了大麻，立刻想知道你的文章里面到底发生了什么的强烈冲动；

（5）提交前，达到只要动一个标点文章就失去整体韵味的程度；

（6）文章的内容（取材）是第一位的，必须独辟蹊径；

（7）文章的结构绝对不能循规蹈矩，你就像一个站在奢华音乐大厅里的指挥家，让 AO 的一切喜怒哀乐紧紧跟随着你的指挥棒，从前奏直至整个音乐在高潮中戛然而止时，AO 有种意犹未尽的感觉。然后自己无法控制地一遍又一遍地偷偷品味，再然后实在忍不住抢过旁边 AO 的手中的纸，扔进垃圾桶，悄悄地说：享受一下我手里的这篇吧。再然后你的 Essay 就这样传开了……再然后你的这篇让 AO 魂牵梦绕的 Essay 魔法般地变成了让你魂牵梦绕 OFFER 了。

2011-12-22

推荐信的内容

如果说 Essay 是一封饱含深情的求爱信，那么推荐信就是能说善辩的红娘，它是站在别人的角度向你的追求者证实你的优秀。所以，推荐信实际上就是前四项的一个辅助的材料。要让你的追求者信任，推荐人必须满足两个条件：

1. 是熟悉的非血缘关系的人。很简单，如果这个人不认识你或者不熟悉你，他会对你说出个一二三四吗？如果推荐人是你的父母，对你再熟悉不过了，问题是你父母的话 AO 会相信吗？

2. 说话有一定的分量的人。或者说有一定身份的人，无非也是说话的可信度。

以上两点综合在一起：推荐人最好是熟悉你的牛人。

选定人选后，推荐信内容如何确定？

1. 推荐信的内容一定要呼应你的文书，因为你文书的篇幅毕竟有限，此时正是给了补充的机会。

2. 三封推荐信分工明确，各有侧重，尽量反映出申请者突出、个性的特点，而非流水账。

3. 尽量少用空洞的形容词，而是用一些真实的事例来反映申请者的品格。

4. 切忌过度表扬，因为这是本科入学申请，不是选美国总统，过分夸张的表扬一是让 AO 反感，同时也失去信任度。

一篇好的推荐信能够帮助 AO 更深刻的认识你，把仅有的发言机会的 Essay 烘托得更加炫目，让你的优秀活灵活现，让 AO 按捺不住内心的激动想尽快地见到你。一封不好的推荐信一定是不如不提交。诸如三好生评语之类的只能起到落井下石的作用。

另外，如果能拿到你的目标校教授的推荐信，这是再好不过的了。因为中国老师的推荐信的力度和可信度在 AO 心理都会不同程度地打一个折扣，而像加州大学系统的 9 个分校干脆就不要推荐信，如果你的推荐信来自美国名校名教授，这样的力度可想而知。我儿子就是在暑期学校期间获得了芝加哥大学数学老师的推荐信。儿子被芝大录取，原因很多，这封推荐信也会有一定的作用。当然要想获得名校名教授的推荐，你必须用实力打动他们，他们不会违心的表扬你，因为他们会考虑自己的信誉。也恰恰是这样，他们的发言才显得更加珍贵。

简历的作用

没有一个学校要简历，但简历的作用同样非常重要。

1. 用于网申。如果你事先写好了一份完美的简历，网申时直接考就可以了，一方面节省大量的时间，另一方面避免填写不一致的情况发生。

2. 用于面试。因为面试官只是根据他的地理位置或临时出差才接到面试你的机会，他对你的了解极其有限，这时在见面时你提供一份清晰的简历，给面试官一个非常好的印象，而且他会在非常短的时间里对你有一个全面的了解。对于你们之间的交流非常有利。

3. 即使学校不要简历，你也可以在快递材料时，把这张纸夹在其中寄给学校。让审阅者对你一目了然。

但一定注意：作为申请美国本科的同学来说，一定将自己的简历浓缩在一张 A4 纸上，一定做到干净、简洁、一目了然，当然是一份美式结构的简历。

面试

面试是可选部分，有些学校很重视，比如耶鲁。有些学校不是很重视，比如普林斯顿。有的学校没有面试，比如加州大学系统（推荐信也不要）。对于多数学校面试的作用是：每个面试官给你写份面试报告交给录取委员会，面试成功，对你的录取有帮助，但帮助有限；如果面试的不好，对的你录取有负面影响，而且影响较大。面试的主要作用是让学校更直观的感觉你的真实情况，更全面了解你的文章里没有表达的东西，是你文书、材料的一个补充。让学校判断你材料的真实性。

所以，对于接到学校面试的学生，要重视这次学校给你的机会，好好准备：

1. 服装。我看很多资料都说只要着装得体即可。可是我儿子的顾问非常肯定地告诉他：一定着正装。芝大的面试是暑期学校里进行的，这也是孩子的第一场面试。当时没有带正装，在顾问的强调下，在美国现买了一套。面试的当天，果然面试官自己穿的就是正装，如果面试官着正装，而孩子穿便装，感觉会非常不协调。总之，我认为至少着正装没有坏处，并且说明你对此次面试很重视。

2. 事先了解一下面试官的资料，这样心中有数。我儿子接到哈佛大学面试通知时，上网查了面试官的情况，他是美国驻中国大使馆的工作人员，他比较熟悉环保工作，这样孩子事先准备起来更有目的性。这次面试是孩子所有面试最成功的一次。一般一次面试正常的时间是 30 分钟—40 分钟，特别优秀的孩子，面试官可以将时间放宽到 1 个小时。而这位面试官给我儿子的时间是：2 小时 10 分钟！我在情商部分中非常羡慕耶鲁的面试官给一位同学 2 个小时的时间，以至于我把他作为我的一个案例来说明他的优秀！此时，我不能不骄傲地告诉各位读者，我的孩子获得的不仅仅是这位高官的尊重，他的出色表现让这位高傲的面试官肃然起敬！

开始时围绕着面试官的话题展开，他强大的气场牢牢控制着整个话题的走向（此时千万不要着急，一定采用跟随战术）。后来的一个小时孩子开始把面试官带到北京的环境问题，面试官眼睛都亮了，从当时大家（北京市民）正在讨论的 PM2.5 到政府对环境治理采取的措施，以及我们这几年实际看到北京环境的变化等，中间涉及哥本哈根环境大会，也涉及日内瓦环境会议，讨论得很深也很愉快。因为这位面试官的特殊地位，这场面试孩子给他留下了非常好的印象（从后来的联系中能够体会到），以至于后来在哈佛录取官继续索要资料时，每次都是通过他。直到 3 月上旬还在要孩子的资料，可惜最后的一份资料在十分仓促的情况下没有表达清楚，与哈佛擦肩而过，非常可惜。这也是我在孩子整个申请过程中最大的遗憾（仅是我的遗憾，孩子没有遗憾，孩子认为哈佛不录他，并不表明自己能力有问题）。

3. 切记不要急于将话题太快的转移到你熟悉或者你准备好的话题上，就面试官的话题和面试官展开讨论，如果你真是牛人，一定会打动面试官，这样的打动更能展示你的实力。当面试官提出的话题讨论得恰到好处时，逐渐的提出你的一些兴趣点（此时你所提的话题代表着你的思想深度，切忌落入俗套），和面试官共同探讨，但要注意不要讨论一些敏感的话题，因为你不知道对方对一些敏感问题的立场、信仰等，最好你能摸到面试官的兴趣点，这样一方面你又有独特的、有深度的观点，另一方面面试官又有话可说，这样会给你的面试加分。

解读 ED、EA

1. 何为“提前录取”

美国大学通常有三种录取方式，即具有约束力的“提前录取”（ Early

Decision 简称“ED”)、不具约束力的“提前行动”(Early Action 简称“EA”)和“常规录取”(Regular Decision 简称“RD”)。前两者简单称之为“提前录取”。

美国本科提前录取包括“提前决定 ED”和“提前行动 EA”。申请者通过 ED 来向申请学校表明该校是申请人的最佳选择，而通常大学也将很大比例的录取名额分配在此。

2. ED 与 EA 的区别

共同点：二者在美国相当于国内高考的提前录取。无论是 ED/EA，其申请截止日期上一般在每年的 11 月 1 日，录取结果在 12 月中旬就会公布。此外，ED/EA 的适用对象都以申请美国排名前五十的大学学生为主。

不同点：ED 是一项具有绑定作用的申请办法，具有其申请的唯一性：申请者只可以在提前决定申请中选择一所学校进行投递，倘若被学校录取，那么申请者必须选择该校就读大学，同时放弃了申请其他学校的机会。而 EA 则对于学生没有同样的要求，可以申请多所学校。

3. EA 又分限定性和非限定性两种

所谓限定性指你只能单选，就像今年的哈佛、普林斯顿、耶鲁和斯坦福，这四所大牛的学校就只能在 EA 阶段选择其一，即：只要你选了这四个学校的任意一所，就意味着你放弃其他所有学校（包括 EA、ED 所有学校）的早申请，但是，如果你被这四所学校之一录取，你可以选择不去。而非限定指的是你在选择这所学校同时可以选择其他不受限制的任何学校，芝加哥大学就是非限定 EA。如果你在早申请阶段选择 EA 芝大，同时可选其他 ED 和非限定 EA 的所有学校。

注意：

（1）乔治城大学有一个特别的要求，就是当你 EA 乔治城大学时，不能选任何 ED 的学校。

（2）MIT EA 只对美国学生，我们在早申请阶段就不要浪费感情了。

4. 其实还有一种录取方式，就是滚动录取（RO），就是只要有名额，就可录取，即“随到随录”，密西根安娜堡就是这样的学校。

5. 前 30（大 U）的学校：

（1）非限定性 EA 只有三所：芝加哥大学、乔治城大学、密西根安娜堡（MIT EA 只对美国学生）。

（2）限定性 EA 只有四所：哈佛、普林斯顿、耶鲁和斯坦福。

（3）加州大学系统（伯克利和 UCLA）是单独申请，截止日期是 11 月 30 日，他们的时间介于 EA、ED 和 RD 之间，请孩子和家长注意。

（4）其余均为 ED。（前 10 的文理学院均为 ED）。

（5）请以当年的学校网站为准。

选校的注意事项

整个申请过程中的每一步都是很关键的，就像是一个完整的链条上的各个环，一个出现问题，整个链条就会断掉。

选校自然也是其中的一环。因为美国大学录取不是只拿分数说话，他没有一定的分数线，所以，录取的结果具有很大的不确定性，经常出现一些大牛的孩子没有进入大家公认的好学校，而表面看很一般的孩子却进了常青藤。这里的原因很难说清，我分析主要可能有几个原因：

1. 成绩很好，但没有让录取官感动的表明你除了学习以外的能力，在

AO 眼里你只一个书呆子。你没有任何的培养价值。

2. 你的条件和你选的学校不匹配。如果你的条件明显高于你选的学校，这个学校一般不会录你，道理很简单，AO 知道你有很多选择，你会拿他们保底，因为每个学校的就读率（实际到校的人数 / 录取的人数）影响学校下一年的排名。这种既浪费学校感情而又给自己带来负面影响的事，谁会愿意干呢?

3. 有些中国的中学学校很牛，一些美国的牛校连续几年录取多位该中学的学生，结果最后就读的人非常少，甚至一个也没有，这样的学校让美国的这些牛校非常恼火，经常是在今后的录取中很少或者非常慎重录取这个中学的学生。非常典型的两个学校：伯克利和密西根安娜堡，是两所最伤心的学校。

4. 你的文书写的很差。在这种情况下，你的条件再好，也很难录取你，况且，现在条件的好的中国孩子比比皆是，AO 没有必要非吊“死”在你这颗树上。

5. 条件太好，好的让 AO 怀疑你在造假。如今在造假泛滥的年代，AO 一旦怀疑上你，你的命运凶多吉少。

6. 还有一个原因就是孩子的性别不同对于录取的结果有很大的影响。经过对近些年美国本科录取的中国学生的数量进行大量、详细的分析，结果表明，这是一个事实。尽管很难解释这个结论，但事实确实如此。例如：前 10 的大 U 近几年在中国大陆录取的总人数约为 80 人左右（每年会有少量变化），女生约占 90%，男生约占 10%，也就是说每年进入大 U 前 10 的中国大陆的本科学生中约有 72 位女孩儿，约 8 位男孩儿。中国大陆本科男女生比例差距随着排名的下降而缩小，在大 U 前 40 左右时，基本各占 50%。以后基本保持这个比例。这就给男孩儿录取增加了很大难度，尤其是在几万人的申请大军中想冲进前 10 更是难上加难!

所以选校要充分考虑以上因素，增加录取的概率。

如果选 10 所学校，我推荐采用 3、5、2 的形式，同时一定要兼顾上述 6 条。也就是选 3 个跳一跳才能够的着的高一点学校，5 个和自己匹配的学校，作为自己的主攻目标。最后选 2 个保底校。这里我说的“跳一跳才能够的着的”学校，就是自己评估一下自己或者请顾问帮你评估一下自己的水平，尽量“拔”一下自己，以免自己遗憾。不要选自己“使劲跳都够不着”的学校，假如你一定要这样做会有两个结果：

（1）多数情况是你在浪费自己的时间和感情，还不如自己集中精力做更有意义的事，就像你本来就是一介草民，整天惦记着进白宫和奥巴马共事，理论上讲有这种可能，但这种希望非常渺茫。不要给人家当分母，不要给学校明年吹牛说我们的录取率如何如何低这样的机会。

（2）假如该学校所有的 AO 全都被你给忽悠了，给了你 OFFER，在短暂的兴奋之后，你的恶运开始了。从报到那天起，你会发现你的智商突然的降低，至此你的自信再也找不到了，因为你站错了队伍。

保底学校要比你匹配校退两档，比如，你具备了前 10 的实力，你的保底校应该退到 30 左右的学校，这样做的原因有两点：

（1）前面说过了，美国学校录取不只是拿成绩说事，不像中国的大学，只要够了北大的分数线你就一定能上，它的录取有相当的不确定性，除了极个别人，多数人没有牛到一定能上 XX 学校的份上。退两档只是为保守起见，以防万一，关键时会救自己。一旦你选校过高，出现意外就会有补救的机会。否则，在一个接一个的拒信飞向你时，冷汗会蹭蹭直冒，你的心会拔凉拔凉的，此时即使是上帝也救不了你。

（2）如果你的定位很准确，也没有必要退的太低，例如，你有前 10 的水平，你非要选排名 80 的学校作保底，这基本上等于没选，就像我上面说了，学校 AO 没有傻到明知道你耍他还自作多情的程度。

前 10 的学校录取难度非常大，我就不用多说了，这就要拼实力加上一点运气。11 ~ 20 的学校，由于申请前 10 的人都会申请，使得这一层次的竞争也非常的激烈，AO 很难辨认出谁是真正最终能来的，谁是被前 10 录走的。21 ~ 30 同样混着前 10 和 11 ~ 20 的两类学生，但 AO 对于多数的前 10 的学生能够辨认出来，对于少数 11 ~ 20 也能辨认出来，所以这就使得录取而不来的人数随着学校排名逐渐增加，所以学校就会给出了许多 witting。分析一下就会知道，对于 40 ~ 50 的学校会发出很多 witting，用来保证生源。所以，我认为在 RD 时如果你接到了 40 ~ 50 的学校 witting，只要你赶紧作出积极的表现，机会非常的大。据了解，宾州州立大学，排 45，witting 的录取率高达 80%。

就目前的录取情况看，早申请录取的比例越来越大。拿 2011 ~ 2012 这个录取季来说，很多牛校在早申请阶段录取了相当多的学生。有的甚至录取了 50%！这样给常规录取带来了很大的难度。

下面是 8 所常春藤另加 MIT 和斯坦福的提前录取数目表：

常春藤 +	2011 年提前申请人数	2011 提前录取人数	2011 提前录取率	2012 年估计招生总人数	提前录取与全部录取比例
哈佛大学	4231	772	18%	>1700	45%
耶鲁大学	4310	675	15.7%	1350	50%
普林斯顿	3443	726	21%	1300	44%
Stanford（CA）斯坦福大学	5880	755	12.84%	1700	44.41%
Brown University 布朗大学	2904	556	19%	1500	37.07%
Columbia University 哥伦比亚	3088	605	20%	1391	43.49%
Cornell 康奈尔	3609		35%	3182	
Dartmouth 达特茅斯	1800	465	25.83%	1110	40.0%
University of Pennsylvania 宾大	4526	1148	25.36%	2420	47.44%
M.I.T.（MA）	6008	680	11.32%	1130	60.18%

面对今年的录取情况我们要怎样操作对我们的申请最有利呢？

（1）尽量参加早申请。因为这是美国大学给那些早准备好的学生的一次机会，其优点如下：

① 因为 ED 的学校和限定性 EA 的学校一定是你最想去的学校，具有强烈的排他性，就意味着学生把该所大学视为自己最“钟情”的学校，这种忠诚行为会得到大学的肯定和鼓励。在条件相同的情况下，会优先考虑。因为大学要考虑他的入读率（实际报到的人数 / 录取人数）但这并不意味着学校会降低要求（有些人认为会降低要求，我认为不是这样）；

② 录取结果早知道，也就是说通过 ED 申请本科一般在 12 月中旬就可能知道是否已被录取，如若录取就省下大量精力和时间去做其他事了。如果 EA 被录取，这样你在后面的 RD 阶段缩小范围，这样对申请非常有利。例如：如果 EA 芝大录取，你就有了定心丸，在 RD 阶段只选自己钟情的学校即可，或者，芝大已经是你的钟情学校，后面的申请可以放弃或考虑申奖等，总之，EA 的结果给了你申请的底线；

③ 如果 ED、EA 都没有录取，赶紧调整自己的申请方案。

（2）量力而行。因为早申请是一次难得的机会，我们要充分利用。这就要准确评估自己的实力。因为，限定性 EA 是排他的，你选择了一所就等于放弃其他机会，如果不录，这就意味着你在早申请阶段前功尽弃。如果你具备了足够的实力，而不敢申请，也会给自己带来极大的遗憾。

（3）对于保守申请者来说，可以采用 nEA+1ED 的形式。例如：EA 芝大 +EA 密西根安娜堡 +ED 宾大（或 ED 杜克），但 ED 的学校一定是最想去的学校，否则一旦录取就别无选择。同时对 ED 的学校的钟情程度要超过所有 EA 的学校。例如：如果你被芝大和杜克同时录取，你只能选择杜克。今年就有这样的案例，一旦同时被 ED 和 EA 的学校同时录取，只能选择 ED，而且必须选择 ED 的学校就读。

总之，要根据自己的条件，拿捏好火候，让你的申请恰到好处，不遗憾，不后悔。

关于高考与出国并行

这是很多人经常愿意讨论的事，我也看过很多留学业界的专家的观点，他们经常说：留学高考两不误。我孩子最初也是这样想的，我当时的想法很简单。

孩子确定出国的时间比较早，中考之后就非常明了，这样会有更充分的时间准备。

从孩子多年来的表现看，我确定孩子的能力可以让高考和出国并行。

高考毕竟是绝大多数中国孩子要经历的一个里程碑式的事件，对孩子的磨砺和影响是重大的，甚至会影响孩子的一生。

所以孩子在中考后没有进入国际部，而是正常的进入本部。因为当时不可能考虑到出国的种种磨难。但我经过了多次出国报告的洗礼，知道孩子出国要做的一些事，尤其目标要进入前10，难度会很大，所以我还是更多地分析了“两条腿走路”的艰难。为了万无一失，根据人大附中的具体情况，让孩子高中时不要进入太靠前的班，只要是实验班，有良好的班风和师资就可以了，这是思前想后、左右平衡的万全之策。即使是这样，孩子后来的辛苦还是远远超出我的想象，尤其是他对自己的要求非常高，出国申请考的科目应该说在人大附中的孩子里是最多的，这样做的直接表现就是肯定会影响孩子在年级的排名，这对于一贯优秀的他来说，是一个不小的打击。他自己犹豫过，痛苦过。他跟我说起他自己从小学上学开始从来都是主流队伍中的学生，现在的状态让自己非常难过。我非常理解孩子的心理，但为了实现梦想，必须作出牺牲。而且所有的压力都要承受，别无选择。到目前为止，北京地区所有的名牌中学当中只有人大附中没有把高考的学生和出国的学生分开，面对这样的现实，自己的付出必须比其他学校出国的学生要多得多。考虑到老师的感受，考虑到自己的前程，孩子透支了自己的健康，那些日子，他实在太累了。作为家长，我到了不忍心知道的程度。那些日子，孩子在承受着双重煎熬，我和爱人同样也受着担心孩子垮掉身体的折磨。

因为人大附中曾经有过一个孩子，经过自己的奋斗进入了常春藤，不到一年的时间孩子就离开了这个世界（因病），我看到这个消息时心都要碎了，知道走到这一步孩子付出了巨大的代价，很可惜的是这种代价实在太大了。

想到这些，当孩子完成了所有申请时，我断然决定：绝对不让孩子再高考了。无论其他任何理由，孩子的生命最重要。所以在这里我要对人大附中的老师说声抱歉，不是孩子不想为母校争光，而是从孩子健康考虑，站在一个父亲的角度上，必须这样，别无选择。

所以从我孩子的经历来看，我想对今天还在为此事犹豫、彷徨的孩子和家长说，如果你想留学高考同时进行应该满足几点：

1）孩子必须属于巨牛级的且英语也巨牛且高一开始准备出国；

2）你是属于市重点中学里优秀的学生，对美国本科的要求在排名40名以后的；

3）你所有的申请由顾问全包，你只参加出国必需的考试。

如果你不属于这三种情况之一，你还想高考和申请同时进行，你的申请肯定会受到影响，你的高考也会受到影响，在选择时一定考虑愿意接受这样的结果。如果你属于第3种情况，你的损失会更大。因为申请的过程对自己的提升，就像一个毛毛虫破茧而出这个过程一样，如果这个茧不是毛毛虫自己挣脱开的，而是别人帮助剪开的，这只毛毛虫已经失去了飞翔的可能，变成美丽蝴蝶永远只是一个梦想。

尽管我儿子最后没有参加中国的高考，实际上只是在最后的复习阶段松懈了一些。他在人大附中本部的学习，让他拥有扎实的基础，这同样是今后进入大学学习非常重要的因素。比起那些单纯为出国准备的学生来说，这一点收获还是非常大的，但这需要实力。不是所有人都能效仿，而且绝大多数人不能效仿。同时他在经历申请美国本科的过程中，所承受的压力，所遭受的打击，所获得的惊喜，所经历的历练也是一次高考远远达不到的，现在看来这样的选择对我儿子来说真是恰如其分，没有任何的遗憾。

关于留学顾问

我在前面已经强调了顾问在孩子申请美国本科过程中的作用，一句话，没有顾问，孩子的申请基本等于失败。除非孩子申请排名40以后的学校。我这样说原因三：

1. 孩子的英语水平再牛，你的文书很难达到美国人的要求。尤其是目前每年以几何级数的增长的申请大军，尤其是这些年来很多孩子的文书被一些人弄得神乎其神，已经吊足了美国大学AO的胃口，如果仅仅凭孩子DIY，你必须有足够的自信。

2. 即使是你的英文和老美比肩，即使你就是一个老美，你不了解美国大学AO的胃口，他喜欢鲁菜，而你做的偏偏是粤菜，你的手艺再高超，结果可想而知。

3. 美国高中生也同样需要申请顾问。

那么有了顾问就标志着申请成功吗？不，它只是孩子申请的一个协助者而已。一方面，顾问的水平参差不齐，有的水平实在有限，即使是非常牛的顾问，他们说的话也要选择性接受。

不夸张地说，我用了近两年的时间走遍了京城能叫上名的几乎所有顾问，从30个候选中选出10个，从10个中选出5个，再从5个中选出3个，最后确定了相对满意的一个，即使这样，在孩子申请过程中问题很多。我举个例子：

关于孩子是否上Summer School之事，我问遍了几个著名的留学专家，他们也是留学机构的总裁，得到了一致的回答："没必要。"并说："我们录取的学生没有一个因去了Summer School而被录取的。"我在犹豫之中，和孩子商量了很久，也考虑再三，我在反复琢磨：如果我的孩子做到了：

· 拿到优异的成绩。

· 拿到教授的推荐信。

· 英语有一个飞跃。

这对申请没有帮助吗？

事实上，孩子做到了上述三点。事实上，这次Summer School之行，对孩子被芝大EA录取肯定有帮助的。不是没必要，而是非常必要。而且孩子还有两个额外的收获：

· 在五周的时间里完成了两门课，孩子体会到了学习的强度，这和一个正常的学期学习4门课的强度差不多，而且略大一些，这样孩子相信，如果能到这所大学学习，他的课程强度和要求自己完全能够承受，而且芝大的课业压力在美国名校当中是有名的，这5周的Summer School让孩子证明了自己的能力。

· 在芝大的五周的生活，孩子深深地喜欢上了这里，一座座哥特式的建筑、大片大片的草坪、安静别致的图书馆给孩子留下了难以割舍的印象。那种由衷地爱在孩子离开时显得那么的珍贵，也含着一种伤感。更坚定了自己的选择。就像恋爱，纸上谈兵再热闹，没有直接见面来得更直接。

其实Summer School还有一个重要的作用：学校看到了孩子本人，你的表现比你的文字更让学校相信你的出色。这一点在目前申请相对混乱的状态下，更显得尤为重要。

这样的例子我能举出很多，所以在孩子整个申请过程中，家长要参与，一定要参与。而且关键时要分析顾问的话，更重要的是要在重大的时刻作出果断的抉择。因为你的决定可能把孩子送向天堂，也可能送往地狱。

申请中家长的作用

如果你是连续阅读至此，家长的作用在上面的行文中已经涉及很多，即使是我不再说明，我相信每个家长也知道了，你在整个孩子申请过程中的作用。但我还是要单独提出来，再重申一下申请中家长的作用。

我相信在整个申请中，最焦虑的一定是家长，原因很简单，这一步的成与败影响着孩子十几年的心血，是付之东流还是硕果累累，直接影响着孩子的前程，说得严重一点可能影响着孩子的未来。它比中国的高考更不可控，因为孩子到了此时，如果孩子参加中国的高考，学校的档次基本已成定局，只要是没有太大的意外，多数孩子“大局已定”。对于申请美国本科，某种程度说，孩子的命运不是掌握在孩子自己手里，单靠孩子的实力或孩子的运气是解决不了的。这是一个多种因素促成的一个结果。家长的作用就是这诸多因素中的一个。

1. 筛选留学机构。就像我上面说的，如何在良莠不齐的留学机构中选出适合孩子的呢？这件事，纯粹让孩子去甄别肯定是不行的，一来申请中那么多重要的事，一件接着一件等着孩子去做，孩子根本不可能有时间再去做大海捞针的事；二来，孩子的涉世深度与那些久经沙场的留学机构比起来，太嫩了点。所以，这件事责无旁贷的就落在家长身上。就像上面我说的，我先来个初选，当我从众多的留学顾问中筛到只剩三个时，这时让孩子自己来判断，到底自己喜欢哪家。有的家长会问：你怎么能判断哪家好，哪家不好呢？你会不会在初选的时候错过好的呢？我来告诉家长，我的筛选程序：

（1）自从孩子中考后的每个周六、周日基本上我都周旋于京城各个留学机构，听报告、做咨询，开始的时候，越听越乱，越听越着急，那感觉就像家里买家具一样。刚开始，你在遍布京城的家具城里转悠，张家说张家的好，李家说李家的棒，让你云里雾里，时间长了，你就会在几年的周旋中，对这个行业会有一个深刻的了解，知道哪个是真材实料，哪个是以次充好，在这个阶段你会完成第一次粗选。

（2）和孩子商定选用哪种做法的顾问。根据孩子的能力、时间及申请过程对孩子的重要意义，作出第二次筛选。这个过程要充分和孩子研究、讨论，我们用了很长一段时间才最后定下来，这之中我一直在纠结，在担心孩子能否完成，但孩子自始至终非常坚定。坚持所有的事情自己完成。

（3）在继续缩小圈子的基础上，和各个留学机构的总裁长谈一次，详细说明自己的要求，和要达到的目标。根据双方的谈判，再一次缩小范围。

（4）最后让孩子出面确定自己的留学顾问。

整个过程，主要是我在外围花费了大量的时间，在判断、在选择，节省了孩子大量的时间。更重要的是，如果在选择顾问出现失误，会给孩子的申请带来非常大不利因素，甚至还不如DIY。这样的例子每年都有很多，白花钱事小，关键是不但对孩子的申请没有帮助，反而成了拖累。所以家长一定要协助孩子把好这一关。

2. 确定了顾问后，家长不是没事了，而是所有的任务刚刚开始，接下来的主要任务就是经常和顾问的老板交流，孩子在申请过程中的进度等细节，表示你非常关心和担心，因为，每一个顾问每天都面对着一帮孩子，你的态度就是让留学顾问足够重视，让他有“自己必须努力我才能满意”的感觉，当然孩子的能力是留学顾问“重点关注”的最重要理由。顾问对孩子的重视程度，对孩子申请的结果有很大的影响。这一点，自己想想就会明白。

3. 和孩子一起分析近几年的录取形势，分析周围申请的学生的实力，制定出适合孩子的最佳选校方案。我当时做了四个方案，孩子选了最保守的一种，想在 ED、EA 阶段有个结果，减少煎熬。事实上，这样的选校方案超级棒。

4. 和孩子中学打交道。这就根据每个学校的不同，采取不同的策略。

5. 给孩子精神上鼓励。在整个申请过程中，孩子要经受各种各样的打击，这时，家长一定要沉着冷静，孩子乱，你不能乱。在孩子最需要支持的时候，你一定要坚强并给予积极的鼓励，让孩子不要怀疑自己，坚信自己的能力和选择。

6. 保证孩子的营养。这是孩子一切努力的基础，保证孩子的健康，才能保证最后的胜利。

总之，在孩子整个申请过程中，我们家长一定要肩负起自己的责任，只是因为你是家长，为孩子做好外围的铺垫，让孩子减少不必要的牺牲。

孩子的课外活动

这个问题应该具体问题具体分析，对于申请排名 40 以后的学校来说，课外活动不是很重要。有更好，没有对录取影响会很小。因为即使毫无准备，孩子毕竟读了十几年的书了，总会有一些这样或那样的经历，当然感人的亲情经历同样可以打动 AO。但对于排名 40 以前的学校，根据学校的排名它的作用也是会有很大的不同，越是排名靠前的学校孩子的课外活动越重要。我认为，美国大学的不同，它的培养方向是不同的，例如前 10 的学校，培养的方向一定是未来各个行业、领域的领军人物，这就要看你除了是否足够聪明外，很重要的一点还要看你是否具备这种潜质，是否有培养的价值。这些潜质的体现的地方之一就是孩子除学习以外的活动，看看孩子在这些活动中能否让这些牛校看到培养价值。所以对于要申请40以前的学校，除了成绩外，要有非常过硬的活动。

有的孩子决定出国的时间仓促，这就要量力而行了，因为美国大学所要的各种考试成绩以及孩子的中学成绩当然是非常重要的内容，如果你在决定时这些成绩还差很多，或者就自己的估计来说没有充足的时间再去干别的事了，就不要做丢了西瓜捡芝麻的事。

我的意见是，其实孩子的课外活动本身就是孩子学习生活的一部分，一个只顾学习，其他任何事都不参与的孩子，即使将来不申请出国，也是非常失败的教育。这样的例子有很多，我就不一一列举了。所以在培养孩子时，我们做家长的不要为了申请需要才想起让孩子干这干那，而是完全从孩子成长本身的需要，从孩子未来发展的需要，丰富孩子的学习生活，学习仅仅是孩子学习生活的一小部分而已。当然，很多家长会说，你的孩子精力充沛，你的孩子能力强，可以在学习之余再完成其他课余活动。其实，并不是这样，只要你有思想，只要你的孩子是一个智力非常正常的孩子，他一定能有足够的时间和精力完成他足够的课外活动，而不太影响或者不影响学习成绩，因为孩子花时间干了其他事，如果是一个有上进心的、正常的孩子，他就会抓紧一切可利用的时间学习以补回那些“浪费的时间”。所以这样的孩子更会利用时间和提高效率，而往往看到的结果是：孩子在活动中得到了锻炼，孩子的成绩同时也得到了提高。

现在北京市一些重点高中，尤其是海淀区的北京市重点高中，每个学校都有丰富多彩的校内、校外的活动。希望家长鼓励孩子积极参与其中，孩子的收获绝对比想象的大。

当然，要想进入前10的美国名校，是非常难的，对活动的要求非常高，而且孩子在活动中也不是一般地仅仅参与。反过来说，要想进入前10，给孩子刻意安排活动，这样的想法只会是自欺欺人而已，一定是孩子发自内心自己非常想做的。在孩子组织的这些活动中，他的能力得到展示和锻炼，因为，只有孩子想做的事，他才能全身心的投入，只有全身心的投入，孩子才能付出自己的热情和努力。当然，申请只是顺其自然的事。如果孩子到了这样的境界，学校拒你，是学校的遗憾，而不是孩子的过错。

到底前十的牛校喜欢什么样的活动？这个问题实在不好回答，也没有办法回答。那么我们可以从另一个角度来解读牛校的活动“标准”。以普林斯顿大学培养毕业生的标准，可以看清他们的希望。

普林斯顿大学本科毕业生的12个标准

普林斯顿大学的“本科教育战略计划委员会”对普林斯顿大学本科毕业生提出的标准包含十二项内容：

1. 具有清楚地思维、谈吐、写作的能力（The ability to think，speak，and write clearly）；

2. 具有以批评的方式系统地推理的能力（The ability to reason critically and systematically）；

3. 具有形成概念和解决问题的能力（The ability to conceptualize and solve problems）；

4. 具有独立思考的能力（The ability to think independently）；

5. 具有敢于创新及独立工作的能力（The ability to take initiative and work independently）；

6. 具有与他人合作的能力（The ability to work in cooperation with others and learn collaboratively）；

7. 具有判断什么意味着彻底理解某种东西的能力（The ability to judge what is means to understand something thoroughly）；

8. 具有辨识重要的东西与琐碎的东西、持久的东西与短暂的东西的能力（The ability to distinguish the important from the trivial，the enduring from the ephemeral）；

9. 熟悉不同的思维方式（定量、历史、科学、道德、美学）（Familiarity with different modes fo thought）；

10. 具有某一领域知识的深度（Depth of knowledge in a particular field）；

11. 具有观察不同学科、文化、理念相关之处的能力（The ability to see connection among disciplines，ideas and cultures）；

12. 具有一生求学不止的能力（The ability to pursue lifelong learning）。

从上面的12条中，我们可以看出：普林斯顿大学本科关注的不仅仅是学生获得知识的多少，更多的是学生在学习过程中其思维方式的发展，以及对取得成功具有关键性作用的综合素质的培养，如好奇心、敏锐的感觉、勤奋、领导能力与责任感以及合作能力等。

我想，这一定是普林斯顿录取倾向，试想，如果你的活动让这位大牛的学校看出你具有这样的潜质，他们怎么会放过你呢？

快递中的注意事项

在正式申请过程中提交方式分三个部分：网申、快递和成绩递送。网申就是根据申请学校的要求在网上填写申请表格，使用通用申请的学校只需填一次，不使用通用申请的学校，按照学校的表格单独填写（前三十的大U只有MIT、乔治城大学、伯克利和UCLA是属这类）。成绩递送是指孩子的英语考试成绩如：TOEFL、SAT1、SAT2、ACT、AP等均要通过相应的考试中心直接寄送给孩子申请的学校（只要孩子取得了满意的成绩，只要孩子定下来申请的学校名单即可通知考试中心寄送。因为由于申请的人数多，有时考试中心不能及时寄送，影响孩子的资料齐全，继而影响AO对孩子申请资料的审查。所以只要确定就可付钱（信用卡支付）通知考试中心寄送，这里我就不再多说，我只想说说第二个部分：快递。

快递是通过国际快递公司（DHL、TNT、UPS等）把孩子需要签字盖章的资料寄给申请的学校。这里有一些细节请孩子和家长注意：

1. 一定要选择一些知名的国际快递公司，这个时候千万不要图便宜，这些资料能否及时送达关系到孩子的录取，所以关键时刻以稳妥为好。目前很多快递公司都上门取件，基本上是150—170元人民币一件（500克以内，每一件都不会超重）。清华、北大附近的快递公司对学生有优惠。

2. 快递的资料因学校不同略有不同，一般是：

（1）4个信封。这4个信封分别是3封推荐信和一个中学的成绩单和在读证明。在读证明和成绩单放在一个信封里，成绩单有两份，一份是高一、高二两年的中英文对照的成绩单，另一份是孩子初三中英文对照的成绩单。如果孩子初中、高中在一个学校读书，两份成绩单和在读证明（成绩单和在读证明都要有校长和学校的章）这三份资料放在一个信封内，在信封的封口处盖上封口章，如果孩子初中和高中不是一个中学，初三的成绩单由当时孩子就读的学校开好后再用初三学校信封封好后，盖上封口章，这样就多了一个信封，即5个信封。请注意：所有的信封都用学校的信封，推荐信的信纸一定用学校抬头的信纸，推荐信的最后面让推荐的老师签字（此处签字最好是英文），并在信封的封口（背面）压线签字（此处的签字可用中文）；

（2）国际学生附加资料：International Supplement。填写孩子已经会考过的课程，填好后让顾问签字。这份资料只是一页纸，不需要封起来，和上述4个信封或5个信封封在一个大信封里一起快递即可；

（3）如果申奖，就再加上父母的在职和收入证明：Statement of Employment and Income（2），家长在自己单位开好，盖好章。如果不申奖就不要这两页纸；

（4）有的学校要存款证明，多数学校不要。

以上就是快递的资料。

3. 我要特别说的几点：

（1）在快递资料里最好放一份简历，因为这会让AO一目了然，而且只有一张A4纸。

（2）最好不要放其他多余的资料，例如，TOEFL SAT成绩单等，一方面你手头的成绩单是无效的，同时你也在网申时填写了；另一方考试中心已经把成绩寄给了孩子申请的学校，如果再快递，会给AO造成麻烦，我认为尽量不要快递。像光碟、相册等一定不要再多此一举，如果快递过去只能增加AO的负担。以前有人这样干，现在再这样不成了，只能让AO反感，认为你看不懂说明。

（3）做一个目录，让AO知道这份快递有几份资料。例如：

· Contents
· Resume
· Teacher Evaluation（2）
· School Report
· Transcript and Studying Certificate
· International Supplement

· Statement of Employment and Income（2）

4. 将上述所有的资料放在一个大的学校的信封里（这个信封的和一般的档案袋一样大），不要封口，折上即可（因为一旦封口 AO 还得拆，理解 AO，他们的工作量太大了）。经常有一些孩子说他寄给学校的部分资料学校没有收到，这说明，可能 AO 取的时候遗落在快递信封里了。为避免这样的情况发生，将所有一次快递的东西全部放到一个学校抬头的大信封里，AO 取时，一起把大信封拿出即可。

第 4 条还有一个好处，快递公司的工作人员，给你换信封时（他们往往到公司给你换一个信封），直接拿出一个整个信封，也不会出现遗漏的问题。

我建议把每个信封上贴上一个标签，上面写上此信封是什么，这样让 AO 一目了然。（注意：斯坦福自己有特有的标签，打印后直接贴在相应的信封上。）

同时发多个学校时，千万不要弄乱了。把 A 学校的资料寄给了 B 学校，把 B 学校的资料寄给了 C 学校。快递时，让快递公司的工作人员从你手中拿一个封好后再拿下一个，避免低级错误发生。

中学的成绩单一共要寄三次：第一次是早申请阶段，在孩子高三开学（9 月初）就到学校开出孩子高一、高二共四个学期的成绩单；第二次是高三上学期期末考试完，放寒假之前。因为马上就要放寒假了，而美国大学此时正在审查孩子的申请资料，他们需要高三的成绩，中学一旦放假，就得一个月之后才能开出，所以此事一定在孩子期末考试完，只要学校登记好孩子的成绩，就开出来，以免耽误事；第三次是录取后，确切地说是孩子确定了即将就读的学校，此时将最后的成绩单（大概 5 月份之前）寄给学校，这份成绩单包括孩子高中的所有会考成绩，这也是孩子高中的完整的成绩单。这份成绩单很重要，理论上说只开一份寄给孩子要去的学校即可，但我提醒家长，这份成绩单在签证和孩子到美国上大学还要用到，所以，我认为至少要开三份——一份寄给大学，一份用于签证和到美国大学申请课时用（选课时有时要依据你在高中学的课程），一份留下来作为永久的纪念或应急时用。

以上是我提醒各位家长和孩子快递时的细节，做到忙而不乱，稳扎稳打。

我对游学的看法

几年前，很多留学机构和旅行社纷纷推出了“游学”，直到今天非常火热。所谓游学就是孩子利用假期到美国、英国、澳大利亚、新西兰等世界各地旅游参观，同时也到一些著名的高校参观，还可以象征性地上几堂英语课。一些人利用了家长希望孩子到国外看看，感受一下国外大学环境的心态，大力吹捧游学的重要性。一时间很多孩子加入了游学夏令营或冬令营的大军，家长花费大笔的钱，孩子花费至少 2 周或 3 周的时间，到底作用有多大呢？

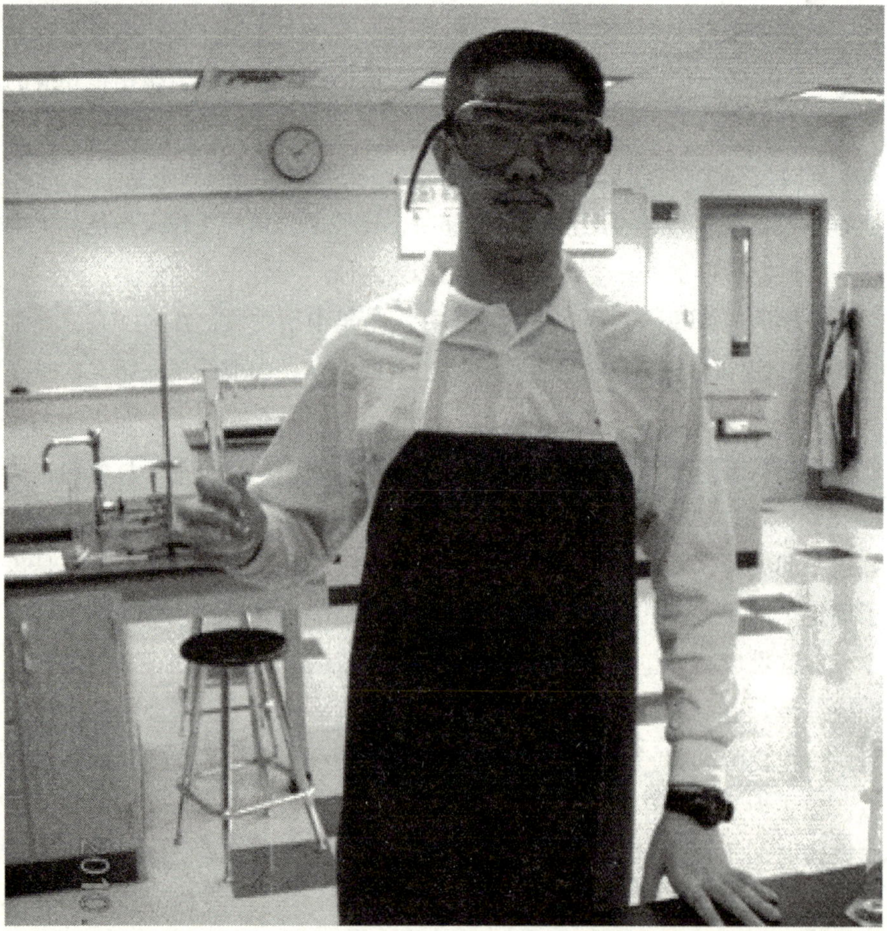

化学实验要“全副武装”。那个围裙很重啊！据说防辐射，防腐蚀。

2012 年的暑假我到美国出差，无论在波士顿还是在洛杉矶，无论是在飞机上还是机场，随处都能看到中国孩子的身影，我一方面感叹祖国经济强大了，孩子们有机会能出来走走，另一方面，孩子们这样走马观花的参观和我们普通的旅游又有多大区别？在一个餐馆里我遇到一个孩子，我看到他脸色非常难看，我一问孩子，才知道他在发烧，他说他已经吃过药了，还能坚持和全团接着进入下一站。我当时的感觉，这孩子的这次游学除了花费一大笔钱外，除了痛苦的跟着队伍到处排队（等待进入旅游景点）外，孩子还会有什么收获呢？

在一个购物店里到处都是中国孩子，如果不是看到收款员是老外，我还真以为是在中国呢。试想，一个小学生，即便是一个初中生，进商店，除了给美国的经济提供资助外，还能有多少意义？

即使在大学里，孩子们也只是在随团老师的高声吆喝下，匆匆拍照匆匆离开，很少有时间再仔细多看一眼学校的一砖一瓦。由于多数孩子的英语水平很差，更无法和校园里的学生交流，回家后，仅仅从在这里照片让爸爸妈妈知道，自己曾经到这所名校。这也许是家长唯一的安慰吧。

在美国的那几天，同行的同事看到这些游学孩子的情形，问我这种游学的意义时，我只能为我们的家长伤心和失望。

我的孩子在高一的寒假参加了学校的安排的交换，即由孩子自己所在的中学和美国友好学校联谊互相交换学生，这样的优势有几点：

1）由于是孩子自己的中学出面联系，保证了孩子的交换不是以赢利为目的；

2）这样的美国中学和孩子自己的中学已经有了多年的友谊和联系，而且基本保持在同一水平，确保了美国中学学生的质量；

3）孩子是直接参加美国中学正常的课程，完全和美国同学一起上课，一起生活；

4）孩子是住在一个美国同学的家中，真正生活在美国人的家庭当中，体会美国人的生活。

下面我详细讲述一下孩子的这次经历，帮助家长分析和体会。

与美国著名私立中学 GDS 交流片断

高一伊始，学校有一个机会，寒假选 15 名同学（其中高一 7 名）到美国著名私立中学 GDS 交流。在众多报名的同学中，儿子有幸竞选成功，成为一名校派交流生。他从来没有走出过国门，从前脑子里大洋彼岸的美国学生随心所欲的学习状态到底真实的情况是个什么样子，他们的课余时间是怎样生活的呢，怀揣着这些好奇，心中的激动难以言表。

期末考试的第二天，他踏上飞往美利坚的航程，心随着升空的飞机飞向了一个陌生的国度。“我能听懂他们的课吗？这么好的私立中学他们的学生到底有多牛？”带着一个又一个的疑问，儿子来到了这个位于华盛顿

儿子和 GDS 校长 Keiven 在一起

久负盛名的 GDS 中学。

第一堂文学课让孩子大开眼界，大家坐在成一圈，不像是上课，倒像是一个公司在开研讨会，大家你一言我一语在讨论一本书，你可以就本书的任何问题发表自己的见解，例如，书中的某个人物的性格特点，书的写作背景，某些情节设计的不合理等等，大家讨论得热火朝天。这和我们的上语文课差别可是大相径庭，没有任何限定，思维信马由缰。

数学课倒是和我们的上课方式非常相近，开始孩子还怀疑自己的能力，因为他是上美国高二的课，但很快他有了充分的自信。老师讲的是一道概率题，当她讲完这道题后，问哪位同学有不同的方法，儿子的脑子在飞快地转动，很快有了答案，他环顾四周，在座的同学只有他一个人举手，老师把他叫到讲台上，让他说出自己的想法，他迅速地站起来走到前面，用流畅的英文把自己的想法讲给在座的同学，老师感到非常震惊，思考巧妙、简洁，而且能够用英文完整地表达出来。仅仅过了两个小时后，GDS 中学校长在陪他们吃饭时非常诚恳地说起了这件事，对中国孩子表示由衷的赞赏。第二天这件事就传遍了整个学校。更让数学老师惊讶的是，他把老师当天留的作业（6 页 A4 纸，对大多数美国孩子来说已经非常痛苦了，而且没有要求中国的交流生回家做）全都做完了，第二天老师在他的作业上写了几行字，表示赞赏和感谢。

美国中学生的生活是非常丰富多彩的。一次放学后，几个学生在操场上打橄榄球，他自然加入其中，因为他是人大附中橄榄球队的主力队员，而且学的正是美式橄榄球。精彩的比赛让他感到非常过瘾，加上自己出色的田径基础，他感到非常爽。在这场比赛中，他们以少胜多。比赛结束后，美国的几个同学瞪大眼睛惊奇地问他："你也会？而且水平比我们高很多！"是呀，会打橄榄球的中国孩子的确凤毛麟角，但这不仅仅是美国孩子才喜欢的运动，他的表现让美国佬的孩子们刮目相看。

美国孩子的课间是非常随意的，玩的东西种类繁多，在一次课间学生们娱乐时，儿子拿出一个三阶魔方，让他们随便旋转魔方，然后 35 秒之内 6 个面全部恢复成同一颜色。现场只能听到魔方转动的声音，速度之快让人眼花缭乱，让在场的学生目瞪口呆，在他们看来是多么的不可思议！第二天一个学生送给儿子一个五阶魔方，以表示佩服和尊敬。美国的孩子就是这样，你的某一项能力让他们不可思议时，他们表现出来的敬佩是从内心油然而生的。

孩子住的 Host Family 的洋妈妈刚刚参加哥本哈根会议回来，哥本哈根会议的火药味还没有在她的心中散去，而孩子在人大附中模联同样同步在讨论哥本哈根会议的议程，所以当两个人一旦遇到这一话题时，都有太多的话要说。从发达国家的立场到发展中国家的立场，从整个会议的结论到中间的艰难过程，以及一些细节，聊得不亦乐乎。他还有意回避了一些政治敏感的观点，尽量不要出现中美两国的对立态度，保持中立评论，以免尴尬。

洋爸爸同样是白宫的大律师，每天工作忙，但只要在家还是经常在一起聊天。有一天下雪了，早上起来时房子的前面积了很多的雪，儿子和洋爸爸一起扫雪，看得出，洋爸爸非常高兴，感到中国孩子愿意分担劳动，主动和他一起干活，这不是每个美国孩子都能做到的，他心中的喜悦通过照片完全能体会得出来。短暂的两周，儿子的收获颇丰，让这次远行的感悟留在心中，让自己慢慢体会。

这次交换，儿子给 GDS 校长留下了太深的印象，并多次写信给儿子，与儿子交流中国的环境，以及汶川地震中国政府的快速反应等。后来，这位校长反馈人大附中校长寒假交流情况时，特别表扬了儿子在那一次数学课上的表现，颠覆了他脑子里中国孩子一贯羞涩、不擅言谈的状态，表扬了他思维敏捷、数学基本功扎实、敢于表达自我的优秀品格。

高一的暑假，洋妈妈带着她的两个儿子来到了北京，并专门要求见到我们全家。在吃饭当中，洋妈妈问我夫人："你儿子是不是北京市最聪明的孩子？你儿子是不是北京市最勤奋的孩子？"在她的眼神里，我能深刻地体会到她对我儿子的喜爱，那种喜爱含有尊敬和欣赏，也透着一种羡慕，以至于她让她自己的儿子要向我儿子学习（其实她的两个儿子非常优秀，老大进入了 UCLA 学习）。我真没想到老美家长也这样攀比啊！短短的两周，儿子的表现彻底征服了这位久经沙场的白宫大律师以至于在我儿子离开美国时让她多次落泪。

我想告诉各位家长，以我个人的经历，以我孩子的经历，以及诸位家长自己的分析，选择何种方式让孩子真正体会一下美国的教育，体会一下美国人的生活，效果可能非常不同，我们的孩子时间非常宝贵，如何能让这宝贵的时间不再白白浪费，家长的选择显得尤其重要。

给孩子成长的机会

其实我在《心中的风筝》、《孩子，你飞吧》等文章中已经非常清楚地表达了我的观点，孩子不是家长的附属品，随着孩子年龄的增长，我们要松开手中的线，让他们自己放飞自己。

我在前面也提到过李开复的母亲在他11岁时毅然决定将自己的宝贝儿子送到美国，这位母亲的胸怀和视野仍然值得我们今天的家长学习。因为时至今日，很多家长还在为此事纠结，到底要不要送孩子到美国读大学？到美国读本科是不是太早？当然，孩子的情况不同，选择的结果也会有差别，不可盲目效仿和盲从。但当孩子完全具备了出国读书的能力时，我还是建议家长给孩子独立面对未来的机会，让孩子完成人生的重大选择，实现自己人生的蜕变。

其实，从孩子决定出国读书的那一刻起，他就开始为实现自己的梦想做着各种各样的准备，在长达2年甚至更长的时间里，孩子经历着以前从来没有经历过的种种考验，名目繁多的考试、校内的成绩、课外活动、选校以及申请文书等等。当申请已成为往事时，这些经历都会成为孩子心中的财富和骄傲，因为18岁，孩子面临人生重大转折时，自己作出的重大决定，当推开门，一股清新的空气吹进来，自己面对一个崭新的世界时，孩子就像获得了新生！因为他跨出去就是一个更大的舞台，在这个舞台上，是来自全世界不同肤色、不同种族的人群，孩子也会遇到各种思维方式和行为习惯的人，他们的国度不同、信仰不同，这样一个各路精英的大融合，一定会给孩子带来更多的未知和惊喜。同时自己要面对各种各样的困难。当孩子走过这个舞台时，他的人生一定是精彩的、丰富的，至少有这样一种经历让孩子体会和回味，我想，无论对谁来说这都会是弥足珍贵的。

给孩子一次机会，让他成长，让他挣脱温暖的茧，变成一只美丽的蝴蝶！

永远和你在一起

应该说，现在出国留学毕竟和我们那个年代不同了，只要孩子有决心，只要家长有足够的资金，孩子留学的愿望相对容易实现，只是最后的学校是否是孩子和家长心仪的学校而已。一旦孩子成功拿到OFFER，家长不是没事了，此时最重要的是告诉孩子，无论发生什么，父母永远是孩子的后盾，一家人永远在一起。

我说这些可能有的家长会很奇怪，为什么会说这些呢？

1. 孩子到美国读书是一件非常辛苦的事，是用另外一种语言完成他的高等教育，我们读过大学的人都知道，即使用自己的本国语言完成大学学业也不是件容易的事。

2. 孩子要适应国外的生活环境，一个人置身一个陌生的国度，所有的生活重新开始，所有的生活都要自己打理，以前头发长了，父母会提醒孩子理发；天气冷了，有人告诉他添加衣服；生病时父母会问寒问暖，这些就在儿子离开祖国时，一切都成为过去。孩子的内心难免孤独。

3. 美国的大学，尤其是那些牛校，人才济济，学习压力非常大，竞争的范围由全国变成了全球，各种各样的活动精彩纷呈，学生的能力差距就会明显拉开，都会给孩子带来不小的冲击。

4. 尽管孩子们都是考了TOEFL和SAT等才踏上留学之路，分数甚至高过了美国孩子，但是语言的运用能力不是短期能解决的，要有一个适应期，有的更需一个相当长的时间才能适应或基本适应。加上美国是一个多种族的移民国家，各种思维混杂在一起，沟通、融合问题一定给孩子带来很多困惑，让孩子经常感到孤独和无助。

所有以上种种，加上孩子们自身的原因，让孩子们经常感到压力很大，失落感很强。在网上经常看到、经常听到有孩子出现意外的事故，这让家长悲痛欲绝。所以我们要始终和孩子保持良好的沟通，自始至终家长要告诉孩子，要乐观的面对一切，要告诉孩子，无论发生什么，我们永远在一起，这是孩子战胜困难的最大动力。

请诸位家长把我讲给我儿子的故事讲给自己的孩子吧！

很多年前，美国洛杉矶发生了一次大地震。地震时，孩子们在学校。

地震发生后，当一位父亲疯狂地飞奔到学校时，已是一片废墟，这位父亲知道孩子所在的班级是在一层，他找到他孩子教室的位置，拼命地用双手刨地，一边刨一边喊着儿子的名字。因为余震还在不断地发生，各种电线都乱在一起，随时都爆炸起火的危险。很多人都在劝这位父亲，赶紧离开这里。可是这位顽强的父亲一直都在挖掘。时间流逝，12 小时过去了……24 小时过去了……36 小时过去了……孩子生存的希望越来越渺茫……这位父亲还在坚持，他拼命地喊着他儿子的名字，恍惚中，他听见了废墟中发出微弱的声音：

“爸爸，是你吗？”

“儿子，是我！”爸爸眼睛喷着血在高喊。

“我知道，你一定会来救我的！因为你说过，无论发生什么，我们永远在一起！”

就是这位优秀父亲的一句话，支撑着孩子活下去的信念。也正是这位父亲的一句承诺，让自己在绝望中坚守。

所以，在孩子快乐时，我们给予他掌声；在孩子失落时，我们给予他力量，告诉孩子：无论发生什么，我们永远在一起！”

还有一个让家长非常担心的问题，就是美国的人身安全问题。这不仅是中国家长担心的问题，同样也是美国家长担心的问题。

前不久，在美国康涅狄格州一所小学发生一起恶性枪击案，死亡 28 人，其中包括 20 名儿童。一时间，整个校园血流四溅，尸体横卧。听到这个消息，所有的人都会震惊，那些孩子在此校上学的家长当时的心情可想而知。看到一个孩子在临死之前写给妈妈的遗言，我相信每位家长看了都心如刀绞、肝肠寸断！

“妈妈，我非常的爱你，我也非常快乐。可是从今天起，我不能做你的孩子了，你不要伤心，我要去天堂了……”

奥巴马在短短的发言中也泪流数次，他一改以往的硬汉形象，在讲话中多次哽咽。他说：我为那些失去孩子的父母感到心碎，也为那些幸存的孩子因过早的纯真被撕碎感到心碎。今晚，我和米歇尔以及每个美国父母都会做一件事情，把我们的孩子抱得更紧些，我们要让彼此知道，我们多爱对方……

面对这种连总统都心碎的事件，我们的家长更是无能为力。但我们不能因此扼杀孩子心中的梦想，就像我们每天都看到车祸的发生，而还得必须选择上路一样。我们只能告诉我们的孩子要善于保护自己，在紧急状态下镇定处理突发事件，这也是所有留学生必备的技能和心理素质。

我的几封信

感谢你，我的儿子

——写在孩子 18 岁生日

亲爱的儿子，今天是一个特别的日子，因为 18 年前的今天你来到这个世界上，成为我们家庭的一员，也正是你得到来，让我成为了一个父亲，成为了一个人世间无数人歌颂也有无数人批判的角色。

18 年的岁月，6570 天的时光，我们朝夕相处。正像在你 14 岁退队时爸爸写给你的《孩子，你是我一生的骄傲》一文写道的那样：你会爬了，会站了，会走了……你的每一点点的进步，都牵动着我和你妈妈的心……。那个时候，我们走在外边，你就像一个刚刚破壳的小鸡，步履蹒跚地跟在我们的后面问这问那，从你的眼神里我能感觉到我在你心目中的伟大：爸爸就是一本百科全书，爸爸的脑中包含着这世间所有问题的答案。如今，你不再是跟在爸爸后面的小男孩儿了，也早已失去了那稚嫩的童声，而是满脸络腮胡子的男子汉了！

12 年的学习即将结束，你始终在不停地努力，不停地更改自己的奋斗目标，你像是一个不知疲倦的海燕，无论海浪多高，你具备一定要飞跃过去的豪迈气概。同学给你的极高评价，班主任老师给予你几乎是无与伦比的赞誉，让我感到你生活在一个团结、奋进的班集体中，是多么的幸福，同时，我更加清晰地看到你璀璨的未来。

高二这一年，是你最累的一年，也是你为自己目标最后冲刺的最后时刻，说心里话我是极为担心你搞垮自己的身体而达不到你的目标，因为在这么紧张的时间里，别人完成正常的功课已经筋疲力尽，而对你来说这只是其中的三分之一，还要准备申请美国大学的各种考试、社团活动以及名目繁多的申请资料。儿子，那段时间，你是怎么过来的？我实在不敢想象，我和你妈只是每天都在担心，担心你又是一个通宵未睡。

你终于顶过来了！就像是翻过了一座人生难以越过的高山，凭借你的毅力，凭借你的智慧。现在你只差一小步了。我相信你的努力会感动自己，更会感动那些高高仰起额头的美国名校的招生官们！

儿子，你一路成长，一路奋斗，这 18 年你给予我太多的感动。你的行动每天都在教育着我，激励着我。

孩子，今生有你，我发自内心的满足与骄傲，这一辈子我没做够你的爸爸，如果有来世，让我们还做父子吧。

2011.11.13 爸爸

希望……等待……

2010 年 10 月 22 日，这是儿子第一次为出国考试踏上香港的日子，到昨天整整经历了一年零 1 个月的时间，这之中经历了：TOEFL（听、说、读、写 4 门）；ACT（数学、英语、阅读、推理、写作 5 门）；SATII（数学、物理、化学 3 门）；AP（宏观经济、微观经济、统计学、微积分 AB、微积分 BC、物理 B 6 门）；芝加哥大学（线性代数、计算机 2 门），一共五大门类 20 门课。直到 2011 年 11 月 22 日下午 14：30 结束漫长的考试之旅，各门课程均以满分或接近满分的成绩为自己这一年异常的辛苦经历作了一个小结。

昨夜我彻夜难眠，回忆孩子走过的这一年，有许多的失落，也有着太多的欢笑。虽然仅仅是三百多天，却承载着孩子太多的希望，也记录着孩子奋斗的艰辛与执着。十几年里铸造成的锲而不舍的品格在这段艰难的日子里最大限度地支撑起他的信念，也将自己的优秀表现得淋漓尽致。如今它已成为往事，又给自己的未来增加了一抹厚重的色彩。

昨天又寄走了三所学校的申请资料，到目前为止一共结束了 7 所学校的申请，其实最后被哪所学校录取已经没有那么重要了，因为在这希望、等待中孩子经受了挫折，经历了一个孩子平时很难经历的心理的壮大与成长，这种财富比起那个结果更重要。

每一次去考试，孩子是满怀着希望，每一次考完，又是一个漫长的等待，整个高二这紧张的一年，就是用数不清的希望和等待串成一个个的日子。多数情况等待的结果是令人振奋和喜悦，我就赶紧告诉儿子：你太棒了！但也有无望的时刻，此时尽管我极力控制自己的情绪，但有时我的焦虑与无奈还是有意无意地传达给孩子，在孩子最希望鼓励的时候我没有给予孩子应有的鼓励，所以有人说没有经历孩子高考的家长是不成熟的家长，不经历孩子留学的家长更需要历练。

无论结果怎样，我知道孩子和我在一起的日子越来越少了，正像18年前护士刚刚把他抱给我的那一刹那，我就在想：我要做到我能做到的最好的父亲！我实现着我的诺言：我希望尽我所能给他提供最好的教育，也享受着孩子给予我的鼓励和感动。

感谢上帝，今生让我们是父子！

2011-11-23于办公室

孩子，你飞吧

2012年9月23日，你带着爸爸十八年的希望，带着自己十八年的努力，飞向了大洋彼岸的美利坚。你从一个襁褓里的雏鹰，蓄积了多年的能量，丰满了自己的羽翼，终于，可以让自己振翅高飞了。终于，你征服了那些仰着高高额头的美国名校的招生官们，你的努力、你的成绩、你出色的言谈举止和宽泛的视野，让他们肃然起敬。终于，我松开了我的双手——孩子，你飞吧！

在机场安检处，就在你回头与我和你妈告别的那一瞬间，我的心情复杂极了。思绪迅速地飞回到遥远的过去，脑中一次次闪现出咿呀学语的你可爱稚嫩的面容，像一只小鸡一样跟着爸爸妈妈的后面问这问那的情景；刹那间又把我带到你进入高中后挥泪拼搏的日日夜夜，你给了我实在数不清的感动与敬畏，也给了我一次次撞击心灵的惊喜。当你翻越一座座看似不能逾越的高山时，我就只有仰天长啸，才能宣泄我心中的快感！

记得在你 14 岁退队时爸爸写给的《儿子，你是我一生的骄傲》，在信的最后，爸爸寄予你两点希望，一是让自己幽默一点，一是锻炼一下自己的口才。果然，高一时，你面对人大附中那么多的牛人，连续三次荣获最佳辩手，一路过关斩将、所向披靡，最终成为人大附中辩论队的一员。当你面对向来以辩论见长的北大附中的辩手时，毫不示弱，关键时你拍案而起：大喝道“没有反方与我方的竞争，如何分出输赢？没有人与人的竞争，没有人与自然的竞争，人类如何能够进步！”语罢，热烈的掌声，证明你完成了一次高难度的蜕变。（辩题是竞争 / 合作更能推动社会进步）

你一口气拿下 8 门美国大学课程，这让我非常吃惊。试想，一个高二的学生，在完成正常高中课程的同时，再去完成英文版的 6 门 AP 课程 +2 门正式大学课程（计算机和线性代数），谈何容易！尤其你是在对学习要求非常高的人大附中，要完成这么多的大学课程更是难上加难！

在你考托福之前，你妈就和我说：儿子的极限分数是 108，我不信。果然，当你越过 110 时，你妈还以为网络出了问题，一次一次刷新，直到连续刷新 5 次始终保持同一个分数时，她才把这个消息告诉我。当我听她说出你的成绩时，我实在难以克制自己内心的感动，我跑到卫生间，打开水龙头，双手捧起一汪冷水激在脸上，任泪水肆虐横流。因为我始终为你捏着一把汗，我知道，英语不是你的强项，一个男孩儿考到 108 已经非常不错了，在口语相对较弱的情况下，你把听力、阅读、写作的成绩推到了极致。你的智慧、你的能力又一次超出了我和你妈的欲望极限。

面对非常复杂的美国大学的申请，在众多的申请途经中，你选择了最难的一种——自己完成所有申请文章的写作。在长达半年的时间里，我一直在犹豫，一直在考虑申请的工作量，我是一万个担心在人大附中这么大的课业压力下，你怎么能完成申请？！因为这之中你还要完成在学校开设的《心理学》课程的讲课、ACT、SATII 的考试的等……可事实上你还是完成多达 30 多篇的申请文章，申请过美国本科的人都知道，每一篇文章都要反复修改、仔细斟酌，要花费大量的时间才能完成。这之中，你的写作能力得到了一个脱胎换骨的飞跃，申请的结果固然重要，其实真正重要的就是这看似附加的收获，让你有了还未出发就已注定领先的结局。

2011 年 12 月 19 日，我想这一天会永远铭记在我们三个人的心中，因为这是你拿到全美排名第 4 的芝加哥大学录取通知书的日子。

那些日子，你还在忙碌着常规申请的最后几个学校，没有更多时间考虑 EA、ED 的录取结果，我和你妈却一直焦急等待着……前十的学校陆续出结果了，只有芝大还迟迟没有录取的消息。18 日晚上，你妈出差在外，我一个人躺在床上，思绪万千……你申请的每一个细节像电影一样一幕一幕在我的脑中再现了……想想有没有失误的地方，在我的脑子里不停地闪现这个大牛的学校最近几年录取的牛人的资料……那一夜，我失眠了。你妈也同样守候在宾馆的电脑旁不停地刷新网页，焦急等待着芝大公布结果。我们约好她查到结果后任何时间都给我打电话。就这样我们天各一方却等待着同一个结果。大概凌晨4点多，恍惚中，我和你妈居然奇迹般地同样梦见天空中满天飞舞着一页一页的纸，像雪片似的慢慢飘落，仿佛有人在喊：录了！录了！她被这巨大的喊声惊醒了……不到一分钟，我的手机铃声响了……不用接听我就明白了，一定是你被录取了！

我们就在这早晨5点钟左右的时间里聊了1个多小时，在电话的那端，你妈一遍又一遍地描述着“Congratulations”这个词每一个字母变成一个个彩色的泡泡在屏幕上飞舞的情形，哽咽着声音在向我不厌其烦叙述着这页纸上的内容……

孩子，你飞吧！因为你一直在为这一天奋斗，因为我也一直盼望这一天的到来！

感受美利坚，融入芝加哥！爸爸相信，4年后，当你走出芝大时一定是信心满满、无怨无悔！

2012-9-27 爸爸

后申请时代

2011年的12月31日，是绝大多数美国大学本科申请的截止日期，几乎所有参与申请的孩子，在非常紧张甚至疯狂、疲惫中结束了长达一年、两年或者更长的申请历程。从2012年的1月1日起，孩子们进入了陆续面试和漫长的等待之中。由于我儿子在早申请中已经拿到了芝加哥大学的OFFER，心态放松了很多，因为假如RD的过程中没有一个学校录取，孩子也足够满意了。所以此时的孩子开始了新的安排和计划。从2012年的1月1日到9月23日离开北京这9个多月的时间里，儿子都干了些什么呢？是不是像多数孩子一样在高考后彻底放松了呢？请看孩子在这段时间里完成的事情：

1. 学习法语和西班牙语

这是这段时间里最核心的事情，因为这么长的一段空闲时间是孩子上学以来从来没有过的，利用这段时间学习两门外语，一方面自己为将来的大学生活作铺垫，也是为自己将来的就业埋下一个竞争的砝码，因为孩子自己明白，就业的严酷性越来越摆在每个毕业生的眼前，无论是谁，无论在学校学习多少年都会进入工作岗位，面对未来的竞争，多一门语言，多一个筹码，尤其将来要进入一个国际环境，在一个更大的平台上竞争，多一门语言显得尤为重要。

2. 旅游

在漫长的申请之路中，孩子太累了，必须进行调解身心，放松心情。主要的旅游有几次：

（1）上海、周庄、同里。共花了 7 天的时间游览了上海及周边的两个古镇，尤其是上海之行，孩子每天行走 10 个小时以上，可以说上海的主要的人文景观、自然景观基本走了个遍！并在复旦、同济各花费了一个半天听课，这给他的上海之行赋予了特别的意义。

（2）组织 8 位同学去青海。青海省是我国西北非常美丽的省份之一，孩子组织了 8 个同学一起花了 7 天的时间，采用自助游的形式，以青海湖为中心游览了互助北山林场、祁连山草原、贵德、坎布拉、湟源、日月山、倒淌河、金银滩草原等，体验了藏包，感受了青海湖的美丽。

（3）和 4 位同学一起去了河南，去了龙门石窟和云台山。

（4）毕业旅行。全班同学一起去了密云的云峰山。

（5）和几个同学一起去了海淀区上庄水库。

（6）黄花城水长城和慕田峪长城。在孩子走前的一周，我们全家最后去了北京郊区的两处著名的长城景观。一方面孩子马上就要离开北京，离开祖国，让孩子感受一下长城的美丽，在孩子记忆中留下更难忘的记忆。另一方面锻炼身体。孩子用一个多小时的时间爬到了长城的尽头，并爬了一段野长城，非常开心。我也感到他目前的身体状况还是不错的，这让我很放心，相信孩子在未来的一段时间有足够的体力对付随之而来的大强度的海外学习生活。

（7）花时间品味京味文化。在北京生活了这么多年，第一次有这么多的时间走街串巷。孩子背起书包，走进胡同以及遍布京城大大小小的博物馆和名人故居，仔细体会几千年来沉淀下来的文化。

3. 读书

这同样是儿子在这么长的时间里他要做的非常重要的一件事。这期间儿子总共读了30左右本书，其中包含《微积分》、《几何原本》、《概率论基础教程》等科技书，也读了一些文学方面的书，系统读了日本著名作家村上春树的《去中国的小船》、《寻羊冒险记》、《世界尽头与冷酷仙境》、《挪威的森林》、《奇鸟形状录》、《舞！舞！舞！》等十几本书。同时还包括多本英文原版小说，以提高自己的阅读英文的水平，为他能快速适应美国大学生活做足准备等等。

4. 拿下驾照

孩子利用这段时间，穿插在主要事情之间，完成了驾校的理论学习、桩考、路考、和实际道路考试所有的学习，顺利地拿到了驾照。

5. 参加了芝加哥大学在北京中心的4次讲座

芝加哥大学为了扩大学校在全球的影响，在世界各地成立了很多中心，其中也包括北京中心，芝大的著名教授不定期会在这个中心举办讲座，这些教授涵盖了各个领域，都是芝大的知名人物，经常领教这些学者

申请后孩子所读的部分书籍

的风范，是非常难得的机会，孩子从中受益匪浅。

6.不定期“流窜”于清华与北大之间

清华和北大，汇聚了全中国的精英，孩子经常到清华、北大通过听课或交流的方式接触这些精英，和他们“神谈”，认识了一些自己认为有用的人，也许就在将来的某一天的某次学术会议或者职场上再次遇到曾经熟悉的面孔。

7.再次与留学顾问深度交流

一般的孩子在自己获得录取后就和自己的留学顾问说再见了，而我儿子在所有的升学问题不在与他们有关时，再次和原来的顾问深谈了数次，因为为我儿子服务的留学机构的每个顾问应该说是年轻人中的佼佼者，孩子看出他拥有非常多宝贵的学习和工作经验，他们这个团队的每一个成员既是孩子的申请指导老师，也是孩子未来大学求学的指导者，至少他们的建议对孩子来说有相当大的借鉴价值。加上在整个申请过程中，他们对孩子深入的了解，给出了他非常重要的指导。主要涉及以下几方面的问题：

· 我应该怎样度过我在芝加哥大学的时光？请你根据我的情况给我个建议。

· 芝大有哪些社团？我该怎样选择社团？

· 考研和就业如何选择？

· 怎样和教授保持良好的关系？注意些什么？

那位老师给儿子详细地分析了芝大的教学和社团，详细分析了儿子的自身情况，给儿子很多建议和选择。这样，儿子还没有走进大学就有了充分的心理准备。然后，儿子再根据自己进入学校后的体会合理计划自己的大学生活。

8.学习做饭

我相信每个中国就读高三的孩子几乎都处于战备状态，他们的时间非常紧张，孩子奋斗了十二年就要有结果了，此时全力以赴是非常容易理解的。对于出国的孩子，独立的生活能力尤为重要，因为孩子要彻底地离开父母了，当自己遇到突发事情时，基本的吃饭问题应该自己能解决。所以，我也希望孩子所有大事已成定局时，一定要学会做饭。

在我的要求和建议下，孩子非常愿意自己尝试一些饭菜的制作，他经常到网上查阅菜谱，让我给买来需要的调料等。那段时间，我们每天下班回家来，只要孩子在家，我们进门就能吃上孩子做的饭菜，还别说，孩子还真有做饭的天赋。没有几次，一些难度较大的面食都做得像模像样，如：饺子、包子、馅饼等。第一次以我为主，孩子在旁边看着，我一边做一边讲解做馅的要领，面的软硬等；第二次，一起动手；第三次，孩子独立制作，我在旁边看着，只是提示。孩子的兴趣很浓，遇到困难，我就鼓励说："做饭比奥数容易多了！那么难的奥数，你都能征服，这点小事怎么会难倒你呢？"就这样，几个月下来，孩子做的饭相当不错（有很多南方出生的家长对于饺子、包子之类的面食一直做不好）。几个月下来，儿子的水平和我几十年的水平已有一拼，只是在配馅和调味上有些欠缺。

当然，通过这几个月的做饭经历，我更希望通过孩子自己的劳动感受到父母每天上班的辛苦，让孩子能够体会到为父母做饭是一种回报，也给孩子一个尽孝的机会。让孩子感到父母对他的需要。在他忙碌时，父母为他着急，同样，当自己有时间时，应该给予父母分担一些压力。对于大多数时候是来自父母无私的关爱，此时自己也要以同样的方式回报父母，做父母的应该给孩子这样的机会。

写在最后

上面我详细地叙述了关于孩子申请美国本科的事情，涉及申请的各个方面，有很多涉及了非常细节的内容，我相信我们的这些经验，一定会给关心这方面的家长和孩子有所帮助。但我想说明的是：

1. 这是我们的经历和体会，每个孩子是有差别的，这种差别来自各个方面，比如，你的孩子决定出国时间很晚，你的孩子自己出国的愿望不是很强烈，你孩子高中学校的态度的等等，孩子与孩子差别很大，所以请不要复制我们的申请过程，要根据孩子的具体情况做相应的调整。

2. 美国大学招生情况，尽管基本不会有大的变动，但随着时间的推移会有一些的改变，请注意当年的学校的网站。以免出现失误。

3. 千万不要造假。孩子的申请实际上就是寻找和孩子匹配的学校，适合孩子的学校就是最好的学校。如果凭借造假让孩子进入更好的学校，一方面会给孩子带来很大的心理压力，另一方面，学校会在长期的观察中发现一些问题，这是非常不诚信的事。其实全美有4000多所正规大学，前100都属于非常好的大学。当然每个孩子和家长都愿意进入前10，客观地说，一方面这些大牛的学校在中国录取的人数实在有限，再加上申请过程中的各种不可控因素，让一些非常优秀的孩子没能进入他本应该进入的学校，伤心之余，也不要有太多的顾虑，这只是孩子的本科，孩子未来的路还有很长，只要孩子有能力总会有好的结果。奥巴马本科开始不也只是在一个社区大学吗？后来进入了哥大，再后来不是也进入了哈佛吗？

4. 申请美国大学，甚至你的孩子进入了常春藤，这只能说明这个阶段你们获得了成功，孩子有机会能够接受这些牛校的资源了，仅此而已，这只是孩子的一种选择。因为四年的生活会给予孩子太多太多的全新洗礼，不仅仅在语言上，不仅仅在思维上，更不仅仅在视野上；但所有的这一切，都需要孩子再加工，需要孩子重新思考、整合。有一点是肯定的，和国内上大学的同学比，多数出国孩子有了更多的包容性。

5. 由于我们目标锁定在前10，我们所有的关注点全部集中在排名前30的大U上，文中多数情况所描述都是前30的学校的情况，这就多少对30以后学校的申请需求的家长和孩子有所影响。不过，家长不要着急，一方面30以后的大学的录取要求和前30大学录取要求没有质的区别，只是随着学校排名，后面的学校的录取要求越来越低一些（包括英语考试成绩、文书等所有申请资料），但个别学校除外，例如纽大，虽然排名33左右，但由于地处纽约和它的专业等原因，纽大的申请难度还是高于它排名附近的学校。

6. 关于文理学院，我在文中也很少提及，这里略谈几句。

前10的文理学院申请的难度还是很大的，尤其赫赫有名地把持前两位多时的威廉姆斯和阿姆赫斯特，录取的难度和前10的大U不相上下。一方面学校的规模小录取的人数更少，另一方面申请前10大U的学生一般都申请前10的文理学院，即使不是很想去文理学院，多数牛孩还是多少都选一两个前10的文理学院托底，这样使前10的文理学院申请难度加大。

前10的文理学院比前10的大U相对更注重成绩，请注意我说的是“相对”，因为文理学院毕竟只有本科，它更多的是在关心你能否完成学业（相对）。这一点从历年录取学生的SAT、TOEFL成绩可以看出这样的录取情况。

排名11—40的文理学院中，一些学校奖学金相对宽松，很多被录取的孩子拿到了半奖，少数也有全奖。（我认为这与申请人的数量有很大关系）

从整体讲，文理学院比大U的录取难度小，尽管越来越多人接受了文理学院，但从专业的设置和学校的规模毕竟无法和大U比，同时受中国人的认可度的限制。所以整体的录取难度相对小一些。

总之，让我们为了孩子的梦想一起努力吧，相信诸位家长做得更好。

后记一
Postscript

父爱有多深

在南极的冰天雪地里，伫立着一排排正在孵化着它们孩子的企鹅爸爸。

从企鹅妈妈把一枚蛋传递给企鹅爸爸的那一刻起，企鹅爸爸就肩负着孕育宝宝的全部责任。60多个冰冷刺骨的日夜，这枚蛋就夹在它的脚蹼间，用它腹部的绒毛覆盖上面，不能吃不能睡不能动，如同冰雕般守候着宝宝的降临。

南极极其恶劣的环境考验着企鹅爸爸。脚下是雪地，头上是盘旋的贼欧，身体面对的是极冷的寒风。因为爱子如命的企鹅爸爸知道它是宝宝诞生唯一的依靠，它要做的就是坚持，一动不动的等待……

企鹅宝宝在爸爸的呵护下不断发育，企鹅爸爸脚蹼时刻都能感受着它孩子的体温和变化。它不能碰不能挤更不能放下，因为它知道只要有稍微的闪失，就会让孩子失去生命。南极零下几十度的气温只要企鹅蛋裸露瞬间就会被冻裂，薄薄的企鹅蛋壳只要一碰就会破碎！企鹅爸爸仅仅依靠消耗自己的脂肪保证宝宝需要的热量，小心翼翼地在寒风中坚守。

漫长艰辛的守候中，深情的父爱抑制了企鹅爸爸所有的欲望。

就在宝宝用稚嫩的喙敲开蛋壳的那一刻，企鹅爸爸获得了最大的满足。此时的它已经耗尽身体里所有的脂肪，更像是一个冰坨依然一动不动地站立在那里，感受着孩子的每一次呼吸和稚嫩的呢喃，享受着宝宝降临的快乐与幸福。

后记二
Postscript

伟大的职业

儿子期末考试结束了，昨天我打电话时，儿子向我汇报了他考试成绩后，在我开心之余，我问起他寒假爸爸回不去，假期有何打算时，儿子告诉我：

· 数学，做《华罗庚金杯题库》和《思维导引》，不需要做太多，一个月的时间控制在500道左右。

· 假期以英语学习为主，这也是我今后的主攻方向。从这一学期开始，扎扎实实打好英语基础，用三年的时间，达到很高的水准。（没有说具体标准）。

· 坚持体训，争取在海淀春季运动会上取得好成绩。

· 仔细阅读李开复的《做最好的自己》和爸爸写的《听我的，你的孩子也一样优秀》。

· 约同学到郊区滑雪。

我听了儿子的打算，思路非常清晰，重点突出，和我拿在手上、事先准备好的假期安排非常吻合，我在电话的这一端，高兴得直想唱歌。

我问儿子："你为什么把英语作为假期的重点，而不是数学呢？"

儿子说："数学，五年级时，我已把小学的奥数全都学完了，我又花了半年的时间复习，加上陈老师又给我们讲了一遍，没有必要再花那么多时间，重复学习，而且没有比较新颖的题型（市面上购买的书上），还有升学也已成定局。这时再花大量时间去做题，得不偿失。英语呢？虽然我在这次期末考试中得了满分，但我的英语水平还有很大的发展空间。"

儿子对我说的话，也正是我想对儿子说的话。我真是惊异于我们父子的想法超乎寻常的一致（他妈正在外地出差）。

我问儿子：“《做最好的自己》这本书是谁给你买的？”

儿子说：“我妈出差前，给我买的。”

听着儿子的话，我奇怪得不得了，从来不关心孩子教育的她，怎么把我想半年后回去再买给儿子的书给买回来了。虽然我在新浪网上把这本书仔仔细细地阅读了两遍，并把它郑重推荐给我的同事，但我从来没有和爱人提起过这本书，看来我真是小瞧她了。

我告诉儿子，这是一本非常好的书，是李开复对自己所走过的路的总结，它告诉想追求成功的青年人，如何规划自己的人生。尤其是他提出的“成功同心圆”的理论，非常直接地表达了他对成功的理解。

儿子说：“我准备在假期里用心体会。”

《听我的，你的孩子也一样优秀》是我写的一篇文章（暂且这么说），也是我非常想让儿子利用假期好好读一读，仔细提会一下我的教育理念和良苦用心。没想到儿子把它列入假期安排之中。我对儿子说：“尤其是‘沟通与交流’、‘组织与策划’这两节，你一定要认真阅读，这两部分是现在中国孩子和家长头脑中极为缺少的理念，而且是对于孩子尤其像你这么大孩子非常重要，跳出成绩固锁的怪圈，你会豁然开朗。”

我离开北京还不到三个月，在和儿子的电话交流中，我明显感觉到他又长大了许多，把自己的学习、生活安排得井井有条，根本用不着我再为他的事操心了，更让我惊讶的是，当我和儿子说“兴趣”对一个人学习如何重要时，儿子却给我讲了他曾经在同学家玩儿时看到的、给他留下印象特别深的一篇文章：

有一个男孩儿，在他上学期间，他的父母和其他望子成龙的父母一样，也给他报了这班那班一大堆，结果他没有一点儿兴趣，所以成绩平平。参加工作以后，自然也没什么起色。有一天他突然接到一个电话，对方问一种泵型号与性能，他说他不知道，于是，他热情地问了周围几个人都说不知道，他十分抱歉地告诉对方：“只能让你失望了。”他挂断电话后，心里很不是滋味儿，他开始查阅有关泵的资料，没过多久，他就弄明白了那天打电话人的问题，但他并没有就此停下来，饶有兴趣地查阅了这一方面的许许多多的问题，不到半年的时间，他成了他所在公司这方面的专家了。很快，他被提升为部门经理。

儿子在最后告诉我说："他父母花了那么多的精力，他自己也学了那么多东西，都没起色，而一个偶然的电话却改变了他的命运！可见发现自己的'兴趣'多么重要！"

我接着儿子的话说："因为，如果一个人对一件事或者某一方面有了兴趣，他就不知道疲倦，不知道辛苦，让自己全身心的投入，所以更容易成功。尤其重要的是，在追逐兴趣的同时，他会感到非常的快乐！"

在和儿子通话过程中，我忘记了儿子的年龄，甚至在我们聊到深入时，我忘记电话的那端是不是儿子，我也没想到儿子思考问题的能力达到了这种程度，让我彻底打消了"儿子能不能接受我的教育理念？在儿子的这个年龄时期，我能把我的观点更直接讲给儿子吗？"这样的念头。这在中国的教育环境下，在孩子们疲于玩命学习，被亲爱的父母们拎着到处考试的今天，儿子更像是一个"天外来客"。儿子的思想有了一个大的飞跃，他的目光不仅仅停留在学习成绩上，跳离了同龄孩子的思维视野，开始知道应该有意识地寻找自己的兴趣。这对一个还没有走出校门的孩子来说，非常难能可贵，非常了不起。

人生咨询大师徐小平，是很多青年人的追逐的偶像，他给无数困惑的青年指明了奋斗的方向并让许多人大获成功。而人称"哈佛爸爸"的高燕定却指出：大学毕业还不知道自己的方向实在是太晚了，这样浪费了很多宝贵时间。他明确提出，人生设计在童年的观念。高燕定也确实在自己的设计下，让女儿成功考入哈佛大学。也正像我前面所讲，高燕定高明之处并不是等到女儿读高中了才把自己的思想强加给他的孩子，而是在孩子很小的时候，慢慢地培养孩子的兴趣，慢慢地诱导孩子朝他所希望的方向发展，最后女儿成功、快乐，他也十分的惬意。

我告诉儿子："既然你知道了兴趣的重要性，你就要在学习的过程中自己体会、慢慢摸索，什么是自己的最爱。小学有你的最爱，到了中学可能变了，那不要紧。到了高中你又有了新的最爱，经过这样一个循环，你的认识不断成熟，这样在考大学的时候，你才明白你要学的专业及你的报考方向了。"

事实上，如果了解现在大学生们的生活，就会清楚地发现，他们中很多人都不喜欢自己所学的专业，造成这一现象的直接原因是一方面孩子自己盲目，不知道自己喜欢什么，也不知道自己将来想干什么，自己能干什么。但大多数情况都是家长一厢情愿造成的，他们没有考虑孩子的特长、孩子的兴趣，完全凭着自己的愿望，从自己的角度出发，给自己心爱的孩子选定专业。这样的结果只能让孩子无奈、痛苦地混到毕业，毫无快乐可言，家长辛辛苦苦培养了孩子十二年，好不容易让孩子走进了大学校园，家长终于可以松一口气了，终于大功告成了。可是作为家长，是否想过，这种做法与其说是爱孩子，还不如说是把自己的孩子推进了更大的深渊，推向了一个灾难性的死胡同。孩子不喜欢他所学的专业，连爬带滚混到毕业，毕业后找不到工作，只能待在家里或流浪社会或者找一个工作凑合活着。这也印证了我前面所讲的孩子没有独立性、家长不知道孩子兴趣所在、孩子没有自我意识等所造成这样一个悲剧。我更要明确指出，这里面我们的家长还有一个根本性的错误，认为孩子上大学就是培养的终点。

下过中国象棋的人都知道，赢棋的标准是将对方的老“将”吃掉，也就是说无论最后你剩多少“兵”将都无关紧要，只要吃掉对方的“将”你就算胜利。因为你的最终的目标明确，所以为了你的全局需要，你可以放弃你的“马”、“炮”，必要时你仍可以放弃你的“车”。这样当你逼得对方老“将”走投无路时，你的“兵”、“将”可能所剩无几，对方兵马未伤，但这些都已没有任何意义，按照规则，毫无疑问，你赢了。但如果比赛的规则规定，比赛采用三局两胜，第一局下完后，只能利用棋盘上的剩下的子重新摆放继续下第二局，你还会不顾一切弃“马”、弃“炮”、弃“车”吗？

对孩子的培养和下棋相似，如果让我们的孩子放弃其余一切而只是拼命考大学，那么考上大学之后呢，后面的路该怎么走？如果我们等到那时才想起培养孩子其他方面的能力，恐怕为时已晚了。即便是我们花出几倍、十几倍的努力，恐怕也无济于事了。终点不同，你培养孩子的指导思想肯定不同。所以千万不要把培养孩子的目光错误地终结在考大学上。上大学只是孩子成功前的一个铺垫、一个能量的蓄积阶段，也正像我前面所说的无论我们的孩子念什么大学，也无论念多久，他终归要走向社会，终归要在社会这个舞台上，展示自己的才华、让自己成功、快乐。

在经济、信息、资源更加全球化的今天，如果我们还在固守我们几十年不变的教育理念，实在是可悲的。我们不能已经看到了那么多的不幸一次次重演，还无动于衷，非等到灾难降临到自己孩子的头上，才恍然大悟。从这个意义上讲，我们做家长的千万不要小视自己的责任和义务，“父母”这一世代相传的称呼，在我们的今天变得尤为“崇高”，它真的变成了一种职业，一种非常崇高、伟大的职业。

2006年1月于苏丹

后记三 Postscript

感　谢

耗费了我七年多的写作时间，这本类似马拉松式孩子的成长笔记就要出版了，这七年多的时间里写写停停，停停写写，我遇到了很多的困难，曾经多次想放弃而只做成一个小册子留给自己做个纪念就足矣。因苦于自己的文字表达能力的限制，也经常怀疑自己写的东西能否给更多的家长以借鉴的意义，能否给更多的孩子以鼓励和帮助，在这样的考虑中，我一直徘徊、犹豫，直到现在，我的内心还是七上八下，惴惴不安。

我努力地回想，我曾经把我文章的一个个零散的片段发给那些正处于迷茫的家长和孩子时，他们给我的信息全都是感动！感动！听了我的教育理念后的孩子，也是有了质的变化；从电话里，家长喜极而泣的声音中，我得到了莫大的欣慰和鼓舞。啊！我为可爱的孩子们和尊敬的家长们做了一件好事。

关键时刻，我还是把我的想法传递给了儿子，我告诉儿子："我要把你的成长经历想以正式图书的形式公布于众，和更多的孩子和家长分享。"他非常激动地告诉我：你是我心目中最伟大的父亲！没有你多年的苦心教育，不可能有我的今天！你写给我的信让我奋进，也曾感动了所有人大附中的老师，你的报告激励了我人大附中的同学，我相信同样能鼓励其他的孩子！我相信爸爸一定行！

儿子的话给了我信心和勇气！

此时此刻，有太多的人需要感谢。

非常感谢，北京石油附小和北京人大附中，是学校宽松的环境给予孩子锻炼的舞台，让他充实、快乐地完成了学业，实现了自己的理想。

非常感谢，石油附小的体育老师杨玉振，是这位老师几年如一日的培养，把本不适合练习田径的儿子塑造成为一位田径特长生，这之中他的付出让我非常感动。那3年的训练经历成为孩子一辈子的记忆，而且不可替代。

非常感谢，石油附小，孩子3、4年级时的语文老师杨玉凤，5、6年级的班主任冯琳老师以及数学高老师。这些老师的启蒙教育给了孩子最初的动力。

非常感谢，人大附中初中部的王春燕老师，她当时是孩子的英语老师，她是我所认识的老师中非常出色的一位，在她的眼中，每个孩子都是她心中的天使，她对我儿子的关爱和评价让我至今记忆犹新。

非常感谢，人大附中初中的班主任郑静宜老师和初中的年级组长刘蓓老师，是她们的教育，让孩子平稳渡过躁动的青春期，一步步走向成熟，她们的良苦用心在孩子的心中形成一股强大的正能量，让孩子有足够的能力跨越沿途的障碍。在此祝愿郑老师保重身体，祝愿刘老师前途似锦。

非常感谢，人大附中黄群飞和乜全力两位副校长。身为学校的领导，并没有减少对一个普通学生的关怀，在孩子最艰难的时刻，是他们由衷地鼓励给了孩子强大的动力和信心。

还有孩子高三的班主任张晓媛老师，感谢她的宽容和理解，我让孩子放弃高考仅有一个简单的理由：孩子太累了！请你理解，孩子不是不想为母校争光，我是担心孩子的身体出现大问题。凭着孩子多年在人大附中的优秀表现，请相信我们一定是在无数次纠结中才作出的无奈选择。在此我也代表我们全家向人大附中表示深深的歉意。

非常感谢，孩子高一高二的班主任谭松柏老师，他是我遇到的又一位值得我尊敬的非常出色的老师，在和孩子相处的三年的时间里，他的欣赏给了孩子巨大的信心，他在我面前对孩子非常夸张的表扬，也让我这位父亲骄傲了好一阵子！在孩子英语写作能力出现“瓶颈”时，他的鼎力相助给了孩子获得满分足够的支撑。在此我也只能祝福谭老师开心、快乐！愿他的宝宝健康、幸福！

还要感谢时代铭语文化公司的张志明总经理、鲍鹏副总。尤其是张金龙编辑，这本书能够与读者见面，他付出了很多，并多次给予我信心和鼓励。李创娇编辑、黄剑编辑和李幽编辑也为此书的出版付出了努力，在此表示我深深的谢意。

我要感谢的人还有我身边的诸位同事和朋友，他们的支持，让我坚持到现在！还有众多不认识的网友，他们的诸多问题，让我有决心完成此书，让他们获得更全面、系统的答案。

由于我的文字能力的限制，由于我只是因为自己儿子的原因，才让我关注教育，所以水平一定是有限的。欢迎大家批评指正。但不管怎样，只要诸位家长从中得到一句对自己教育孩子有用的话，或者仅仅是我对孩子的爱点燃了各位家长内心的激情与感动，或者我儿子的奋斗经历让孩子们获得了动力，看到了希望，就会让我由衷地满足和快慰。

附录一

经典的奥数试题

三年级思维能力调查

【学生注意】

·本次调查包括三道大题，13 道小题，调查时间 100 分钟，满分 100 分。

·请把第 1 题至第 13 题的答案按顺序填写在答题纸上（不必包含单位）。

一、填空题 Ⅰ（本题共 6 道小题，每小题 6 分，满分 36 分）

1.（1987+1996+2105+2014+2023）÷ 5=＿＿＿＿＿。

2. 小明带着一些钱去买笔，如果买七支钢笔就会多 1 元，如果买九支钢笔就会少 3 元，那么小明共带了＿＿＿＿＿元钱。

3. 袋子中有若干个红球和同样多的白球，每次从袋中取出 3 个白球和 8 个红球，取了若干次之后袋子中还剩 30 个白球和 5 个红球。那么袋子中原有＿＿＿＿＿个球。

4. 有 A、B 两个数，A 的各位数字之和是 23，B 的各位数字之和是 19，如果 A+B=46851，那么在两数相加的竖式计算中，共进位＿＿＿＿＿次。

5. 在五张卡片上分别写有 0、2、4、6、8 这五个数，由这五张卡片能组成一些各位数字互不相同五位数，并且卡片不能倒着放。我们把其中最大数记为 A，最小数记为 B，那么 A–B=＿＿＿＿＿.

6. 现有 1 分硬币九枚，2 分硬币四枚，5 分硬币四枚，由这些硬币组成 2 角 3 分钱共有＿＿＿＿＿种不同的方法。

二、填空题Ⅱ（本题共 5 道小题，每小题 8 分，满分 40 分）

7. 计算：41 × 59+42 × 58+43 × 57+44 × 56=＿＿＿＿＿。

8. 下面两个是具有一定规律的数列，请按规律补填出空缺的项：

（1）1，2，5，14，41，_________，365

（2）1，2，3，6，11，20，37，_________，125

9. 如果 40 个连续奇数之和是 2000，那么这 40 个奇数中最大的一个是 _________。

10. 一个袋子中有 10 个红球，13 个白球，16 个蓝球，一次至少从袋取出 _________ 个球，才能使取出的球中至少有 1 个红球、2 个白球和 3 个蓝球。

11. 先将一个棱长是 4 的大正方体的六个面染成红色，再将它分割成六十四个棱长是 1 的小正方体。在这些小正方体中，有一个面被染红的有 _________ 个，有两个面被染红的有 _________ 个。

三 、 解答题（本题共 2 道小题，每小题 12 分，满分 24 分）

12.（本小题满分 12 分）

（1）在下面等式的适当位置添加小括号使等式成立：$3\times8-6\div6-5=6$；

（2）在 1 至 9 这九个数中选出六个数填入□中使下式的结果最大：

（□ + □ – □）×（□ + □ – □）

那么这个最大结果是 _________，并写出等于这个最大结果的等式。

13.（本小题满分 12 分）

有三堆石子共 21 个，先将第一堆石子的一半放入第二堆中，再将第二堆石子的一半放入第三堆中，最后将第三堆石子的一半放入第一堆中 . 最后发现第三堆的石子比第二堆的石子少 1 个，第一堆石子数是第三堆石子数的 2 倍，求原来三堆各有多少个石子。

四年级思维能力调查

【学生注意】

·本次调查包括四道大题，14 道小题，调查时间 100 分钟，满分 100 分。

·请将第 1 题至第 14 题的答案按顺序填写在答题纸上（不必包含单位）。

一、填空题Ⅰ（每小题 5 分，满分 20 分）

1. 计算：1+2+4+5+7+8…+100+101= ________。

2. 利用 1×1+2×2+…+n×n=n×（n+1）×（2n+1）÷6，计算 1×1+3×3+…+29×29=________。

3. 已知 $\underbrace{44\cdots4}_{10\text{个}4}\underbrace{88\cdots8}_{9\text{个}8}9$ 是两个相同自然数的乘积，这两个相同自然数的和是 ________。

4. 定义一种新的运算“*”，对于任意两个自然数 a 和 b，a*b 表示 a 除以 b 所得到的商与余数的和，例如 16 除以 5 商 3 余 1，那么 16*5=4，同理还有 23*6=3+5=8. 请计算（2003*12）*27= ________。

二、填空题Ⅱ（每小题 7 分，满分 35 分）

5. 幼儿园分水果，如果把苹果都分给小班的小朋友，每人恰好分 7 个，如果把梨都分给大班的小朋友，每人恰好分 5 个。现在把这些水果平均分给两个班的小朋友，每人分得 4 个苹果和 2 个梨，并且苹果恰好分完，梨还剩 4 个。那么两个班共有 ________ 个小朋友。

6. 有一种四位数，由一个奇数数字和三个互不相同的偶数数字组成，例如 2304，5682 等，那么这样的四位数共有 ________ 个。

7. 对于用文字表示的算式：上学 × 学校 = 仁华学校，如果相同的汉字表示相同的数字，且除了“仁”字和“上”字表示同一数字外，其他不同的汉字表示不同的数字，那么“仁华学校”这四个字表示的四位数是 ________。

8. 在四年前，父亲的年龄恰好是他的两个孩子年龄之和的 3 倍；在今年，父亲的年龄又恰好是这两个孩子年龄之和的 2 倍，那么，在 ________ 年以后，父亲的年龄恰好等于两个孩子年龄之和。

9. 如图 1，两个小正方形把一个大正方形的面积分成了三部分，若环形 1 的面积为 168，环形 2 的面积为 96。且三个正方形的边长构成等差数列，则大正方形的面积是 ________。

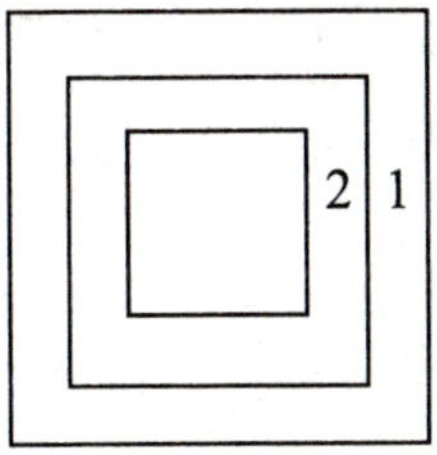

图 1

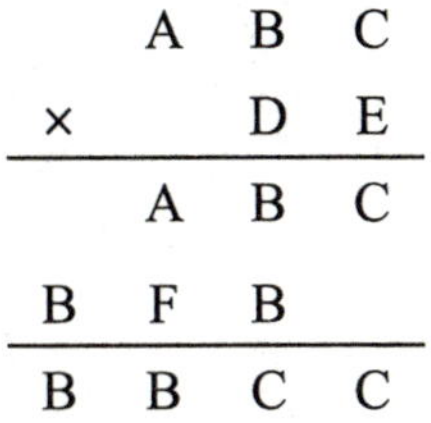

图 2

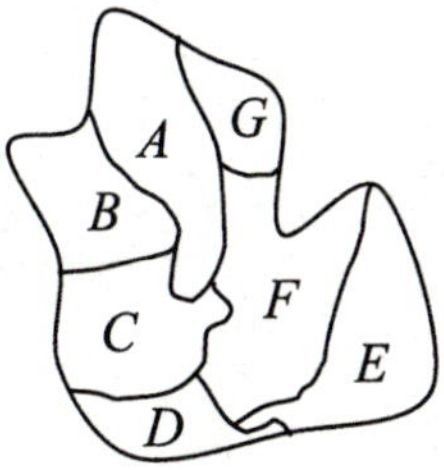

图 3

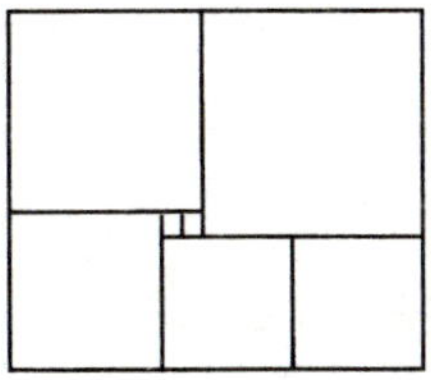
图 4

三、填空题Ⅲ（每小题 9 分，满分 36 分）

10. 在图 2 表示的算式中，若相同的字母表示相同的数字，不同的字母表示不同的数字，则“ABCD”表示的四位数是 ________。

11. 有一个公差为 6 的等差数列，如果把其最小的一项加上 78 后，得到的新数列还是等差数列，此时再把新数列最小的一项乘以 2，得到的仍然是等差数列。那么，原等差数列所有数的和是 ________。

12. 某省的地图如图 3，共有 A、B、C、D、E、F、G 七个区县，如果用红、黄、蓝、绿、紫这五种颜色给地图染色，要求相邻区县的颜色不能相同，那么共有 ________ 种不同的染色方法。

13. 如图 4，七个小正方形组成一个大长方形，如果最小正方形的面积是 4，那么大长方形的周长是 ________。

四、计算题（满分 9 分）

14. 如图 5，把 1、2、3、5、6、7 这六个数填到 2×3 的表格中，要求每行三个数的和是 2 的倍数，每列两个数的和是 3 的倍数。

（1）请写出一种填法；

（2）计算出一共有多少种不同的填法。

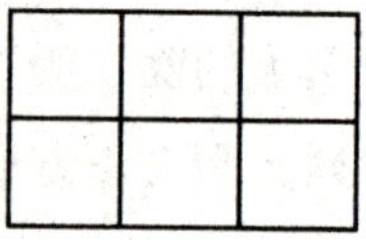

图 5

五年级思维能力调查

【学生注意】

·本次调查包括三道大题,13 道小题，调查时间 100 分钟，满分 100 分。

·请把第 1 题至第 13 题的答案按顺序填写在答题纸上（不必包含单位）。

一、填空题丨（本题包括 7 道小题，每道小题 7 分，满分 49 分）

1. 如果 $\frac{10}{21}\times 0.\dot{9}1\dot{5}+0.\dot{1}4285\dot{7}\times\Delta=\frac{4}{7}-0.\dot{0}2\dot{8}$，那么△代表的数是________。

2. 请写出一个不超过八位的自然数 _________，它是 5，7，9，11，13 的倍数，且只由数字 1、3、5 组成。

3. 如图 1，给出的 3×3 方格表，已知表中原来每个方格内填有一个两位数，现在给出的是它们的个位数字 . 如果所有每行三个数之积以及每列三个数之积都是 30030。那么表内所有数字之和是 _________。

3	5	6
5	2	1
4	9	5

图 1

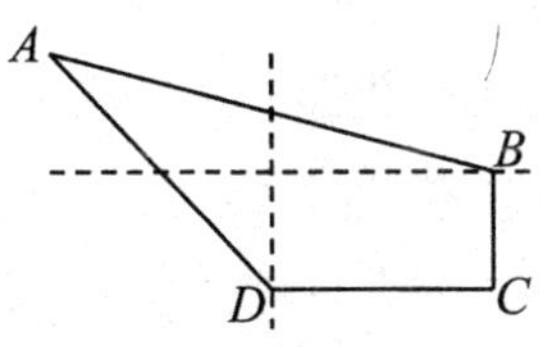

图 2

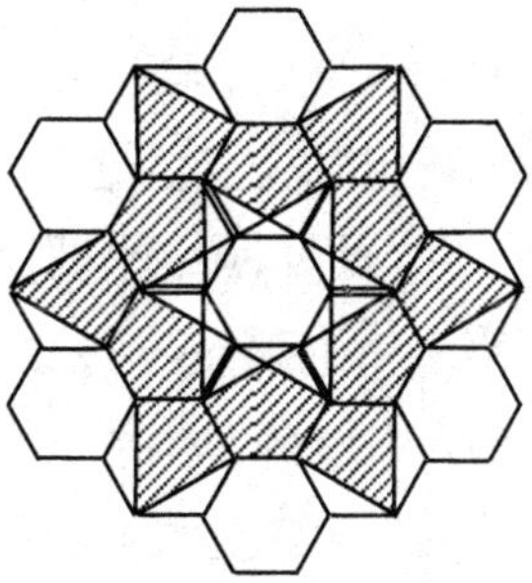

图 3

4. 若用 1~9 这九个数组成四个两位质数和一个一位质数（九个数字恰各出现一次），则它们的和是 _________，共有 _________ 种不同的组成方法。

5. 如图 2，四边形 ABCD 中，BC=3，CD=5，且角 C 是直角。如果沿着横向虚线将上面的部分对折下来，那么 A 将落在 CD 所在的直线上 . 如果沿着竖向虚线将左面的部分对折过去，那么 A 将落在 CB 所在的直线上。

四边形 ABCD 的面积是 ________。

6. 有标号分别为 3，5，7 的三盏灯，小明从 1 到 100 叫号，如果叫到的数能被 7 整除，那么 7 号灯将亮一下；如果叫到的数能被 5 整除而不被 7 整除，那么 5 号灯将亮一下；如果叫到的数能被 3 整除而不被 5 和 7 整除，那么 3 号灯将亮一下 . 问这三盏灯共亮了 ________ 次。

7. 一个长方形的周长是 70，如果把它的长和宽各增加 10，那么它的面积就变为原来的 2.5 倍 . 这个长方形原来的面积是 ________。

二、填空题 Ⅱ（本题包括 5 道小题，每道小题 8 分，满分 40 分）

8. 有一个记分牌，上面有五盏灯，分别代表 1 分、2 分、5 分、10 分、20 分，总分就是将所有亮的灯对应的分加起来。已知代表 1 分的那盏灯每隔 1 秒亮一次，代表 2 分的那盏灯每隔 2 秒亮一次，代表 5 分的那盏灯每隔 3 秒亮一次，代表 10 分的那盏灯每隔 4 秒亮一次，代表 20 分的那盏灯每隔 5 秒亮一次（亮灯的时间忽略不计）。如果开始时，所有灯恰好同时全亮，那么在 1 分钟之内可能出现 ________ 种不同的分值（0 分不算）。

9. 有甲、乙两个小数，甲是乙的 2 倍，若在甲和乙的小数点前各加一个 0（例如 5.3 变为 50.3，而 0.3 就变为它自己），则甲就变为乙的 14 倍，那么数甲是 ________。

10. 幼儿园给小朋友发水果，男孩每人 3 个苹果 1 个梨，女孩每人 2 个苹果 1 个梨，一共发了 85 个水果。后来老师一算发现男孩拿的苹果总数和女孩拿的苹果总数一样多。那么，这些水果中共有 ________ 个梨。

11. 如图 3，如果每个小正六边形的面积是 1，那么阴影部分面积是 ________。

12. 有四个人进行象棋比赛，每两个人比赛一局。记分规则是赢一局得 3 分，平一局得 1 分，输一局不得分。当比赛还没有结束时，小明发现四个人的比分是四个连续自然数，且得分最低的人恰输了一局。于是，小明就对裁判说："得分最低的人一定输给了得分最高的人。"裁判笑着说："你说的不对。"那么，所有恰输一场的人的得分总和是 ________。

三、解答题（满分 11 分）

13. 有甲、乙两名选手在一条河中进行划船比赛。如图 4，赛道是在河中央的长方形 ABCD，其中，AD=100 米，AB=80 米。已知水流从左到右，速度为每秒 1 米。甲、乙两名选手从 A 处同时出发，甲沿 A → B → C → D → A 的方向划行，乙沿 A → D → C → B → A 的方向划行。若已知甲船在静水中的速度比乙船在静水中的速度每秒快 1 米（注：两船在 AB 和 CD 上的划行速度视为静水速度），且两人第一次相遇在图中 CD 的 P 处，且 $CP=\frac{1}{4}CD$。问在比赛开始 5 分钟内两人一共相遇多少次？

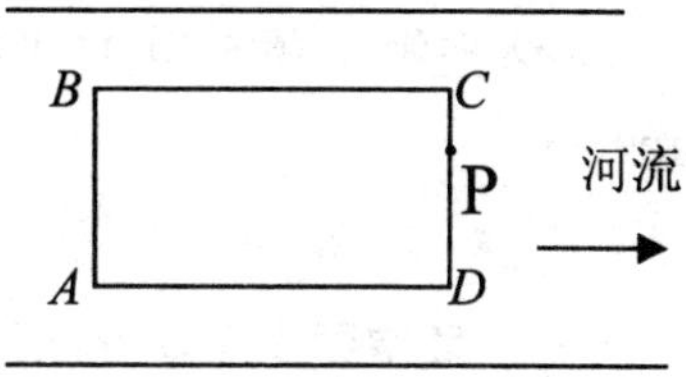

图 4

六年级思维能力调查

【学生注意】

·本次调查包括三道大题，15道小题，调查时间100分钟，满分100分。

·请把第1题至第15题的答案按顺序填写在答题纸上（不必包含单位）。

一、填空题Ⅰ（本题包括4道小题，每道小题5分，满分20分）：

1. $1+12+123+1234+12341+123412+\cdots\cdots+\underbrace{1234\cdots123}_{2003\text{位数}}$的末四位数字是____。

2. 计算：$\dfrac{\frac{1}{2}-\frac{1}{4}+\frac{1}{6}-\frac{1}{8}+\frac{1}{10}-\frac{1}{12}+\cdots+\frac{1}{198}-\frac{1}{200}}{\frac{1}{51}+\frac{1}{52}+\frac{1}{53}+\cdots+\frac{1}{100}}=$________。

3. 一个长方形，如果长和宽各增加8厘米，那么面积就增加384平方厘米.如果长和宽再各增加8厘米，那么面积又会增加________平方厘米。

4. 用十张1×3的小长方形纸片不重叠地覆盖3×10的方格表，有_______种盖法。

二、填空题Ⅱ（本题包括5道小题，每道小题6分，满分30分）

5. 已知$2003\times12\times27\times n$恰好等于若干个连续自然数的乘积，而且其中有一个数是2003，那么这几个连续自然数的个数最小是________。

6. 商店购进了一批钢笔，决定以每支9.5元的价格出售.第一个星期卖出了60%，这时还差84元收回全部成本.又过了一个星期后全部售出，总共获得利润372元.那么商店购进这批钢笔的价格是每支_______元。

7. 如图1，有三个正方形ABCD、BEFG和CHIJ，其中正方形ABCD的边长是 10，正方形 BEFG 的边长是 6，那么三角形 DFI 的面积是 ______。

8. 可以将 1~9 适当地填入到图 2 的九个圆圈中，使得每个箭头指向的数字都小于发出这个箭头的数字，那么满足要求的填法有 ________ 种。

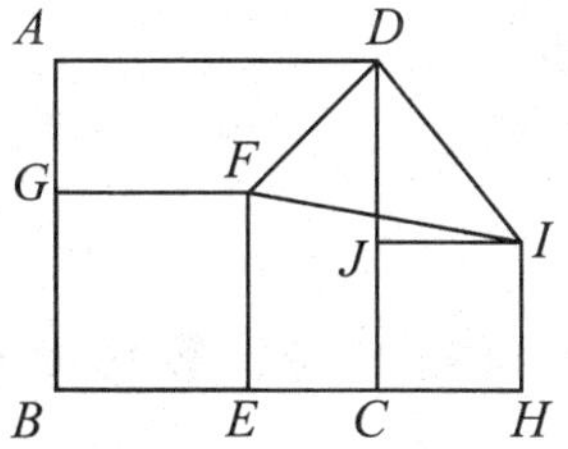

图 1

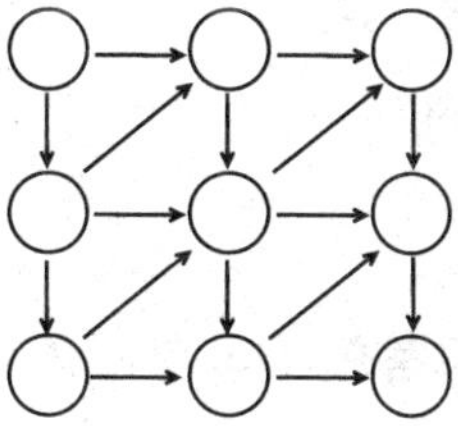

图 2

9. 称 n 个相同的数 a 相乘叫做 a 的 n 次方，记作 a^n，并规定 $a^0=1$。如果某个自然数可以写成 2 的两个不同次方（包括零次方）的和，我们就称这样的数为“双子数”，如 $9=2^3+2^0$，$36=2^5+2^2$，它们都是双子数. 那么小于 1040 的双子数有 ________ 个。

三、填空题Ⅲ：（本题包括 4 道小题，每道小题 8 分，满分 32 分）

10. 请你写出一个不大于 1000 的自然数，并把它表示为其某 5 个互不相同的约数之和 ________。

11. 有五支足球队进行循环赛，每两个队之间进行一场比赛。现在还有一些比赛没有进行，各个队目前的得分恰好是五个连续的偶数，其中甲队积 2 分，并且负于乙队，那么乙队现在积 ________ 分。

12. 图 3 表示一个由 1~9 组成的加法竖式，其中相同的汉字代表相同的数字，不同的汉字代表不同的数字，那么“快乐学学乐”代表的五位数是 ________。

13. 如图 4，有一个正方体水箱，在某一个侧面相同高度的地方有三个大小相同的出水孔。用一个进水管给空水箱灌水，若三个出水孔全关闭，则需要用 1 个小时将水箱灌满；若打开一个出水孔，则需要用 1 小时 5 分钟将水箱灌满；若打开两个出水孔，则需要用 72 分钟将水箱灌满。那么，若三个出水孔全打开，则需要用 ________ 分钟才能将水箱灌满。

	大	地	学	校
+	再	接	再	厉
快	乐	学	学	乐

图 3

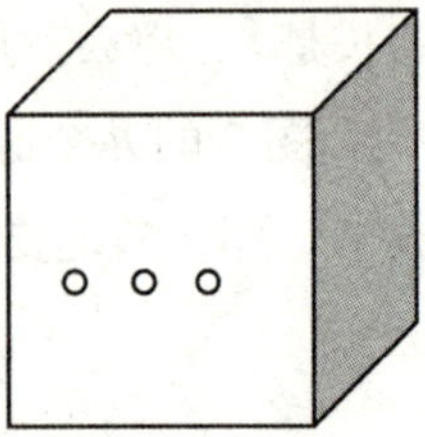

图 4

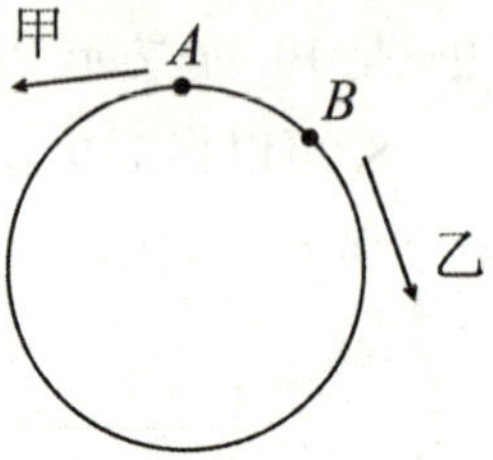

图 5

四、解答题（本题包括 2 道小题，第 14 题 10 分，第 15 题 8 分，满分 18 分）

14. 如图 5，在长为 490 米的环形跑道上，A、B 两点之间的跑道长 50 米，甲、乙两人同时从 A、B 两点出发反向奔跑。两人相遇后，乙立刻转身与甲同向奔跑，同时甲把速度提高了 25%，乙把速度提高了 20%。结果当甲跑到点 A 时，乙恰好跑到了点 B。如果以后甲、乙的速度和方向都不变，那么当甲追上乙时，从一开始算起，甲一共跑了多少米?

15. 老师在黑板上依次写了三个数 21、7、8，现在进行如下的操作，每次将这三个数中的某些数加上 2，其他数减去 1，试问能否经过若干次这样的操作后，使得：

（1）三个数都变成 12？

（2）三个数变成 23、15、19？

逻辑能力测试（五年级）

本试卷包括20道选择题，每题1分，满分20分，考试时间30分钟。

问题1～4

现在用F，G，H，I，J，K这6个字母分别代表1，2，3，4，5，6这6个自然数，要求J比K小，G比F大，I介于F和G之间，H最大。

下面的断言中，必定错误的是

G代表2 （B）G代表3 （C）I代表2 （D）I代表3 （E）I代表4

如果J代表2，那么在下述三个判断中：

I G代表4，I代表3； II G代表5，I代表3；III G代表5，I代表4；

正确的

（A）只有I （B）只有III （C）只有I和II （D）只有II和III （E）只有I，II和III

3. 如果F和I之间只夹着一个数，那么必定有

（A）G代表4 （B）K代表5 （C）J比I小 （D）J比F小 （E）J介于F和I之间

4. 如果还要求J比F小，那么这些字母代表自然数的不同方式共有

（A）1种 （B）2种 （C）3种 （D）4种 （E）5种

问题5

5. 张教授说："与十年前相比，进入大学学习的运动员对学习更感兴趣。因为在我的那些是运动员的学生中，越来越多的人按时来听课。"那么他得出结论所需要的假设是

（A）张教授的学生对学习更感兴趣，是因为他的课比十年前教得好。

（B）是运动员的学生更加关注自己的学习成绩，因为成为职业运动员

比以前更困难。

（C）按时听课与否可以用来衡量学生对学习是否感兴趣。

（D）教授不能希望是运动员的学生与其他学生对学习抱有相同的态度。

（E）一个人对学习的兴趣必须在求学的过程中的早期形成。

问题 6 ~ 9

本学期李强要注册 4 门课程，而学校开设的课程共 7 门，分别是理科方面的物理、化学和生物，以及文科方面的英语、法语、音乐和写作。根据学校规定，他必须选 2 门理科的课程。另外知道，音乐课紧接着化学课，而英语课的时间与这两门课都有重叠；生物课与法语课安排在相同的时间。

6. 如果李强决定上英语课，那么他选择的其他 3 门课程是

（A）生物、物理和化学

（B）生物、物理和写作

（C）生物、物理和法语

（D）物理、化学和写作

（E）物理、写作和法语

7. 如果李强不上化学课，但选音乐课，那么他本学期的课程选择可能是

（A）生物、物理、英语和音乐

（B）生物、物理、法语和音乐

（C）生物、物理、写作和音乐

（D）物理、英语、法语和音乐 （E）物理、写作、英语和音乐

8. 有如下 3 条断言：

I 若李强选音乐，则他必须上物理；II 若李强选法语，则他必须上化学；III 若李强选化学，则他必须上法语。

其中必定正确的是

（A）I，II 和 III （B）II 和 III （C）I 和 II （D）II （E）III

9. 如果物理课的教授时间改为与英语课相同，并且李强决定上物理课，那么他将面临的问题是

（A）他无法选修 2 门理科课程

（B）他无法选修生物

（C）他无法选修写作

（D）他无法选修法语

（E）他无法选修 4 门课程

问题 10

10. 化学工厂的发言人对附近的居民说："检测表明，我工厂排出的废气对人体无害。请大家不要恐慌，更不需要搬家。"居民代表接着提出问题。那么在以下各种选项中，与上述谈话最不相关的问题是

（A）工厂准备怎样较少废气排放？

（B）是否会进行更精密的检测？

（C）工厂停止废气排放需要多少资金？

（D）废气对附近的动物和植物是否有危害？

（E）人体长时间接触废气会产生哪些影响？

问题 11 ~ 14

9 位教授 G，H，I，J，K，L，M，N，O 要分成 3 组研究问题，每组 3 人。分组的要求有：I 和 N 必须同组，K 和 L 必须同组，O 和 J 不能同组，M 必须在第 2 组，J 和 M 中至少有一人与 H 同组。

11. 可以在一组的 3 位教授是

（A）G，L，O （B）G，J，M （C）K，I，M （D）N，I，J （E）O，I，J

12. 下面各项中，不可能成立的是

（A）I 在第 2 组 （B）H 在第 3 组 （C）O 在第 3 组 （D）J 在第 1 组，H 在第 3 组 （E）G 在第 1 组，K 在第 3 组

13. 必定不与 K 同组的教授是

（A）G （B）I （C）J （D）M （E）O

14. 若 J 在第 1 组，N 在第 2 组，则有

（A）G 在第 1 组　　（B）G 在第 3 组

（C）H 在第 2 组　　（D）H 在第 3 组 （E）K 在第 1 组

问题 15

15. 如果许博士的理论是正确的，那么他预言的现象就会发生。现在这个现象发生了，因此他的理论是正确的。

与上述这段推理结构相类似的推理过程是

（A）如果赢得比赛，那么我们将成为冠军。现在我们获胜了，因此就成了冠军。

（B）如果电扇转动，那么开关是开的。现在开关是开的，因此电扇是转的。

（C）如果商店开门，那么我去买衣服。我想商店现在开着，因此我能够买到衣服。

（D）如果小红接电话，那么我的预言正确。我预言小红在家，因此她会接电话。

（E）如果班车晚点，那么他将迟到。现在他按时来上班，因此班车没有晚点。

问题 16 ~ 19

生物学家发现，五种分子 T，W，X，Y，Z 可以通过化学键形成链条结构，并由此得到新的化合物。链的构成规则有：（1）每条链至少包含 3 个分子；（2）T 不出在链的端部；（3）若链中包含 W，则它出现多于 1 次；（4）X 和 Y 在链中不相邻；（5）只有当链中包含 Z 时，W 才可能出现在链的两端；（6）若 Y 在链中出现，则链中必有 Z。

16. 一条符合要求的链是

（A）T X Y Z　　（B）Y T X X　　（C）W Z T Y

（D）W W X Z　　（E）Z Y X W

17. 链 W W T Y Z X 可以变为另一个符合要求的链，这种操作可以是下面的任何一项，但不包括

（A）将 T 换成 W

（B）将 Y 换成 X

（C）将 X 换成 T

（D）交换 T 和 Z 的位置

（E）交换 Y 和 X 的位置

18. 在下面的各个链中，不满足要求但通过恰当改变分子的顺序可以成为符合规则的链的是

（A）X Y T X　　（B）W X T Y　　（C）T X X Y

（D）W T T W　　（E）W X X W

19. 在短线的位置上添加适当的分子，能够形成符合规则的链的是

（A）WW—YTX　　（B）W X T Y—Y

（C）X—XYTY　　（D）—XXTWY

（E）—XXTWT

问题 20

20. 甲："我听说丙被大学开除了。"乙：" 这不会是真的，它在高中各门功课都是优。"从上面的对话中，可以得知

（A）乙认为丙在说谎。

（B）甲相信丙被大学开除了。

（C）乙认为丙还在继续读大学。

（D）甲已经知道丙被大学开出除。

（E）乙假设在高中各门功课全优的人不可能被大学开除。

逻辑题答案：

1.（A）；2（E）；3（C）；4（D）；5（C）；6（B）；7（C）；8（D）；9（E）；10（C）；11（D）；12（D）；13（B）；14（A）；15（B）；16（D）；17（C）；18（E）；19（A）； 20（E）。

附录二

2013年US News 美国大学综合排名

排名	大学英文名称	大学中文名称	所属州	地点都市
1	Harvard University	哈佛大学	MA	Cambridge
1	Princeton University	普林斯顿大学	NJ	Princeton
3	Yale University	耶鲁大学	CT	New haven
4	Columbia University	哥伦比亚大学	NY	New York
4	University of Chicago	芝加哥大学	IL	Chicago
6	Massachusetts Institute of Technology	麻省理工学院	MA	Cambridge
6	Stanford University	斯坦福大学	CA	Stanford
8	Duke University	杜克大学	NC	Durham
8	University of Pennsylvania	宾夕法尼亚大学	PA	Philadelphia
10	California Institute of Technology	加州理工学院	CA	Pasadena
10	Dartmouth College	达特茅斯学院	NH	Hanover
12	Northwestern University	西北大学	IL	Evanston
13	Johns Hopkins University	约翰霍普金斯大学	MD	Baltimore
14	Washington University in St.Louis	华盛顿大学圣路易斯分校	MO	St Louis
15	Brown University	布朗大学	RI	Providence
15	Cornell University	康奈尔大学	NY	Ithaca
17	Rice University	莱斯大学	TX	Houston
17	University of Notre Dame	圣母大学	IN	Notre Dame
17	Vanderbilt University	范德堡大学	TN	Nashville
20	Emory University	埃默里大学	GA	Atlanta
21	Georgetown University	乔治城大学	DC	Washington

排名	大学英文名称	大学中文名称	所属州	地点都市
21	University of California--Berkeley	加州大学伯克利分校	CA	Berkeley
23	Carnegie Mellon University	卡耐基梅隆大学	PA	Pittsburgh
24	University of California--Los Angeles	加州大学洛杉矶分校	CA	Los Angeles
24	University of Southern California	南加州大学	CA	Los Angeles
24	University of Virginia	弗吉尼亚大学	VA	Charlottesville
27	Wake Forest University	维克森林大学	NC	Winston-Salem
28	Tufts University	塔夫斯大学	MA	Medford
29	University of Michigan-Ann Arbor	密歇根大学安娜堡分校	MI	Ann Arbor
30	University of North Carolina-Chapel Hill	北卡罗来纳大学教堂山分校	NC	ChAPel Hill
31	Boston College	波士顿学院	MA	Boston
32	New York University	纽约大学	NY	New York
33	Brandeis University	布兰迪斯大学	MA	Waltham
33	College of William and Mary	威廉玛丽学院	VA	Williamsburg
33	University of Rochester	罗彻斯特大学	NY	Rochester
36	Georgia Institute of Technology	佐治亚理工学院	GA	Atlanta
37	Case Western Reserve University	凯斯西储大学	OH	Cleveland
38	Lehigh University	里海大学	PA	Bethlehem
38	University of California--Davis	加州大学戴维斯分校	CA	Davis
38	University of California--San Diego	加州大学圣地亚哥分校	CA	San Diego
41	Rensselaer Polytechnic Institute	伦斯勒理工学院	NY	Troy
41	University of California--Santa Barbara	加州大学圣芭芭拉分校	CA	Santa Barbara
41	University of Wisconsin--Madison	威斯康辛大学麦迪逊分校	WI	Madison
44	University of California--Irvine	加州大学欧文分校	CA	Irvine
44	University of Miami	迈阿密大学	FL	Miami
46	Pennsylvania State University--University Park	宾州州立大学帕克分校	PA	University Park

排名	大学英文名称	大学中文名称	所属州	地点都市
46	University of Illinois--Urbana-Champaign	伊利诺伊大学香槟分校	IL	Champaign
46	University of Texas--Austin	德州大学奥斯丁分校	TX	Austin
46	University of Washington	华盛顿大学	WA	Seattle
46	Yeshiva University	叶史瓦大学	NY	New York
51	Boston University	波士顿大学	MA	Boston
51	George Washington University	乔治华盛顿大学	DC	Washington, DC
51	Tulane University	杜兰大学	LA	New Orleans
54	Pepperdine University	佩伯代因大学	CA	Malibu
54	University of Florida	佛罗里达大学	FL	Gainesville
56	Northeastern University	东北大学	MA	Boston
56	Ohio State University--Columbus	俄亥俄州立大学哥伦布分校	OH	Columbus
58	Fordham University	福特汉姆大学	NY	Bronx
58	Southern Methodist University	南卫理公会大学	TX	Dallas
58	Syracuse University	雪城大学	NY	Syracuse
58	University of Maryland--College Park	马里兰大学帕克分校	MD	College Park
58	University of Pittsburgh	匹茨堡大学	PA	Pittsburgh
63	University of Connecticut	康涅狄格大学	CT	Storrs Mansfield
63	University of Georgia	佐治亚大学	GA	Athens
65	Purdue University--West Lafayette	普渡大学西拉法叶校区	IN	West Lafayette
65	Texas A&M University--College Station	德州农工大学 - 学院站	TX	College Station
65	Worcester Polytechnic Institute	伍斯特理工学院	MA	Worcester
68	Brigham Young University--Provo	杨百翰大学 - 普罗沃分校	UT	Provo
68	Clemson University	克莱姆森大学	SC	Clemson

排名	大学英文名称	大学中文名称	所属州	地点都市
68	Rutgers, the State University of New Jersey--New Brunswick	罗格斯新泽西州立大学 - 新伯朗士威	NJ	New Brunswick
68	University of Minnesota--Twin Cities	明尼苏达大学 - 双城分校	MN	MinneAPolis
72	Michigan State University	密西根州立大学	MI	East Lansing
72	University of Iowa	爱荷华大学	IA	Iowa City
72	Virginia Tech	弗吉尼亚理工大学	VA	blacksburgh
75	Stevens Institute of Technology	斯蒂文斯理工学院	NJ	Hoboken
75	University of Delaware	特拉华大学	DE	Newark
77	American University	美国大学	DC	Washington, DC
77	Baylor University	贝勒大学	TX	Waco
77	Colorado School of Mines	科罗拉多矿业学院	CO	Golden
77	SUNY College of Environmental Science and Forestry	美国纽约州立大学环境科学与林业学院	NY	Syracuse
77	University of Alabama	阿拉巴马大学	AL	Tuscaloosa
77	University of California--Santa Cruz	加利福尼亚大学 - 圣克鲁兹分校	CA	Santa Cruz
83	Clark University	克拉克大学	MA	Worcester
83	Drexel University	德雷赛尔大学	PA	Philadelphia
83	Indiana University--Bloomington	印第安纳大学 - 伯明顿分校	IN	Bloomington
83	Marquette University	马凯特大学	WI	Milwaukee
83	University of Denver	丹佛大学	CO	Denver
83	University of Tulsa	塔尔萨大学	OK	Tulsa
89	Auburn University	奥本大学	AL	Auburn
89	Binghamton University--SUNY	纽约州立大学宾汉姆顿分校	NY	Binghamton
92	Miami University--Oxford	迈阿密大学 - 牛津分校	OH	Oxford
92	St. Louis University	圣路易斯大学	MO	St. Louis
92	Stony Brook University--SUNY	纽约州立大学 - 石溪分校	NY	Stony Brook
92	Texas Christian University	德克萨斯基督教大学	TX	Fort Worth

排名	大学英文名称	大学中文名称	所属州	地点都市
92	University of San Diego	圣地亚哥大学	CA	San Diego
92	University of Vermont	佛蒙特大学	VT	Burlington
97	Florida State University	佛罗里达州立大学	FL	Tallahassee
97	University of Colorado--Boulder	科罗拉多大学博尔德分校	CO	Boulder
97	University of Massachusetts--Amherst	马萨诸塞大学阿默斯特分校	MA	Amherst
97	University of Missouri	密苏里大学	MO	Columbia
101	Iowa State University	爱荷华州立大学	IA	Ames
101	University of California--Riverside	加州大学 - 河滨分校	CA	Riverside
101	University of Nebraska--Lincoln	内布拉斯加大学林肯分校	NE	Lincoln
101	University of Oklahoma	俄克拉荷马大学	OK	Norman
101	University of Tennessee	田纳西大学	TN	Knoxville
106	Loyola University Chicago	芝加哥洛约拉大学	IL	Chicago
106	North Carolina State University--Raleigh	北卡罗来纳州立大学罗利分校	NC	Raleigh
106	University at Buffalo--SUNY	纽约大学水牛城分校	NY	Buffalo
106	University of Kansas	堪萨斯大学	KS	Lawrence
106	University of New Hampshire	新罕布什尔大学	NH	Durham
106	University of San Francisco	旧金山大学	CA	San Francisco
106	University of the Pacific	太平洋大学	CA	Stockton
113	Illinois Institute of Technology	伊利诺伊理工学院	IL	Chicago
113	University of St. Thomas	圣托马斯大学	MN	St. Paul
115	Clarkson University	克拉克森大学	NY	Potsdam
115	Rutgers, the State University of New Jersey--Newark	罗格斯新泽西州立大学纽瓦克分校	NJ	Newark
115	University of Dayton	戴顿大学	OH	Dayton
115	University of Oregon	俄勒冈大学	OR	Eugene
115	University of South Carolina	南卡罗来纳大学	SC	Columbia
120	Catholic University of America	美国天主教大学	DC	Washington, DC

附录三

2013 年 USnews 美国文理学院排名

排名	学校英文名	学校中文名	学费	学生总数	2011 年秋录取率	新生返校率	6 年内毕业率
1	Williams College	威廉姆斯学院	$44,920	2,109	17.30%	97%	95%
2	Amherst College	安姆斯特学院	$44,610	1,791	13.30%	98%	96%
3	Swarthmore College	斯沃斯莫尔学院	$43,080	1,545	15.10%	97%	95%
4	Middlebury College	明德学院	$44,111	2,507	18.30%	96%	90%
4	Pomona College	波莫纳学院	$41,438	1,586	14.00%	98%	95%
6	Bowdoin College	鲍登学院	$44,118	1,778	16.10%	96%	92%
6	Wellesley College	卫尔斯利学院（女校）	$42,082	2,502	31.00%	95%	92%
8	Carleton College	卡尔顿学院	$44,445	2,018	31.00%	97%	93%
9	Haverford College	哈弗福德学院	$43,702	1,198	25.10%	96%	93%
10	Claremont McKenna College	克莱蒙特·麦肯纳学院	$44,085	1,321	14.10%	96%	91%
10	Vassar College	瓦萨尔学院	$46,270	2,386	22.50%	97%	91%
12	Davidson College	戴维森学院	$40,809	1,756	28.00%	96%	92%
12	Harvey Mudd College	哈维马地学院	$44,442	777	22.30%	98%	84%
14	United States Naval Academy*	美国海军学院	in-state: $0, out-of-state: $0	4,576	7.50%	97%	90%
14	Washington and Lee University	华盛顿与李大学	$43,362	2,193	18.20%	94%	91%
16	Hamilton College	汉密尔顿学院	$44,350	1,864	27.40%	95%	89%
17	Wesleyan University	卫斯理大学	$45,628	3,202	24.20%	96%	92%
18	Colby College	科尔比学院	$55,700（total tuition/fees/room/board）	1,815	29.40%	95%	91%

排名	学校英文名	学校中文名	学费	学生总数	2011 年秋录取率	新生返校率	6 年内毕业率
18	Colgate University	科尔盖特大学	$44,640	2,964	29.40%	94%	92%
18	Smith College	史密斯学院（女校）	$41,460	3,162	45.50%	92%	85%
18	United States Military Academy *	美国军事学院	in-state: $0, out-of-state: $0	4,624	10.60%	93%	83%
22	Bates College	贝茨学院	$44,300	1,769	27.00%	94%	92%
22	Grinnell College	格林内尔学院	$41,004	1,693	50.90%	94%	88%
24	Macalester College	麦卡利斯特学院	$43,693	2,005	35.00%	94%	87%
24	Scripps College	斯克利普斯学院（女校）	$43,620	983	36.30%	94%	88%
26	Bryn Mawr College	布尔茅尔学院（女校）	$42,246	1,785	46.30%	92%	87%
26	Oberlin College	奥伯林学院	$44,905	2,983	29.60%	94%	87%
28	Barnard College	巴纳德学院（女校）	$43,502	2,438	24.90%	94%	92%
28	Colorado College	科罗拉多学院	$41,742	2,043	25.80%	95%	88%
28	University of Richmond	瑞奇蒙大学	$44,210	3,555	32.70%	93%	83%
31	United States Air Force Academy	美国空军学院	N/A	4,413	10.80%	89%	77%
32	Bucknell University	巴克内尔大学	$45,378	3,635	27.60%	94%	91%
32	College of the Holy Cross	圣十字学院	$43,400	2,905	33.10%	95%	91%
32	Kenyon College	凯尼恩学院	$44,420	1,657	33.50%	92%	87%
32	Mount Holyoke College	霍山学院（女校）	$41,456	2,362	51.50%	91%	85%
36	Bard College	巴德学院	$44,798	2,302	34.60%	87%	77%
36	Sewanee-University of the South	西沃恩南方大学	$32,292	1,557	61.40%	88%	86%
38	Trinity College	圣三一学院	$45,730	2,440	30.40%	92%	86%
39	Lafayette College	拉法叶学院	$42,280	2,478	40.30%	95%	88%

排名	学校英文名	学校中文名	学费	学生总数	2011 年秋录取率	新生返校率	6 年内毕业率
39	Occidental College	西方学院	$44,570	2,132	38.00%	92%	83%
41	Connecticut College	康涅狄格学院	$44,890	1,903	34.40%	90%	84%
41	Union College	联合学院	$45,219	2,220	42.70%	93%	86%
43	Pitzer College	匹泽学院	$43,402	1,099	24.10%	92%	81%
43	Skidmore College	斯基德莫尔大学	$44,020	2,730	42.10%	94%	84%
43	Whitman College	惠特曼学院	$42,106	1,596	53.60%	93%	85%
46	Dickinson College	迪金森学院	$44,551	2,397	41.90%	91%	84%
46	Franklin and Marshall College	富兰克林马绍尔学院	$44,360	2,363	38.50%	93%	85%
46	Gettysburg College	盖茨堡学院	$44,210	2,494	39.90%	91%	85%
49	Denison University	丹尼森大学	$42,280	2,272	48.30%	89%	79%
49	Furman University	傅尔曼大学	$41,532	3,028	83.00%	91%	87%
49	Soka University of America	美国创价大学	$28,146	441	49.20%	93%	88%
52	Centre College	森特学院	$35,000	1,309	70.50%	91%	82%
52	Rhodes College	罗德学院	$38,092	1,830	49.40%	89%	79%
54	DePauw University	迪堡大学	$38,750	2,352	57.50%	90%	85%
55	St. Olaf College	圣奥雷夫学院	$39,560	3,179	53.00%	93%	85%
56	Lawrence University	劳伦斯大学	$40,023	1,496	52.70%	89%	77%
56	St. Lawrence University	圣劳伦斯大学	$44,400	2,457	43.40%	91%	80%
56	Wabash College	瓦伯西学院（男校）	$33,950	910	62.90%	86%	75%
56	Wheaton College (Illinois)	伟顿学院（伊利诺伊）	$30,120	3,005	64.70%	95%	87%
60	Hobart and William Smith Colleges	霍巴特和威廉·史密斯学院	$44,438	2,242	59.60%	87%	75%
60	Southwestern University	西南大学	$34,410	1,347	64.80%	85%	72%
60	Wheaton College	伟顿学院（麻省）	$43,712	1,622	60.20%	86%	77%
63	Austin College	奥斯汀学院	$32,825	1,353	52.50%	84%	75%